Elogios para
Constructores de estilos de vida

"La mayoría de los dueños de negocios hace todo lo posible por complacer a su clientela, pero olvida lo más imprescindible: alinear su trabajo con el estilo de vida que ellos quieren tener. Eso es exactamente lo que *Constructores de estilos de vida* hará por ti. Lee este libro lo más pronto posible y construye tu negocio y tu vida a tu manera".

—**Mike Michalowicz,** autor de *Profit First y Clockwork*

"Si estás buscando un sistema claro sobre cómo encaminarte hacia un estilo de vida empresarial lleno de libertad financiera, ¡no busques más! *Constructores de estilos de vida* te muestra el plan a seguir para diseñar el tipo de negocio que respalde la vida de tus sueños y no una que te conduzca a formas estereotipadas de pasar todos y cada uno de tus días. Esta lectura es una solución muy necesaria para remediar un defecto en el diseño del plan de vida que la mayoría de los aspirantes a emprendedores pasa por alto y que, una vez lo construyes de manera adecuada, te conduce hacia el verdadero éxito".

—**Christine McAlister,** autora del *bestseller*
The Income Replacement Formula y fundadora de Life With Passion

"Tom y Ariana son auténticos y forman un gran equipo. Si alguna vez quisiste seguir el camino del emprendimiento, pero te pareció arriesgado, mítico o solo para la élite, piénsalo una vez más. En *Constructores de estilos de vida* sus autores construyeron un manual sobre "cómo" transformar tu vida de empleado en la de un emprendedor. No te decepcionarán".

—**Armando Cruz,** autor de *The Legacy Code*
y creador de R.I.C.H. Man Experience

"Construir un negocio es difícil. Conformar una familia y mantener buenas relaciones es difícil. Hacer estas dos cosas al mismo tiempo es una locura. Por fortuna, *Constructores de estilos de vida* contiene la guía que se requiere para edificar una mejor vida *y* el mejor de los negocios".

—**Jessica Lorimer,** autora de *Smart Leaders Sell,* coach y fundadora de The Smart Leaders Sales Society

"Tom y Ariana son dos de las mejores personas y los mejores padres y empresarios que hemos conocido. Ellos han sabido construir el estilo de vida que les encanta y sin tener que seguir las reglas del mundo. Todo lo que necesitas para construir el estilo de vida que deseas se encuentra en las páginas de este libro. ¡Léelo ya! ¡Te lo recomendamos muchísimo!".

—**Shane y Jocelyn Sams,** presentadores de *Podcast* y fundadores de FlippedLifestyle.com

"Tom y Ariana son parte de un porcentaje élite (muy pequeño) de empresarios que en realidad practican lo que predican. Sus consejos son prácticos, sólidos como una roca y están basados en sus experiencias como dueños de negocios exitosos. Esto, sin mencionar que son dos de mis emprendedores favoritos en su campo de acción. ¡Me alegra mucho que sus conocimientos sean dados a conocer a lo grande y a todo el mundo!".

—**Rachel Pedersen,** CMO y fundadora de The Viral Touch, CEO y fundadora de Social Media United

"Siendo emprendedor desde hace 10 años, sé lo difícil que es el proceso de construcción de empresas y lograr sintetizarlo en unos pocos pasos. Sin embargo, Tom y Ariana lo lograron. *Constructores de estilos de vida* es un plan práctico, inteligente y sensato para ayudarte a lograr tus metas comerciales (¡y de vida!). Adquiérelo ya y prepárate para aprender de una gran pareja que ya logró las suyas".

—**Philip Taylor,** fundador de FinCon

"El entorno empresarial *online* de hoy en día, y la infinidad de opciones que allí encuentras, tienden a resultar abrumadores, por decir lo menos. *Constructores de estilos de vida* y los consejos de Tom y Ariana a lo largo de este libro te ayudarán a convertir lo complejo en sencillo y práctico y te guiarán en tu plan de construir el negocio y la vida que deseas".

—**Mike Young,** autor de *Made Over* y fundador de The Makeover Master

"*Constructores de estilos de vida* es el GPS que necesitas para sacar tu vida de donde está y conducirla a donde quieres que esté. Mejor aún, te asegura que tu pareja estará allí contigo, a lo largo del camino. Determina cuál es el destino ideal para ambos, comprométete a permanecer en el asiento del conductor y confía en que *Constructores de estilos de vida* te llevará hasta allá, siempre y cuando no quites el pie del acelerador".

—**Heather Grey,** experta en el área de mentalidad, Choose to Have it All.com

"Lo que me encanta de Tom y Ariana es que ellos descubrieron la forma de liderar tres empresas, dos niños y la gran misión de inspirar a la próxima generación de empresarios online. Y lo hacen de una manera que sea fiel a ellos y que les muestre a familias comunes y corrientes que este estilo de vida es totalmente posible si tienen las agallas para construirlo. Estamos agradecidos de haber tenido la oportunidad de conocerlos y de haber observado su proceso en estos últimos años. ¡Y sé que ellos *apenas* están comenzando con *Constructores de estilos de vida!*".

—**Jill Stanton,** ScrewTheNineToFive.com

"Este libro es UNA LECTURA OBLIGATORIA para todos aquellos que quieran tener éxito en la vida y en los negocios. Ojalá yo lo hubiera tenido hace 15 años. Como ex empleado y hoy propietario de un negocio, *Constructores de estilos de vida* me habría ayudado a no cometer tantos errores y a construir mi vida con intencionalidad. Los emprendedores renunciamos a nuestro trabajo de 40 horas a la semana para trabajar 80 horas, pero para nosotros mismos. Así que es fácil dejar que la vida se nos escape. Este libro le muestra al lector cómo construir una vida plena, con intencionalidad y propósito".

—**Dustin Heiner,** fundador de MasterPassiveIncome.com

"¡El libro de Tom y Ariana le proporcionará a cualquier pareja emprendedora un marco de acción propicio para alcanzar el éxito! Si quieres vivir tu vida en tus propios términos, teniendo más tiempo el uno para el otro y para su familia, ¡esta es la lectura que te empoderará a lo largo de tu viaje!".

—**Dorothéa Bozicolona-Volpe,** Principle, Social Espionage

"Con la pasión de Tom y Ariana por los negocios y la familia, solo era cuestión de tiempo que ellos compartieran el plan que les ha ayudado a tener lo mejor de esos dos mundos. Eso es exactamente lo que obtienes con este libro, el plan para construir tu negocio ideal y diseñar tu estilo de vida ideal".

—**Jason Brown,** fundador de Power Trades University

"Mucha gente habla de llevar un estilo de vida lleno de libertad, pero nadie tiene el plan para lograrlo. Tom y Ariana te guían paso a paso a través del proceso de construcción de tu negocio y de manejar tus finanzas, brindándote apoyo en los aspectos que la mayoría de los libros sobre el mundo empresarial no cubre, como por ejemplo, cómo construir tu empresa con una familia en crecimiento y controlar tu forma de pensar".

—**April Beach,** anfitriona de
The Sweet Life Entrepreneur Podcast

"Sea cual sea el producto que desees vender y el mercado en que te encuentres, la parte fundamental de todos los negocios es la comercial. *Constructores de estilos de vida* da en el blanco con respecto a las escenas detrás de bambalinas en lo referente a QUÉ necesitas hacer y CUÁNDO reducir riesgos para lograr tu lugar en el mercado y dejar finalmente de luchar tan duro. Construye tu marca, gana dinero y haz realidad tu estilo de vida ideal".

—**Dale Hensel,** emprendedor y mentor

CONSTRUCTORES DE ESTILOS DE VIDA

TOM Y ARIANA SYLVESTER

CONSTRUCTORES DE ESTILOS DE VIDA

Construye tú negocio,
renuncia a tú empleo
y vive tu vida ideal

TALLER DEL ÉXITO

CONSTRUCTORES DE ESTILOS DE VIDA

Copyright © 2021 - Taller del Éxito

Título original: *Lifestyle Builders: Build Your Business, Quit Your Job, And Live Your Ideal Lifestyle*

Original English language edition published by Morgan James Publishing. © 2019 by Tom & Ariana Sylvester Spanish language edition Copyright © 2021 by Taller del Éxito, Inc. All rights reserved

Reservados todos los derechos. Ninguna parte de esta publicación puede ser reproducida, distribuida o transmitida por ninguna forma o medio, incluyendo: fotocopiado, grabación o cualquier otro método electrónico o mecánico, sin la autorización previa por escrito del autor o editor, excepto en el caso de breves reseñas utilizadas en críticas literarias y ciertos usos no comerciales dispuestos por la Ley de Derechos de Autor.

Publicado por:
Taller del Éxito, Inc.
1669 N.W. 144 Terrace, Suite 210
Sunrise, Florida 33323
Estados Unidos
www.tallerdelexito.com

Editorial dedicada a la difusión de libros y audiolibros de desarrollo y crecimiento personal, liderazgo y motivación.

Director de arte: Diego Cruz
Diagramación y diseño de carátula: Joanna Blandon
Traducción y corrección de estilo: Nancy Camargo Cáceres

ISBN: 9781607388845

25 26 27 28 29 R|GIN 08 07 06 05 04

Para todos los constructores de estilos de vida,
pasados, presentes y futuros.

CONTENIDO

Prefacio 21
Introducción 25
Cómo está organizado este libro 29
Cómo aprovechar este libro al máximo 31

Sección 1
Planifica con un propósito específico **35**

Capítulo 1.1 – ¿Qué estamos haciendo aquí? 37
Capítulo 1.2 – Describe aquello que quieres tener 45
    Planifica tu vida
    Propósito
    Visión
    Ideal de vida día a día
Capítulo 1.3 – Define qué necesitas hacer 69
    Diseña tu hoja de ruta en tu línea del tiempo
    Haz cambios hoy mismo
Capítulo 1.4 – Construye, evalúa y ajusta tu proceso .. 77
    Establece puntos de verificación
Capítulo 1.5 – Prioriza e implementa 87
    En serio, ¡no te saltes!
    Hazte una limpieza mental
    Categoriza tus pensamientos
    Prioriza tus actividades
    Planifica tu semana
Capítulo 1.6 – Hazle seguimiento a tu progreso 97
    ¿Qué métricas usar?
    Métricas cualitativas versus cuantitativas

Capítulo 1.7 – Conviértete en quien necesitas ser 103
          Paradigma de víctima versus paradigma de triunfador
          Ser - Hacer - Tener
          El Análisis FODA
          Tests de personalidad
          Identifica qué cambios necesitas hacer

Sección 2
Logra tu libertad financiera   **111**

Capítulo 2.1 – ¿Estás realmente listo para dejar tu empleo? 113

Capítulo 2.2 – Determina tus necesidades mensuales de flujo de efectivo 121
          Maneja tus ingresos mensuales actuales
          Maneja tus gastos mensuales actuales
          Analiza tu superávit o déficit mensual

Capítulo 2.3 – Paga tus deudas 127
          Paso 1 - Determina el monto total de tus deudas
          Paso 2: Establece estrategias para pagar tus deudas

Capítulo 2.4 – Identifica la cifra que te permitirá avanzar hacia tu libertad financiera 133
          Gastos adicionales
          Ahorros relacionados con el trabajo
          Gastos que ya no tienes
          Reajusta tu estilo de vida actual

Capítulo 2.5 – ¿De qué tamaño es la empresa que necesitas? 143
          Fondos combinados
          Ingresos personales versus ingresos comerciales
          Primero, las ganancias

Capítulo 2.6 – Diseñando tu pista de aterrizaje 153

Sección 3
El concepto del dinero en efectivo   **161**

Capítulo 3.1 – Una "gran idea" podría salirte cara 163
Capítulo 3.2 – Haciendo lluvias de ideas 175
          Cómo hacer una lluvia de ideas
          Selecciona tus ideas

Capítulo 3.3 – Tu plan de negocios en una página 181
     Del plan de negocios tradicional al Modelo Lean Canvas
Capítulo 3.4 – Tu proceso de selección de ideas 187
Capítulo 3.5 – Clientes y problemas 195
     ¿Qué tipo de pez quieres pescar?
     ¿Dónde deberías ir a pescar?
     ¿Cuándo pican los peces?
     Hablando con los peces
Capítulo 3.6 – Soluciones y Productos Viables Mínimos (PVM) 217
     ¿Qué tipo de cebo deberías utilizar?
     ¿Cuándo muerden los peces el anzuelo?
     ¿Cómo hacer que el pez muerda?
     ¿Qué equipo usar?
     Creando tu Solución PVM
Capítulo 3.7 – Lanzamiento y ventas iniciales 237
     Tu primer viaje de pesca
     El lanzamiento
     Prelanzamiento
     Lanzamiento
     Después del lanzamiento
Capítulo 3.8 – Aumenta tus ventas 243
     Reabasteciendo tu estanque

Sección 4
Configura y escala tus sistemas 245
Capítulo 4.1 – Los emprendedores no tienen vacaciones 247
Capítulo 4.2 – El motor empresarial 253
     Componentes y procesos
     Marketing
     Ventas
     Operaciones
     Finanzas

Capítulo 4.3 – Instalando el motor en tu vehículo
 empresarial 265
    El liderazgo
    La estrategia empresarial
    La gente
    El ritmo de prosperamiento
    El panel de control
    El marketing
    Las ventas
    Las operaciones
    Las finanzas

Sección 5
Listo para abandonar tu cubículo **289**

Capítulo 5.1 – ¿Realmente estamos haciendo esto?.................. 291
Capítulo 5.2 – Llegó el momento de renunciar 297
Capítulo 5.3 – Instalándote como empresario de tiempo
 completo 303
    La montaña rusa emocional
    Ser tu propio jefe
    El equilibrio adecuado entre tu negocio y tu vida
    Es fácil que te descuides a ti mismo (y de tu salud)
Capítulo 5.4 – Los amigos y la familia 209
Capítulo 5.5 – Asegúrate de no tener que volver 313
    Administra tu pista de aterrizaje y tu flujo de caja
    Mantén bajos los gastos
    Construye un fondo amortiguador/un fondo para los días lluviosos
    Apégate a tu ritmo de prosperamiento
Capítulo 5.6 – Vive tu vida 317
    Tu hoja de ruta
    De la cifra hacia tu libertad financiera a la cifra de tus sueños

Sección 6
Detén el autosabotaje — **321**

Capítulo 6.1 – Aplicando lo que dice este libro — 323
Capítulo 6.2 – Cuáles son esos errores que hay que evitar — 331
    Buscar atajos
    Pensar que puedes hacerlo todo tú solo
    No validar tu modelo de negocio
    No tener claro lo que es importante para ti (y no lo que otros piensen)

Capítulo 6.3 – Las (falsas) esposas de oro — 335
Capítulo 6.4 – Tus siguientes pasos — 341

Agradecimientos — 343
Notas finales — 347

PREFACIO

Todos hemos escuchado hablar de la fórmula para alcanzar el Sueño Americano —ir a una buena universidad, obtener el título adecuado para cada uno de nosotros, encontrar un trabajo en una gran empresa, permanecer en ella 35 años, merecer un reloj de oro y, por último, jubilarse—. Pero, ¿es todo eso lograr realmente algo más allá del simple hecho de generar ingresos? ¿Cumple ese proceso con alcanzar los más grandes anhelos de la vida relacionados con pasión, propósito y vocación? Es evidente que no lo es para la mayoría de las personas en sus lugares de trabajo actuales. Ellas han visto lo que les sucedió a los Baby Boomers que siguieron ese plan solo para llegar al final de su carrera laboral con la sensación de que nada habían logrado más allá de recibir un cheque de pago. ¿Es ese el final deseado después de toda una vida de trabajo?

¿O existe algo más? En *Constructores de estilos de vida* verás los peligros de trabajar pensando en tener "seguridad". Tom y Ariana hablan sobre sus propias trayectorias profesionales tempranas y de cómo ellos comprendieron que las matemáticas que manejaban en aquel tiempo no les darían para llegar a alcanzar la libertad financiera, ni el estilo de vida con el que soñaban.

Sí, se ha dicho que "nada es más dañino para el espíritu aventurero del ser humano que un futuro seguro". Y es cierto. La seguridad no es nuestra amiga, pues termina por enterrar nuestro espíritu aventurero y nuestra pasión por vivir a plenitud.

En *Constructores de estilos de vida* verás con claridad diáfana que "la mayoría de las personas tiene dos vidas: la que está viviendo y la que quiere vivir". Yo conozco lo que es el atractivo de llevar una vida tradicional, junto con la tentación de permanecer en el camino "seguro" en lugar de ir tras nuestros sueños.

Crecí en una granja donde me esperaba un plan de vida bastante claro para mí: graduarme de la escuela secundaria y unirme de inmediato a mi papá en el manejo de la agricultura de nuestra finca familiar —es decir, dedicarme a ordeñar desde las 5:30 a.m. los 365 días de cada año y a cargar bultos de heno en medio del calor del verano—. Sin embargo, todas esas horas que pasé en el campo me dieron demasiado tiempo para soñar con hacer más, tener más, conocer más y ser más. Fue así como elegí dejar el mundo de la previsibilidad e ir tras la aventura de la pasión, el propósito y las ganancias.

A lo largo de esta lectura descubrirás que tú también tienes la opción de elegir lo que quieras para tu futuro. Recorrerás los seis pasos que te llevarán del propósito a la libertad financiera y al estilo de vida que has estado deseando.

Además, tendrás las herramientas necesarias para descubrir "cómo es tu estilo de vida ideal" y cuál es el punto de partida de "lo que quieres hacer". Cuanto más te conozcas, más confianza tendrás en ti mismo para desempeñar el trabajo que vaya de acuerdo a la clase de vida que quieres tener y más capacitado estarás para comprender la magnitud de la libertad que tienes para elegir un trabajo que sea significativo, con propósito y rentable. Aquí, comprenderás que no importa si tienes 18 o 68 años y que este proceso te funciona también a ti.

Lo otro que recibirás en estas páginas es la confirmación de que el propósito y la emoción de la aventura son más atractivos y estimulantes que la seguridad y la cotidianidad. Verás que una persona plenamente viva buscará autonomía, manejo y propósito con respecto a sus bienes, a su plan de pensión y a su paquete de jubilación.

Reconocer la libertad que tenemos para elegir nuestro trabajo trae consigo la responsabilidad de aceptar los resultados que obtendremos de este. En otras palabras, el sentido de realización que recibamos de nuestra labor, la compensación que esta nos brinda y la seguridad de que a través de ella estamos haciendo del mundo un lugar mejor son el resultado de nuestras propias elecciones. Y no se trata solo del "éxito" empresarial. También es cuestión de aprender cómo contribuyen los negocios a nuestra vida y qué tanto la enriquecen. Por eso, qué bueno es pensar que nadie está atrapado en el lugar de trabajo actual. Todos tenemos la oportunidad de elegir.

A muchos, está lectura les presentará un proceso que les servirá para despertar esos sueños y planes sobre el futuro que tuvieron desde niños. Para otros, las fusiones empresariales, las reducciones de personal, los despidos, las jubilaciones forzadas y otras formas de cambios inesperados en sus lugares de trabajo en los últimos años les han servido como un llamado de atención para retomar los sueños que han estado allí siempre, esperándolos pacientemente, listos a florecer algún día. Tal vez, tu caso sea que los cambios han generado en ti el deseo de darte una nueva oportunidad para preguntarte: "¿Quién soy y por qué estoy aquí?".

El hecho es que, cualquiera que sea el caso, te invito a que te sumerjas en este libro. Permítete sacar a flote todos esos impulsos que están allí, en lo profundo de tu ser, que quizá reprimiste en tu deseo de ser responsable y maduro. Lo que tienes frente a tus ojos no es solo otro libro lleno de teorías sofisticadas, sino sistemas reales y procesos que te llevarán desde donde estás hasta donde quieres estar. El contenido es claro, conciso y de fácil comprensión para los buscadores motivados. Cuando te des cuenta que el trabajo significativo, útil y rentable es una posibilidad real en tu vida, habrás dado un paso importante para retomar los sueños y las motivaciones que han estado a la espera de que los dejes salir al mundo exterior y los expreses. De repente, como que la que consideras tu satisfacción personal y tu "miserable comodidad" se te vuelven intolerables y la idea de mantener guardados todos tus sueños se torna inaceptable en tu día a día.

Por lo tanto, ten presente que no solo tienes la oportunidad, sino también la responsabilidad de encontrar o crear una labor que te lleve a cumplir con tu más elevado llamado. Así como muchos han hecho, tú también tienes la opción de elegir la posibilidad de experimentar la emocionante aventura de la vida y convertirte en el constructor de tu estilo de vida ideal.

¡Disfruta el viaje!

—**Dan Miller, autor de** *48 Days to the Work You Love*

INTRODUCCIÓN

Cuando eras niño, ¿qué querías ser cuando fueras mayor? Yo quería ser bióloga marina. Tenía esta extraña obsesión por las ballenas y por algunos seres vivos diminutos a los que les ponía nombres y con los cuales me sentaba a jugar en el suelo de mi habitación (que, obviamente, era un océano), junto con un "móvil de ballena" que colgaba de mi techo. Incluso tenía CDs con el sonido de las ballenas y dibujos de orcas que pintaba en clase de arte y que colgaba en todas las paredes de mi cuarto. Mi familia conocía mi obsesión y se volvió normal que, en mis cumpleaños, todos me dieran regalos con temáticas de ballenas; ellos sabían que "Ariana era la niña de las ballenas".

¿Terminé viviendo mi sueño de la infancia y convirtiéndome en bióloga marina? No, exactamente. En algún momento, me di cuenta que el hecho de trabajar con ballenas me requeriría estar en el océano, el cual resulta ser un lugar muy grande que alberga a algunos animales grandes y aterradores. (Yo era el tipo de chica que tenía miedo de nadar en los lagos, porque pensaba que los peces y las algas vivientes en medio del agua oscura y turbia rosarían mis piernas).

Pero mientras mi miedo al agua me asustaba y me hacía perder el interés en las ballenas, mi pasión por los animales seguía ardiendo con gran fuerza. Así que, en lugar de estudiar biología marina, pasé a trabajar con animales terrestres, no a través de la ciencia veterinaria, sino de la zoología. Después de acumular $46.000 dólares en préstamos estudiantiles y obtener mi título, encontré un trabajo en un refugio local para animales donde ganaba un salario mínimo. Fue entonces cuando mi esposo Tom y yo calculamos que tendría que trabajar casi 3 semanas al mes ¡solo para cubrir los pagos de mis préstamos estudiantiles! Poco después, comencé a sentir que quizá la elección de esta profesión no había sido lo que en realidad yo quería hacer en mi vida.

Tom no tuvo un sueño de infancia como el mío, pero cuenta que disfrutaba pasando tiempo explorando en el bosque que había detrás de su casa, jugando fútbol y tratando de vencer a todos sus videojuegos favoritos. Pero después de tener mononucleosis en octavo grado, y de perder un año escolar, Tom se enseñó a sí mismo a programar computadoras (nerd). Sin embargo, debo aclarar que su eventual grado en ciencias de la computación lo único que aportó a nuestra vida fue la suma de $20.000 dólares a la totalidad de nuestras deudas estudiantiles. Y para empeorar la situación, cuando consiguió un trabajo como programador de computadoras, muy pronto se sintió desilusionado al pensar que pasaría sus próximos 45 años trabajando de 8 a 12 horas diarias, encerrado en un diminuto cubículo.

En nuestro caso, lo que ocurrió fue que lo que pensamos que queríamos terminó no siendo lo que *en realidad* queríamos. Por desgracia, desde antes de darnos cuenta de esto, ya teníamos una deuda de $66.000 dólares. Claro, algunas personas tienen pasiones infantiles que durante su adultez se les convierten en sus sueños y carreras, y me encanta que así sea, pero para muchos otros (como Tom y yo), o bien abandonamos nuestros sueños o, una vez que nos enfocamos en cumplirlos, nos damos cuenta de que queremos algo diferente. Desafortunadamente, este es el punto en el que muchas personas renuncian a perseguir la vida que quieren y deciden conformarse con el camino en el que están y con la vida que tienen. Después de todo, no es fácil cambiar de rumbo una vez que le has dedicado tanto tiempo y dinero a una carrera específica.

¿Y por qué renuncian a su verdadero sueño?

Quizá, porque sus padres les dijeron que seguir su sueño no era realista. Tal vez, porque les dijeron que tenían que ir a la universidad y elegir una carrera (demasiada presión para un joven de 18 años).

A lo mejor, lo intentaron y no lograron ganar el dinero suficiente para costear su vida soñada, así que se conformaron con conseguir un trabajo con el cual pagar sus cuentas.

De pronto, tenían miedo de salir y hacer algo que pareciera "loco". O simplemente, no conocían el camino para llegar a donde tanto anhelaban.

Cualesquiera que sean las razones, la mayoría de la gente llegamos a un punto en el que decidimos quedarnos en el camino tradicional, en la vía *segura*, en lugar de ir tras nuestros sueños.

Te preguntarás: ¿Y cuál es este camino *seguro*? Bueno, esto es lo que nos dice la sociedad:

Paso 1: Te gradúas de la escuela secundaria.

Paso 2: Te gradúas de la universidad.

Paso 3: Consigues un trabajo.

Paso 4: Trabajas 45 años (o más).

Paso 5: Organizas tu vida y tu familia en torno a un trabajo que, por lo general, es exigente.

Paso 6: Te jubilas a los 65 años (con suerte) y disfrutas de la vida.

Este es el camino en el que vamos la mayoría y que, a menudo, no nos conduce al estilo de vida que deseamos. Tom quería evitar este camino, pues lo asustaba y le parecía desastroso. Y aunque lo siguió hasta graduarse en la universidad, su primer trabajo reforzó sus temores.

Verás, nos conocimos el primer día de clase en la universidad. Cuatro años después, yo estaba lista para graduarme y continuar nuestra vida juntos. Me sentía muy satisfecha viviendo de manera tradicional. Tom, por su parte, comenzó a darse cuenta que no sería posible alcanzar el estilo de vida que él quería que viviéramos si seguíamos como íbamos. Él no lograba entender que ese fuera mi estilo ideal de vida. Lo único que sabía era que no le gustaba la idea de permanecer sentado detrás de un escritorio durante 45 años. Entonces, hizo algo que en ese momento me pareció una locura: se fijó la meta de que ambos nos retiraríamos cuando cumpliéramos 35 años. Es decir, que solo nos quedaban 14 años para lograrlo. Tom no sabía cómo íbamos a lograrlo, pero eso no le importaba. El hecho es que, tal y como he llegado a corroborarlo muchas veces a lo largo de nuestra vida, una vez que Tom establece una meta, se dedica a convertirla en realidad.

Lo que descubrimos durante el desarrollo del que sería nuestro plan de jubilación a los 35 años fue que existe un puñado de actividades clave que suelen implementar los soñadores que han sabido construido su estilo de vida ideal y que son distintas a las de aquellos que no se interesan en ir en pos de construir la vida que desean tener. En este recorrido de más de 10 años (al momento de escribir de este libro hemos alcanzado oficialmente nuestra libertad financiera, ambos dejamos nuestros trabajos y cumplimos los 35 este año), aprendimos, implementamos y perfeccionamos este proceso. Y a lo largo del camino, otras personas comenzaron a darse cuenta de nuestros resultados y a pedirnos que les mostráramos este eficiente *secreto* que fuimos construyendo entre los dos.

Dado que en realidad no es un secreto, decidimos comenzar a mostrarles a otros en qué consistía nuestro proceso, que no es otra cosa que los parámetros propios de los constructores de estilos de vida. A partir de ahí, comprendimos que teníamos dos misiones primordiales por cumplir:

- Construir la vida que deseábamos para nosotros y nuestra familia.
- Ayudarles a construir su estilo de vida ideal a tantas personas como nos sea posible.

Desde entonces, a través de coaching, formación online, talleres y seminarios, les hemos enseñado este sencillo proceso a miles de personas —comenzando en EE. UU. y expandiéndonos a todas partes del mundo—. Y hoy, queremos enseñártelo y que comiences a construir el estilo de vida ideal tanto para ti como para tu familia.

CÓMO ESTÁ ORGANIZADO ESTE LIBRO

Este libro se divide en seis secciones principales y cada una se centra en un área específica de nuestros parámetros. Los siguientes son los aspectos más importantes en la construcción de tu estilo de vida ideal.

Sección 1: Planifica con un propósito específico. El primer paso para cambiar de rumbo y dirigirte hacia la vida que quieres vivir es definir cómo es esa vida y elaborar una hoja de ruta que te dirija desde donde estás hasta donde quieres estar. En esta sección aprenderás a identificar cómo es tu estilo de vida ideal y a construir esa hoja de ruta inicial sobre cómo llegar allí.

Sección 2: Logra tu libertad financiera. Con claridad en torno a tu vida ideal, y con tu hoja de ruta en mano, ya es el momento de determinar lo que necesitas hacer para que tu plan se convierta en realidad. Revisarás y definirás cuál es la *cifra que te abrirá paso a la libertad financiera*, es decir, conseguirás tener total claridad de cuál es la cantidad específica de dinero e ingresos que necesitarás generar para dejar tu trabajo actual. Esto incluye reunir toda tu información financiera y comprenderla, desde cuánto dinero ganas hasta cuánto gastas, cuánto es el monto de tus deudas y cuánto dinero te genera tu negocio. El objetivo de esta sección es ayudarte a poner tus finanzas personales en orden y que aprendas a modelar tu negocio en aras de lograr tus objetivos.

Sección 3: El concepto del dinero en efectivo. Una vez sepas cómo vas a lograr tu libertad financiera, tu próximo curso de acción es construir un negocio que te permitirá lograrla. La mayoría de la gente realiza este proceso creando primero el producto o servicio que va a ofrecer y luego trata de venderlo, pero a menudo, lo hace en medio de grandes luchas. Esta sección del libro te mostrará una mejor manera de lograrlo, centrándote, primero que todo, en probar y validar tu idea con el fin de asegurarte de que la gente te pague por ella inclusive desde *antes* que la conviertas en realidad. Después de finalizar esta sección, harás un proceso paso a paso que te llevará desde identificar y construir tu idea hasta ganar dinero con ella.

Sección 4: Configura y escala tu negocio. Con tu modelo de negocio cada vez más aceptado y conocido, comenzando con cierta cantidad inicial de ventas y prosiguiendo con más ventas posteriores, ahora pasarás a diseñarlo y organizarlo de tal modo que este siga creciendo y acercándose cada vez más a las metas que hayas trazado para él. En esta sección, aprenderás a administrar una empresa y a estructurarla y organizarla para obtener un crecimiento eficaz y eficiente, pero sin que absorba tu vida.

Sección 5: Listo para abandonar tu cubículo. Con mucho trabajo duro, afrontando algunos retos a lo largo del camino y contando con algo de suerte, tu negocio crecerá hasta el punto en que logres la *cifra que te llevará hacia tu libertad financiera* y estés listo para dejar tu trabajo. Será un momento asombroso en tu vida, pero implicará cambios y nuevos desafíos. El objetivo de este capítulo es mostrarte cómo hacer la transición de ser empleado a pasar a ser un emprendedor de tiempo completo y de la manera más fluida posible. Además, te ayudará a navegar en medio de todos esos obstáculos que surgirán al realizar esa transición.

Sección 6: Detén el autosabotaje. ¿Cómo asegurarte de no atravesarte en tu propio camino? A menudo, nosotros mismos somos nuestro peor enemigo y nuestro más despiadado crítico interior. Si confías en este proceso, lograrás unirte al reducido grupo de soñadores que no solo tienen grandes sueños, sino que van tras ellos y los convierten en realidad. El objetivo de esta sección es ayudarte a identificar los diversos obstáculos y las barreras que surgirán y a superarlos con el único y primordial propósito de que pongas en práctica el plan que diseñaste para vivir el estilo de vida que quieres lograr.

CÓMO APROVECHAR
ESTE LIBRO AL MÁXIMO

"Lo único sobre lo cual a veces tienes control es sobre tus perspectivas, no sobre tu situación. Sin embargo, sí puedes elegir cómo afrontarla".
—Chris Pine, actor

Cuando Ariana y yo comenzamos a trabajar para ponernos de acuerdo en cuanto a escribir este libro, surgió cierta incertidumbre acerca de si sería mejor escribirlo entre juntos o que solo uno de nosotros lo escribiera.

Por una parte, trabajamos juntos en cada uno de nuestros negocios y, como es apenas obvio, en todo lo concerniente a nuestra vida. De modo que muchas personas nos han manifestado que aprecian este hecho, ya que así obtienen mucho más valor de nuestras enseñanzas, pues tienen acceso a nuestras perspectivas desde el punto de vista tanto del uno como del otro. Entonces, yo soy el "emprendedor innato", con una mente muy visionaria y orientada a los negocios, siempre abierta a explorar nuevos caminos, mientras que Ariana es la versión de la persona "no emprendedora", acostumbrada a recibir un cheque de pago cada dos semanas, sin preocuparse por lo que tendríamos que hacer para pagar nuestro seguro médico, ni ser responsable del éxito o fracaso de un negocio. De nosotros dos, ella solía ser la típica "verificadora de la realidad", debido a que, al comienzo de nuestro proceso (y todavía hoy lo hace), era ella quien a menudo se refería a nuestras preocupaciones más importantes.

Y, por otra parte, desde siempre nos pareció más desafiante el hecho de intentar hacer equipo en un proyecto. En primer lugar, porque debíamos estar alineados con respecto a cuál sería la visión para el proyecto. Esto significaba que, en lugar de que yo empezara a tomar cartas en el asunto y a actuar, ahora necesitaría tomarme un tiempo para reducir la velocidad, compartir mi visión, escuchar la de Ariana y luego sí crear una visión conjunta que funcionara para ambos. Fue entonces cuando llegamos a la conclusión de que necesitaríamos definir nuestros roles individuales en el proyecto y establecer parámetros sobre cómo colaboraríamos en ellos. Por lo general, cuando se trata de proyectos, es más fácil volar solo, pero cuando se trabaja en equipo, casi siempre, estos salen *mejor*.

Entonces, después de muchas conversaciones, y de que casi todos nuestros amigos nos dijeron que necesitábamos escribir el libro juntos, decidimos escribirlo entre los dos (señal de presión de nuestros amigos). Así que, inmediatamente después de tomar esa decisión, nos encontramos con la siguiente realidad: ¿Cómo *haríamos* para escribir un libro entre juntos? Nuestros estilos de escritura y nuestros tonos son diferentes y únicos y cada uno de nosotros tiene perspectivas muy distintas sobre la misma historia o experiencia. ¿Cuál perspectiva debíamos usar entonces para contar cada una de nuestras historias? ¿Y cómo tú, el lector, sabrías de quién es la perspectiva que estés leyendo?

El caso es que, después de ir y venir sobre cuál sería exactamente el formato del libro, decidimos organizarlo en 6 secciones diferentes. Y en cada sección, comenzaremos con una historia que preparará el escenario adecuado para darle inicio al contenido que queremos compartirte y te dará un vistazo de cuál y cómo fue nuestro viaje a medida que pasábamos por esa parte del proceso de construir nuestro estilo de vida ideal. Luego, continuamos con lecciones y acciones específicas que te ayudarán a implementar las medidas necesarias para construir tu propio estilo de vida ideal. La única pregunta que quedaba era cómo escribirlo para que cada uno de nosotros aportáramos nuestra perspectiva única sin confundirte en cuanto a quién estaba narrando. Al final, decidimos que cada uno escribiría la historia de introducción en cada sección correspondiente a nuestra propia perspectiva, pero luego escribiríamos el resto de la sección entre ambos. Lo que esperamos que ganes para tu vida a través de este formato es que observes las diferentes perspectivas en que ambos vimos la misma situación que experimentamos, seguidas de pasos prácticos que te servirán para que avances y pongas las piezas en su lugar y logres construir ese estilo de vida que añoras.

Entonces, cuando leas el primer capítulo de cada sección, verás un título que dice "Perspectiva de Tom" y "Perspectiva de Ariana". Así, sabrás de quién de nosotros dos es el punto de vista que estás a punto de conocer. A medida que te adentres en los capítulos que siguen, notarás que hay algunos que decidimos escribir entre juntos, pero a una sola voz.

"Si he visto más lejos que otros, ha sido subiéndome en hombros de gigantes".

—Sir Isaac Newton, matemático y físico

Antes de graduarme de la universidad, despreciaba la lectura. Y desde entonces, he leído miles de libros. A menudo, le digo a la gente que nada de lo que hago es original. ¿Por qué reinventar la rueda? En cambio, lo que hago es tomar los asombrosos conceptos e ideas que he leído, aprendido y experimentado, y los extracto, los organizo en marcos de pensamiento simples, que los haga más fáciles de implementar. Piensa en mí como una versión andante de infinidad de notas, que sabe desglosar y explicar cómo utilizar estos conceptos tanto en su vida como en sus negocios (¡y que te ahorrará el tiempo y la energía de tener que leer y comprender las versiones originales de infinidad de libros!).

Con frecuencia, me agradecen por tomar todos estos conocimientos y conceptos para luego condensarlos de tal manera que no solo parezcan simples, sino que además le permitan a la gente ganar la autoconfianza necesaria para creer que realmente es posible convertir los sueños en realidad. Notarás que a lo largo de este libro hay varias historias y analogías que te ayudarán a comprender mejor todos y cada uno de los conceptos aquí expuestos.

Todo el tiempo, estamos conociendo personas que son más inteligentes que nosotros. De hecho, algunas con las que hemos trabajado nos lo han dicho de manera explícita y directa:

"Miren, probablemente, yo sé más sobre esto que ustedes. Pero la razón por la que los he contactado es porque quiero que me ayuden a tomar todo este conocimiento que tengo y convertirlo en resultados".

Verás, tener conocimiento es un primer paso importante, pero eso es todo. Es el primer paso. Es la implementación de ese conocimiento lo que, en últimas, nos permite triunfar y lograr nuestras metas. Entonces, a media que avanzas en esta lectura, ten en cuenta que todo este conocimiento está basado en el amplio trabajo de expertos antecesores. Te preguntarás: "Si eso es así, entonces, ¿por qué escribir este libro?". La respuesta es: porque tú no deberías tener que leer miles de libros para construir un negocio y vivir una gran vida. Esta es la razón por la cual tomamos principios, lecciones y pasos clave y los organizamos en una cierta secuencia lógica fácil de entender e implementar. Tan a menudo como podamos, citamos la fuente específica de determinado concepto. En algunos casos, darte una referencia exacta puede ser un desafío, ya que muchos de estos conceptos los hemos ido recogiendo en el transcurso de nuestro viaje y es posible que no recordemos con exactitud dónde supimos de ellos por primera vez. Además, cuando lees miles de libros, te das cuenta que los mismos conceptos y temas se repiten una y otra vez, lo que hace que, a menudo, sea difícil saber en dónde se originó tal o cual concepto.

También encontrarás varias actividades a lo largo del libro. Estas son las mismas actividades que utilizamos con nuestros clientes a medida que los llevamos a través de este proceso.

SECCIÓN 1

PLANIFICA CON UN PROPÓSITO ESPECÍFICO

Resumen de la sección

Más personas de las que te imaginas tienen dos vidas: la que *están* viviendo y la que *quisieran* vivir. El primer paso para cambiar tu estilo de vida y dirigirte hacia lo que de verdad deseas vivir es definir cómo es esa vida que anhelas y construir una hoja de ruta que te dirija desde donde estás hasta donde quieres estar.

El objetivo de esta sección es que tengas muy claro cuál es tu estilo de vida ideal para luego ayudarte a construir esa hoja de ruta inicial sobre cómo llegar a esa meta.

Capítulo 1.1
¿Qué estamos haciendo aquí?

Perspectiva de Tom

"Ni siquiera estoy seguro de qué decir. Nos casaremos en 9 meses. ¿Qué estabas pensando?". Esas no son exactamente las palabras que quieres escuchar de tu prometido, sobre todo, cuando está haciendo todo lo posible para construir la vida ideal que deseas para los dos.

Verás, Ariana y yo nos conocimos hace 5 años, durante nuestro primer día de universidad. Comenzamos a salir una semana después. Cuando nos graduamos de la Universidad Estatal de Oswego, yo intenté ver lo que nos deparaba el futuro al andar por el camino en el que estábamos. Me refiero al camino tradicional que describimos en la Introducción de este libro:

Graduado de la escuela secundaria. Listo.

Graduado de la universidad. Listo.

Conseguir un trabajo. En curso.

Trabaja durante más de 45 años. ¡Ugh!

Mi título universitario fue en ciencias de la computación. Y según eso, mis siguientes 45 años parecían anunciar que estaría sentado en un cubículo, escribiendo en una computadora, trabajando muchas horas y disfrutando de mis fines de semana (a menos que tuviera que trabajar horas extras) antes de tener que repetir ese mismo proceso la semana siguiente.

¿Sabías que 45 años se componen de 2.340 semanas? Ese es mucho tiempo y yo no quería desperdiciarlo sentado en un cubículo, sin disfrutar de la vida al máximo.

Tenía 21 años. Entonces, 45 años era más del DOBLE de la cantidad de tiempo que llevaba vivo.

Las cosas no parecían tan sombrías para Ariana, o eso me decía la historia que se repetía en mi cabeza. Ella tenía un título en zoología. Es decir que podría pasar sus próximos 45 años jugando con animales y viajando a lugares exóticos, practicando su profesión. Pero mientras ella estuviera haciendo eso, ahí estaría yo, atrapado en mi cubículo. Estaría perdiéndome todas estas aventuras y en cambio ella estaría disfrutando su vida al máximo.

Todo eso, sin mencionar todas las veces que extrañaría estar junto a nuestros futuros hijos cuando ellos tuvieran eventos deportivos o recitales de baile o concursos de deletreo en la escuela. Tú conoces esta historia demasiado bien por las tramas de las películas: el padre promete estar allí, pero quedó atrapado en su oficina, trabajando en un proyecto urgente. Sin embargo, él sigue mirando su reloj y *al fin* termina su trabajo y sale corriendo de la oficina para llegar al evento. Pero cuando llega a la escuela de su hijo, ya todos se han ido. Él se perdió del evento y su hijo está devastado.

Pues bien, este NO era el futuro que yo deseaba para nosotros dos, ni para nuestra familia.

Entonces, hice una locura, como diría Ariana. Cuando nos graduamos de la universidad, me puse una meta: nos retiraríamos a los 35 años. No tenía ni la menor idea de cómo llegaríamos allí, pero pensé que 14 años nos darían tiempo suficiente para resolverlo.

Pronto, empecé a descubrir cómo hacer que eso sucediera. Me dediqué a observar a las personas exitosas que tenía a mi alrededor con el fin de ver si era posible seguir sus huellas. ¿Qué era eso que ellos estaban haciendo bien y que aquellos que se sientan en cubículos durante más de 45 años no hacen?

Yo quería saber qué hacían ellos para ganar dinero y generar riqueza. La primera de sus prácticas que se destacó ante mis ojos fue ver una y otra vez que ellos invierten en la Bolsa de Valores. Entonces, comencé allí. Compré un montón de libros sobre el mercado de valores, entre los cuales estaban *The Successful Investor: What 80 Million People Need to Know to Invest Profitably and Avoid Big Losses* y también *The Intelligent Investor: The Definitive Book on Value Investing*. Además, decidí ver vídeos de YouTube en busca de estrategas financieros que hubieran estudiado este mercado durante años. Inclusive, abrí algunas cuentas de inversión. Fue así como aprendí dos lecciones importantes sobre el mercado de valores: 1) que, por lo general, necesitas dinero para ganar dinero; y 2) que había mucho que aprender y que yo no tendría la paciencia necesaria para aprenderlo todo.

Después de invertir en el mercado de acciones, busqué iniciar un negocio. Tuve varios negocios secundarios a lo largo de la escuela secundaria y en la universidad, pues vi que mucha gente exitosa tenía su propio negocio, como Robert Kiyosaki y Donald Trump. Investigué lo que había que hacer para abrir una franquicia, pero descubrí que se requería de un patrimonio neto específico consistente en varios cientos de miles de dólares disponibles. Así que, en ese momento, esa tampoco era una opción viable para mí. Luego, revisé algunas empresas de mercado multinivel (MLM, según su sigla en inglés). Si no estás familiarizado con ellas, estas son empresas que venden productos, como suplementos para la salud, joyas y otros productos similares. Sin embargo, revisando algunas de las que existían en el mercado, no sentí ni el menor entusiasmo ante la idea de vincularme a ese negocio.

Entonces, volví a mi mesa de dibujo y seguí investigando hasta que lo encontré: ¡sería un negocio de inversión inmobiliaria! Parecía ser que toda persona rica tenía inversiones inmobiliarias. Mejor todavía, cuando comencé a investigar, me encontré con este concepto de comprar un dúplex como tu primera propiedad de inversión. Vives en una mitad y alquilas la otra mitad. Pensé que, si lo hacía bien, viviría gratis o a muy bajo costo. Dado que estábamos gastando $750 dólares al mes en la renta de un apartamento de 2 habitaciones, esta parecía una gran oportunidad para nosotros. Entonces, me acerqué muy emocionado a Ariana, con esta idea en mente, solo para salir derribado por sus argumentos. Ella quería que compráramos una casa tal y como acordamos desde un comienzo y no le interesaba tener nada que ver con que nos convirtiéramos en arrendatarios.

Así las cosas, era evidente que me estaba quedando sin ideas. Nada parecía funcionarme y Ariana insistía en decir que no a cada oportunidad que yo le presentaba. Desmoralizado y deprimido, conduje del trabajo a casa una noche, cuestionándome si el plan de jubilarnos a los 35 sí sería una meta alcanzable. Entonces, escuché un anuncio en la radio que cambió mi vida:

"¿Te sientes harto de tu trabajo y no estás viviendo el estilo de vida que quieres? ¿Te gustaría aprender a acumular verdadera riqueza y comenzar a vivir la vida que añoras? ¡Únete a nosotros y recibe este entrenamiento gratuito sobre cómo convertirte en inversor inmobiliario! Invierte 2 horas de tu tiempo. ¡Decídete, el cupo es limitado!".

¡Eso era! Solo necesitaba aprender diferentes formas de invertir en bienes raíces y así Ariana y yo no seríamos arrendatarios.

Llegué a casa, me inscribí y obtuve una entrada extra, pero era claro que Ariana no iría conmigo, así que llamé a mi primo Kip y lo convencí de que fuera. Llegó la noche del evento. Había mucha gente allí y, aunque en realidad no nos mostraron mucho sobre cómo invertir en bienes raíces, hicieron el increíble trabajo de entusiasmarnos con respecto a la vida que podríamos construir mediante las inversiones inmobiliarias. Nos ofrecieron un entrenamiento adicional de 3 días en el cual, por solo $500 dólares, profundizarían en varias estrategias referentes al tema. Además, podríamos invitar a un amigo y obtener algunos programas en audio y libros de trabajo para comenzar. Entonces, Kip y yo decidimos pagar los $500 dólares entre juntos y asistir a aquella capacitación de 3 días.

De camino a casa, escuché una de las lecciones de audio. Esa misma noche, leí todos los libros de trabajo y me sentí muy emocionado con la capacitación. Cuando llegó el momento, había entre 75 y 100 personas más que decidieron asistir. La capacitación se llevaría a cabo el viernes, el sábado y el domingo de 7:00 a.m. a 5:00 p.m. Era obvio que aquellas serían jornadas largas, pero yo llegué allá emocionado.

Durante los 3 días, recibimos una gran cantidad de información. Nos explicaron conceptos que se encontraban en los audios de entrenamiento. Nos hicieron una descripción general sobre lo que es la inversión inmobiliaria y cómo financiar nuestro negocio. Nos describieron varias estrategias de inversión y nos dieron unos cuantos ejemplos de buenas inversiones.

El último día, comenzaron con su siguiente estrategia de venta. Nos repartieron hojas con información sobre su sesión "avanzada" de formación. Luego, nos informaron cuáles serían los precios "regulares" y los precios "con descuento" si nos registrábamos ya. Y tal como lo sé ahora, pero no lo sabía en ese entonces, los 3 días completos estuvieron organizados de tal modo que al finalizarlos la gente se animara a invertir en la siguiente etapa de formación.

Me sorprendí al ver los precios. La capacitación de menor costo era de $5.000 dólares por un solo curso y los precios ascendían hasta $45.000, que era más de lo que yo ganaba en un año en ese momento. De inmediato, supe que no invertiría en ninguna de aquellas capacitaciones.

Pero luego, lo pensé (las tácticas de venta y el condicionamiento sicológico de esos 3 días funcionaron). Vi a otras personas inscribirse y que ellas fueron elogiadas por actuar e invertir en su futuro. Y mientras pensaba en mi futuro, sabía que yo no contaba con la información suficiente como para invertir en bienes raíces, más que todo, porque Ariana no estaba conmigo en esto. Entonces, ¿cómo iba a lograr ese objetivo de retirarme a los 35? Si nos decidíamos a invertir en el curso, *solamente* serían $7.500 dólares, ya que tendríamos la opción de dividirnos los $15.000 dólares entre Kip y yo, que era el costo del curso que nos interesaba tomar a los dos. Y aunque así fuera, yo no tenía $7.500 dólares disponibles, de modo que no era posible inscribirnos. Oh, pero tenía algunas tarjetas de crédito con algo de cupo disponible. Y si invertía en el curso, lo más lógico sería que recobraría ese dinero bastante rápido, ¿verdad? Tal y como dijo el presentador: un solo negocio podría ser por un valor de $5.000, $10.000 o más dinero. Solo necesitaría hacer uno o dos negocios que, definitivamente, haría si tomaba el siguiente curso de capacitación y la orientación adicional, ¿no es cierto?

Me sentía devastado de no poder hacerlo, pero al final, mi primo y yo decidimos comprar un paquete que incluyó cuatro entrenamientos adicionales. Terminé teniendo que dividir el costo en dos tarjetas de crédito. Por fin, cuando procesaron las transacciones y nos entregaron nuestros nuevos materiales, me sentí muy emocionado, pero también un poco mal del estómago. Ariana y yo acabábamos de comprar una casa, planeábamos casarnos en unos meses y yo acababa de agregar otros $7.500 dólares a nuestras deudas (que, como ya antes te contamos, incluían $66.000 dólares en préstamos universitarios) en aras de hacer un curso de formación sobre inversión inmobiliaria que ella no quería que hiciéramos. En el lado positivo, supongo que, si yo no hubiera hecho nada de esto, entonces, no habríamos tenido que preocuparnos por agregarle una deuda más a la de nuestra boda, ya que lo más probable es que Ariana la habría cancelado...

Perspectiva de Ariana

"Ni siquiera estoy segura de qué decir. Nos casaremos en nueve meses. ¿En qué estabas pensando?".

Esas fueron las palabras que le dije a Tom tan pronto me contó sobre su última aventura empresarial —hacer una inversión de $7.500 en cuatro capacitaciones de bienes raíces—. Gastó $7.500 dólares que no teníamos, usando dos tarjetas de crédito, sin hablarlo conmigo, su prometida y socia en la vida. Acabábamos de comprar una casa entre juntos hacía seis meses, gastamos dinero haciéndole mejoras y nos estábamos preparando para costear nuestra boda en tan solo nueve meses y a ella asistirían 250 invitados.

Hubo un breve momento (me pareció mucho más largo en mi cabeza, por supuesto) en el que me pregunté si de verdad lo conocía. ¿Había cambiado tanto desde que se graduó de la universidad y por esa razón no vi venir esto? ¿Qué lo había poseído para que decidiera hacer eso? ¿Involucrarse en algo tan arriesgado y costoso cuando recién comenzábamos nuestra vida juntos?

Nos sentamos en silencio en aquella sala oscura y expectante. Los únicos ruidos que resonaron en nuestra casa provinieron de nuestra perrita acomodándose en su cama y de mis lloriqueos junto a una pila de pañuelos. La luz iluminó la cocina, creando extrañas sombras en la pared a mi lado.

"Supongo que, simplemente, no entiendo POR QUÉ. ¿Cómo llegamos a este punto?".

Y ese era el quid de la cuestión. Estábamos frente al final de la primera etapa de nuestra historia y en el comienzo de una nueva. Ese era el porqué.

Verás, hasta ahora, nuestra vida juntos había sido tan simple, tan fácil. Cuatro años en la universidad, profundizando en nuestra conexión y en nuestra amistad, sabiendo que pasaríamos juntos el resto de nuestra vida, hablando de todo lo relacionado con lo que haríamos de ahí en adelante: trabajos, matrimonio, vivienda, hijos. Ese era "el camino" a seguir.

Excepto que, en algún momento de esos meses entre la universidad y nuestros primeros trabajos, Tom leyó un libro que cambió por completo su visión de la vida. Un amigo le dio una copia de *Automatic Millionaire*, escrito por David Bach. Después de leerlo, pareció que Tom estaba invirtiendo su tiempo pensando en cómo hacer esto de convertir en realidad ese sueño de libertad financiera tanto para nosotros como para nuestra futura familia.

Solo que había un problema: que a Tom *se le estaba olvidando compartir* estos pensamientos y sueños CONMIGO. Mientras mi intención era seguir el camino de una vida tradicional, Tom dio ese salto volador hacia sus sueños y me dejó caer de bruces.

Me sentí traicionada y confundida. Éramos los mejores amigos. Habíamos pasado los últimos 5 años haciendo *todo* juntos —viajes nocturnos al comedor de la universidad, vacaciones con nuestras familias extendidas, viendo *The Sopranos* durante días, hasta hacíamos las compras de mercado juntos y lavábamos la ropa al mismo tiempo. Nos contábamos todo, compartíamos todos nuestros miedos e incluso nos revelamos con lujo de detalles nuestros momentos más embarazosos. Entonces, *¿cómo fue que no vi venir esto?* ¿Estaba tan lejos del hombre con el que se suponía que me iba a casar? ¿Tuve puestas unas gafas de color rosa incandescente que nublaron mi vista impidiéndome ver lo que realmente estaba pasando entre nosotros?

¿Cómo se ATREVÍA a hacerme esto cuando nuestra vida estaba empezando a avanzar? Yo había trabajado duro, me gradué de la universidad con honores, jugué al fútbol durante cuatro años y con éxito, hice las pasantías y permanecí a su lado en todos los momentos difíciles durante nuestra etapa universitaria. ¡Había hecho todo bien! Me merecía una buena vida y una pareja que me ayudara a construirla. No alguien que haría a mis espaldas algo tan *arriesgado*. ¡¿En qué demonios estaba pensando?!

Horas más tarde, y muchos pañuelos empapados de lágrimas después (y esta vez, no solo míos), llegamos a una mejor comprensión del asunto. No nos habíamos dado cuenta de lo distinto que cada uno de nosotros estábamos pensando con respecto a nuestro futuro. Ambos teníamos el mismo objetivo final, pero nuestros supuestos caminos para llegar allí estaban a millas de distancia el uno del otro. Esa dura conversación nos permitió ver esa brecha y hablar sobre lo que cada uno quería. Ahora, sí entendía PORQUÉ Tom estaba tan desesperado por que nos saliéramos de esa "carrera de ratas" en la que estábamos y del camino por el que íbamos en aquel tiempo. Así que no pudo soportar la idea de vivir sentado allí en su cubículo, sintiéndose miserable detrás de un escritorio durante 45 años, convirtiéndose en un esposo resentido y triste. Ademas, él no me quería deambulando sin rumbo fijo, sintiéndome frustrada, de trabajo en trabajo. Su sueño ideal era construir una vida asombrosa para ambos y algún día también para nuestros hijos. Tener una magnífica posición financiera, junto con la libertad de hacer lo que quisiéramos en la vida. Hacer el trabajo que amáramos y no estar en deuda con trabajos y carreras que apestaran y consumieran nuestra vida.

Y por suerte para los dos, esos también eran los sueños que yo quería para nosotros, solo que todavía no estaba segura de cómo los íbamos a lograr.

Capítulo 1.2
Describe aquello que quieres tener

Perspectiva de Ariana

¿Cómo es tu estilo de vida ideal?

Las siguientes son algunas de las primeras preguntas que le hacemos a la mayor parte de la gente que se acerca a nosotros para preguntarnos sobre cómo iniciar un negocio. Muchos nos miran confundidos, como un ciervo con sus ojos puestos en las luces de un auto, y dicen:

"Tom, vine a ti en busca de ayuda para iniciar un negocio, ¿por qué me preguntas sobre mi vida?".

También comentan:

"¿Sabes, Ariana? No estoy muy seguro. Solo sé que me siento como si estuviera en una rueda de hámster y que lo único que quiero es salirme de ella".

Con frecuencia, lo que observamos, y fue así la primera vez que nos hicimos esta pregunta, es que muchos sabemos que queremos más de la vida, pero casi nunca sabemos definir a ciencia cierta lo que en verdad significa ese "más". Todos tenemos una idea de lo que queremos que sea nuestra vida, pero suele sucedernos que ese estilo de vida nos parece confuso e inalcanzable, sobre todo, si la gente con la que interactuamos en nuestro diario vivir está contenta con su vida actual.

¿Quién eres tú para querer más de la vida?

¿Por qué no estás tan agradecido como debieras por tener buenos trabajos y poder alimentar a tu familia?

¿No sabes que hay gente que mataría por estar en tu posición y tener un trabajo seguro que les pagará lo que tú ganas en un año?

Todas estas son el tipo de preguntas, comentarios y críticas que escuchamos cuando compartimos estos pensamientos que rondan por nuestra mente. Casi siempre, este el punto en el que la gente se detiene. A veces, hay quienes tienen la inspiración de que podrían construir una vida mejor, pero al igual que los cangrejos en un barril, quienes los rodean les comparten de inmediato todas aquellas razones por las que esta clase de aspiraciones y pensamientos son tan ridículos. Así que estos soñadores indecisos vuelven a su vida tal y como es en el momento, alejándose de sus sueños. Esto es lamentable, puesto que, a menudo, la gente tiende a mirar hacia atrás y se arrepiente de no haber perseguido sus sueños.

Hace años, Tom tuvo una conversación con un miembro de la familia (lo llamaremos tío Fred). Le habló de nuestra visión, de nuestro plan. Y al escuchar a Tom, el tío Fred no lograba entender por qué alguien querría dejar un trabajo tan bien remunerado. No entendía por qué razón nos arriesgamos a dejar nuestras carreras *estables* para ir en pos de algo tan incierto y desconocido. El hecho es que nosotros estábamos valorando tanto nuestra libertad como el impacto que este cambio ejercería en nuestra vida financiera y sabíamos que, en última instancia, ganaríamos más dinero como propietarios de negocios que como empleados. Estábamos dispuestos a correr ese riesgo y creíamos que lo lograríamos. No todos tienen este mismo punto de vista y por eso es frecuente que no vayan tras lo que realmente desean lograr. Sí, existen riesgos al perseguir tu sueño, pero también existen al quedarte donde estás. ¿Cuál riesgo prefieres tomar? ¿Uno que te dé la oportunidad de vivir tu estilo de vida ideal o uno que siempre te haga preguntarte si habrías logrado más? La gente como el tío Fred prefiere la estabilidad de este último.

Pero si tú estás leyendo este libro, lo más probable es que estés listo para el cambio y dispuesto a ir tras eso que tanto deseas. Ya eres consciente de que, en alguna parte, hay más para ti y para tu familia y estás buscando un camino que te conduzca a lograrlo. Entonces, después que llegues a la conclusión de que hay una brecha entre donde estás y donde quieres estar, el siguiente paso es aclarar dónde quieres estar.

Cuando pienses en establecer un camino para avanzar hacia tu futuro, haz de cuenta que vas a usar un GPS. Llegado el momento, sigue unos pasos muy sencillos:

Paso 1: Ingresa tu destino

Paso 2: Ingresa tu punto de partida

Paso 3: El GPS trazará la mejor ruta a seguir y te dará algunas alternativas, con ciertos plazos estimados y unos puntos de control en el camino.

Planificar tu vida ideal no es diferente. Comenzaremos con el Paso 1, que consiste en definir tu destino. Hoy, existen muchas actividades que te ayudan a definirlo, pero las hemos reducido solo a aquellas que practica la gente exitosa.

Planifica tu vida

"Comienza con el fin en mente".

—Stephen R. Covey

Hay solo unos pocos libros que Tom leerá constantemente y cada ciertos años, uno de los cuales es *Los 7 hábitos de las personas altamente efectivas*, de Stephen R. Covey. Si le preguntas al respecto, él te dirá que ese es el libro más influyente en cuanto a cómo convertirte en una mejor persona y optimizar tu vida.

Mucha gente va a la deriva por la vida, sin premeditar sus ideas, ni sus acciones. En *Los 7 hábitos*, Covey les brinda a los lectores un marco de referencia bastante sencillo que los va llevando hacia una vida eficaz. Aunque cada hábito es valioso, nos gustaría destacar este segundo hábito, pues está relacionado con nuestro tema actual. Este es el hábito al que Tom hace referencia la mayoría de las veces, casi siempre que decidimos que queremos hacer algo:

"Comienza con el fin en mente".

Cuando comienzas con el final en mente, defines tu destino. Este es el primer dato que necesita tu GPS. Aunque parezca simple, en el fondo hay mucho más y es algo de lo que no te das cuenta hasta que te tomas el tiempo necesario para reflexionar sobre el curso que quieres darle a tu vida y hacia dónde quieres ir. Tu destino está compuesto por múltiples elementos, así que, para simplificarlos y que estés seguro de tomar algunas medidas que te ayuden a tener claridad sobre cuál será el rumbo que te trazarás, los dividiremos en 3 áreas:

Propósito

Visión

Ideal de vida día a día

Antes de ir más lejos, definamos primero lo que queremos decir con cada uno de estos términos en el contexto de lograr tu ideal de vida.

Propósito: La razón idealista por la que tú y tu familia existen.

Visión: Las metas a las que tú y tu familia aspiran.

Ideal de vida día a día: La forma en que tú y tu familia desean que sean cada uno de sus días.

Notarás que cada definición no solo te incluye a ti, sino también a tu familia. Si estás en una relación, es importante que realices esta actividad con tu pareja. Recuerda que ambos crecieron en contextos diferentes y, por consiguiente, tienen distinto puntos de vista no solo sobre el tipo de futuro que quieren para su familia, sino también sobre cómo construirlo.

Esta realidad se hizo bastante evidente en la historia con la que abrimos esta sección del libro. Ambos teníamos perspectivas muy diferentes sobre cómo sería nuestro futuro después de terminar la universidad y también sobre el enfoque que adoptaríamos para llegar allá. Estoy convencida de que, si desde el principio hubiéramos invertido una parte de nuestro tiempo para conversar del asunto, nos habríamos dado cuenta de algunas de estas diferencias y habríamos tenido la oportunidad de comprender nuestras expectativas mutuas y de trabajar en pos de alinearlas de tal forma que los dos nos sintiéramos plenos. A continuación, incluimos un bosquejo que podría servirles a ti y a tu pareja para desarrollar un plan familiar que tenga en cuenta sus perspectivas mutuas.

```
┌─────────────────────────────────────────────────┐
│              PLANEADOR DE VIDA                  │
│   MISIÓN                    VISIÓN              │
│   _____                  ____   ____         │
│   _____                  ____   ____         │
│   VALORES                                       │
│   _____                                      │
│   _____                  ____   ____         │
│   IDEAL DE VIDA DIARIA      ____   ____         │
│   _____                                      │
└─────────────────────────────────────────────────┘
```

Propósito

En *Los 7 hábitos de las familias altamente efectivas,* un libro de seguimiento en el que Covey aplica los 7 principios a las familias, él llama a este concepto: misión conjunta.

El poder de la misión conjunta es que une *tu camino* y *mi camino* para construir un nuevo camino, uno superior: *nuestro camino.*

A medida que avances hacia las próximas actividades con el fin de aclarar cómo deseas que sea tu vida y construirla de esa manera con ayuda de tu planificador de vida, es fundamental que incluyas a las personas clave que serán parte de ella y/o se verán beneficiadas o afectadas con tus decisiones. Si no estás en una relación, entonces, serás el participante central de la que quieres que sea tu vida. A lo mejor, te gustaría recibir información y orientación de aquellos que son cercanos a ti y cuya opinión valoras, pero ten siempre en cuenta que tú estás en el asiento del conductor, porque el destino al que te diriges es el que te hará *feliz* —y no quieres que otra persona que no tiene tus mismos objetivos en mente sea quien esté maniobrando el volante.

Si tú y tu cónyuge ya son padres, suele ser aconsejable que les pidan a sus hijos su opinión. Es obvio que ellos tendrán más capacidad para contribuir con sus ideas a medida que crezcan, pero incluso cuando están pequeños es bueno iniciar conversaciones en las que ellos participen y hacerles preguntas al respecto. Incluir preguntas sobre cómo ellos creen que ustedes pueden ser mejores padres, hacerles la vida más plena y contribuir a la unidad familiar no solo les dan paso a grandes diálogos, sino que además los hacen pensar en estas cosas desde temprana edad, estableciendo así la base para que ellos se conviertan en personas con buenos principios.

> **Recurso de *Constructores de estilos de vida***
>
> El planificador te ayudará a organizar y a definir las 3 áreas esenciales para tener claridad en tu vida:
>
> **Propósito:** La razón idealista por la que tú y tu familia existen.
>
> **Visión:** Las metas a las que tú y tu familia aspiran.
>
> **Ideal de vida día a día:** La forma en que tú y tu familia desean que sean cada uno de sus días.

Misión familiar

Probablemente, pondrás tus ojos en blanco cuando leas las palabras "misión", sobre todo, porque estamos hablando de tu vida. Entonces, como ya hicimos antes, primero, definamos qué queremos decir cuando hablamos de misión.

Misión: Lo que te impulsa hacia tu propósito.

A menudo, las empresas redactan su misión utilizando palabras rimbombantes o de moda, razón por la cual casi nadie entiende realmente en qué consiste la misión. Y esto mismo ocurre en cualquier negocio.

Por ejemplo, observa la declaración de la misión de esta empresa:

"_____ les proporciona a sus clientes productos de oficina de óptima calidad e información tecnológica, mobiliario, impresiones de valor y la experiencia necesaria para tomar decisiones de compra informadas. Proporcionamos nuestros productos y servicios con una dedicación al más alto grado de integridad y calidad, procurando la satisfacción del cliente, desarrollando relaciones profesionales a largo plazo con nuestros empleados, haciendo que ellos sientan orgullo de pertenecer a nuestra compañía, creando un ambiente de trabajo estable y una cultura empresarial que nos distinga[1]".

¿Y qué significa todo eso?

De hecho, esta es la declaración de misión de Dunder Mifflin, la empresa ficticia retratada en la exitosa serie de televisión "The Office". "The Office" es una mirada satírica a la vida de oficina moderna cuya declaración de misión genérica y superficial podría ser la de muchas empresas del mundo real.

Entonces, ¿por qué querrías realizar esta actividad como parte de la planificación de tu vida? La respuesta radica en lo que realmente es una declaración de misión.

Una declaración de misión debe ser única y ayudarnos a definir cuál es la razón de nuestra existencia y cuál será la dinámica específica mediante la que cumpliremos con ella. Se trata de aquello que te impulsa hacia tu propósito. Entonces, cuando aplicamos esta definición a tu vida, tu misión les ayuda tanto a ti como a tu familia a comprender qué es eso por lo que se esfuerzan, lo que los hace únicos y cómo deben proceder. Por lo tanto, si haces el ejercicio de definir desde ahora cuál es tu declaración de misión, esta le dará contexto y significado a todo lo demás que hagas.

Declaración de misión familiar

Como ya te mencioné, este concepto pertenece al libro *Los 7 hábitos de las familias altamente efectivas*:

"Una declaración de misión familiar es una expresión combinada y unificada, construida por todos los miembros de la familia, que manifiesta en qué consiste ser parte de tu familia —en qué es lo que realmente quiere hacer y ser— y los principios que tú elijas para gobernar tu vida familiar".

Aunque Tom siempre ha estado aprendiendo sobre visión, misión, cultura y otros conceptos relacionados con su trabajo y a través de la lente de los negocios, estos conceptos son igual de poderosos, si no más, cuando los aplican a tu familia. Cuando las empresas fracasan, casi siempre, se pueden rastrear algunas de las causas fundamentales de ese fracaso hasta desembocar en la falta de claridad de la misión. No es diferente con una familia. Cuando una familia fracasa, a menudo, puedes rastrear y descubrir las diferentes expectativas y la falta de claridad en torno a algunos de estos conceptos clave de los cuales estamos hablando. Ni las empresas, ni las familias fracasan de la noche a la mañana, sino después de años de hacer cosas y cosas, pero sin que haya un propósito claro en su misión. Por ejemplo, cuando uno de los cónyuges anhela tener muchos hijos y el otro prefiere no tener ninguno.

Hay diferentes formas de construir una declaración de misión familiar, pero esta es la propuesta que Covey presenta en su libro y la que mejor funciona, según nuestra propia experiencia. El objetivo es redactar una sola afirmación que responda a las siguientes preguntas:

- ¿Cuál es el propósito de nuestra familia?
- ¿De qué se trata esta familia?

Según nuestra experiencia, esta respuesta no se obtiene en una sola sesión —se necesitan semanas; a veces, meses, para llegar a la verdadera esencia de lo que queremos que sea nuestra misión familiar—. Al principio, contribuye el hecho de escribirla de una forma más amplia. Luego, con el paso del tiempo, es mejor condensarla. Con frecuencia, Tom descubre que es más fácil que las personas escriban una página completa —e incluso varias— y después la resuman. Sin embargo, cuando lo hagas, permite que tu familia participe al recortarla hasta que incluya los elementos que todos consideren como los más importantes de su misión familiar.

"Hice esto más largo de lo habitual, porque no tuve tiempo de acortarlo".

—Blaise Pascal

Querer expresar diferentes ideas y tratar de condensarlas en una sola frase o pensamiento suele tomar tiempo. Muchas personas han visto que es útil anotar las respuestas a varias preguntas; luego, trabajar para convertir varias páginas en una página; después, esa única página en un párrafo y, por último, ese párrafo en una sola frase.

Además de las dos preguntas anteriores, encontrarás algunas preguntas adicionales para que las uses como una forma de pensar en cuál podría ser la mejor declaración de misión de tu familia y, con el tiempo, convertir toda la información que obtengas en una frase sencilla, pero significativa.

- ¿Qué tipo de matrimonio/relación queremos tener?
- ¿Qué expectativas tenemos el uno del otro?
- ¿Qué roles tenemos cada uno?
- ¿Qué tipo de familia queremos ser?
- ¿Qué tipo de padres/hijos queremos ser?
- ¿Qué tipo de personas deberán ser nuestros hijos para triunfar en el mundo?
- ¿De qué manera queremos que nos recuerden?

Cuando comiences a explorar en aras de definir tu misión familiar, analiza todas estas preguntas y no dudes en agregar tus propias preguntas. Todo lo que te ayude a construir tu mejor declaración de misión familiar deberá guiarte en el camino hacia lograr tus metas y construir tu estilo de vida ideal. Recuerda que esta y cada una de las siguientes actividades te ayudarán a tener más y más claridad con respecto a la vida que quieres llevar.

En su libro, Covey comparte su misión familiar:

"Ser siempre honestos y abiertos el uno con el otro.
Mantener en nuestro hogar una vida espiritual.
Amarnos incondicionalmente.
Asegurarnos de llevar una vida feliz, saludable y plena.
Hacer de esta casa un lugar al cual queremos regresar siempre".

Y esta es la nuestra:

"Construir una vida feliz y con propósito, llena de experiencias maravillosas que mantengan unida a nuestra familia. Además, permitir que cada uno de nosotros crezca en las mejores versiones

*posibles de nosotros mismos y generar así un
impacto positivo en nuestros seres queridos".*

Valores fundamentales

Los valores fundamentales son tus creencias más arraigadas, las que guían tu comportamiento y en las cuales te basas para tomar tus decisiones. Aunque existen diferentes definiciones de lo que es realmente un valor fundamental, usaremos una definición que Patrick Lencioni presenta en su libro *The Advantage:*

*"Piensa en tus valores fundamentales como algunos rasgos de
comportamiento inherentes a la organización.
Se encuentran en la esencia de la identidad de cada organización,
no cambian con el tiempo y ya deberán existir.
En otras palabras, no se pueden inventar".*

Aunque él estaba describiendo lo que son los valores fundamentales en el contexto empresarial, esta definición también aplica muy bien a nuestra vida personal. Así que esta es la definición que usaremos en versión sencilla:

Valores fundamentales: Como nos comportamos.

Verás, todos tenemos valores que ya están en nuestro interior. Estos valores guían nuestras decisiones y determinan cómo nos comportamos mientras navegamos por la vida. Muchas veces, es posible que no seamos 100% conscientes de ellos, pero al tomarnos un tiempo para comprender y definir cuáles son, viviremos de manera más intencional.

Así que, al igual que con la definición de tu misión, te llevará cierto tiempo identificar cuáles son tus valores fundamentales y sacarlos a la superficie. Para iniciar el proceso, hazte y hazle a tu familia las siguientes preguntas:

- ¿Qué citas filosóficas nos guían a cada uno de nosotros tanto a nivel individual como colectivo y en unidad familiar?

- Para tomar las decisiones importantes por las que hemos optado, ¿qué factores nos llevaron a elegir estas decisiones finales?

- ¿Qué aspectos solemos tener en cuenta al tomar una decisión importante?

- Si les pedimos a otros que nos describan y que opinen sobre aquello que es importante para nosotros, ¿qué nos dirían?

Cuando estés realizando esta actividad, es importante que recuerdes que tus valores fundamentales no surgieron de la nada, sino que han sido extraídos y formados de lo que ya has estado haciendo a lo largo de tu vida. Analizar tus comportamientos y decisiones te ayudará a definir tus valores fundamentales y te llevará a tener una mejor comprensión de cómo lograr tu ideal de vida diario.

Como ejemplo, estos son los 5 valores fundamentales que identificamos para nosotros:

1. Hacer siempre lo correcto.

2. Tu vida. Tu negocio. Tu criterio.

3. Ser sinceros (sin adornos).

4. Primero, la familia. Después, dar ejemplo (en las relaciones familiares), cuidándonos unos a otros.

5. Colaboración, no competencia (en las relaciones comerciales).

Como verás, definimos cada uno de estos valores fundamentales con una frase corta y en algunos incluimos una aclaración entre paréntesis. Cada una de estas frases significa un valor muy concreto para nosotros. Tú puedes hacer lo mismo al seleccionar tus valores fundamentales. Quizá, los definas con una sola palabra, aunque nos hemos dado cuenta que es muy frecuente que, al expandir una sola palabra y convertirla en una frase corta, es más fácil construir un significado más específico para cada valor y para cada persona. Por ejemplo, Tom y yo podríamos haber elegido "Integridad" en lugar de "Hacer siempre lo correcto", pero en nuestro caso, hacer siempre lo correcto es una afirmación más clara y significativa. Así que asegúrate de que tus valores fundamentales hablen de quien tú eres. Una vez hayas terminado de seleccionarlos, léelos y compáralos con tu comportamiento y tus decisiones y siéntete libre de depurarlos si encuentras alguna desconexión. Por ejemplo, después de definir nuestros valores fundamentales, nosotros elegimos "Hacer siempre lo correcto" basados en ciertas decisiones difíciles que Tom y yo hemos tenido que tomar.

Tu legado

Tu legado es cómo la gente te recordará cuando te hayas ido y el impacto duradero que causarás en el mundo. Cuando defines el legado que deseas dejar es mucho más fácil comenzar desde ya a vivir y a construir tu legado en lugar de esperar a dejarlo solo hasta que te hayas ido.

A medida que avanzas por la vida, hay dos modos principales en los que incurrirás: el modo sobrevivencia y el modo prosperidad.

El modo supervivencia es en el cual muchas personas están atrapadas. Solo están tratando de llegar al fin de mes. Cada día está centrado en ellos mismos y en su familia, trabajando para satisfacer sus *propias* necesidades —no en la felicidad que sentirían ayudando a los demás—. El hecho es que, mientras estás en este modo, es casi normal que inviertas muy poco tiempo pensando en tu comunidad y en cómo podrías contribuirles más a quienes te rodean o involucrarte en causas que te interesen. Desafortunadamente, muchas personas nunca salen del modo supervivencia, porque viven enfocadas única y exclusivamente en las necesidades a corto plazo y nunca se toman el tiempo para dar un paso atrás y observar el panorama en general.

El modo prosperidad es cuando tú y tu familia ya están disfrutando del bienestar que han venido construyendo *y* su estilo de vida empieza a impactar de manera positiva a quienes están fuera de su círculo familiar.

Por lo general, cuando comienzas a pasar del modo de supervivencia al de prosperar, experimentas una sensación extraña, sobre todo, como emprendedor. Lo más probable es que hayas pasado años trabajando duro y tratando de ingeniártelas para llegar a fin de cada mes. Has hecho sacrificios, has trabajado duro, navegaste a través de fracasos del pasado y seguiste adelante aun cuando la gente te dijo que las cosas no funcionarían. Luego, "de repente" (en realidad, después de años de arduo trabajo), te despiertas un día y te das cuenta que tú y tu familia tienen todo lo que necesitan. Tienes la oportunidad de hacer más dinero, pero comprendes que este en sí mismo ya no cambiará tu vida de manera significativa.

Mucha gente se pierde en este punto. Muchos no entienden cómo hacer para pasar de sobrevivir a prosperar. Lo que alguna vez los motivó, que era cuidarse a sí mismos y a su familia, es hoy un hecho cumplido y a partir de ahora necesitarán una nueva fuente de motivación que les dé significado, los impulse y les genere felicidad. Además, sentimientos inesperados comienzan a surgir de su interior, como cuestionamientos en cuanto a si merecen el éxito que tienen o a sentirse culpables ahora que las cosas parecen fluirles con mayor facilidad. A veces, estas emociones podrían catalogarse como miedo al éxito. Lo irónico es que, a pesar de haberse capacitado para trabajar duro, ir contra la corriente y cuidar de sí mismos, una vez que superan ese punto y todo les marcha bien, hay quienes casi se pierden en medio de su bienestar y empiezan a cuestionarse a sí mismos:

"¿Quién soy yo para ganar todo este dinero?".

"No me merezco esto".

"¿Qué pasa si la gente descubre que soy un fraude?".

"Hacer más dinero sería ser codicioso".

"¿Y si lo pierdo todo?".

"Tal vez, debería detenerme ahora que todo está bajo control".

Como emprendedores, este es un punto crucial. A estas alturas, mucha gente ha saboteado su éxito, porque ellos no saben cómo hacer la transición de sobrevivir a prosperar. Han trabajado tan duro para ganar dinero y ahora que han logrado tener libertad financiera no saben qué hacer a partir de ahí. Las historias que tienen en la cabeza desde su niñez y sus experiencias de vida comienzan a salir a flote y si ellos no saben cómo abordarlas, ni tienen en mente una buena meta, comienzan a tambalear y algunos hasta se van a la lona.

Aquí es donde entra en juego el modo prosperar. El enfoque va de lo interno a lo externo. Desde ayudarse a sí mismos y a sus familias hasta estar en capacidad de ayudar a los demás. Consiste en añadirle valor a su propia vida y sentir felicidad en el hecho de ayudarse a sí mismos y ayudarles a otros.

Si alguna vez has tenido la oportunidad de hablar con personas que se acercan al final de su vida, de pronto, has experimentado el profundo significado de lo que es el legado. Muy a menudo, a medida que avanzamos a lo largo de la vida, pensamos muy poco en nuestro legado. En cambio, quienes ya han avanzado gran parte de su camino y están cerca de la muerte mantienen en su pensamiento aquello que habrá de ser su legado. Reflexionan bastante en todo lo que hicieron y no hicieron y en cómo los recordarán.

Pero ¿por qué tenemos que esperar hasta el final para pensar en esto? ¿Qué tan poderoso sería ocuparnos en esta clase de reflexiones desde mucho antes? Te aseguro que, si pensaras más a menudo en cuál ha de ser tu legado, estarías mejor preparado para definir cómo quieres que te recuerden y vivirías todos los días de manera más intencional, construyendo un legado memorable a lo largo de tu vida. Así, cuando estés cerca del final, no tendrás que hablar desde tu arrepentimiento, sino desde un sentimiento de realización propia, sabiendo que aprovechaste al máximo tu vida y que ejerciste un impacto positivo en la vida de los demás.

Una actividad muy efectiva y que te ayudará a lograr este propósito es escribir tu obituario, primero, como crees que otros lo escribirían y una segunda vez como a ti te gustaría que fuera. Suena morboso, lo sé, pero es una forma bastante eficaz de ponerte en la situación real y reflexionar con respecto a cómo quieres que la gente te recuerde. Escribir estas dos versiones te servirá para identificar las diferencias entre cómo te ve la gente hoy y cómo quieres tú que te vean. Al realizar esta actividad, aclararás tus ideas sobre el legado que deseas dejar y comenzarás a actuar de tal manera que desde hoy mismo quieras dedicarte a construir el legado que habrás de dejar.

A medida que lo escribas y lo leas, hazte las siguientes preguntas:

- ¿Cómo es una vida/familia exitosa?

- ¿Por qué quieres ser conocido/recordado?
- ¿Qué palabras quieres que la gente asocie contigo?
- ¿Qué impacto quieres generar?
- ¿Qué lecciones has aprendido que deseas transmitirles a las futuras generaciones?

Al igual que con cada una de las actividades propuestas a lo largo de esta lectura, el proceso y las conversaciones en torno a este tema suelen ser más importantes que los resultados finales que escribas en un papel. Y un último consejo: mucha gente vive el modo supervivencia y el modo prosperidad como si estas fueran dos fases distintas. Entonces, durante el modo supervivencia, solo se concentran en sí mismos y en sus familias. Luego, una vez ya han logrado sus metas para sí mismos y para sus familias, pasan al modo prosperidad. Sin embargo, no tiene por qué ser así. Encontrarás mucha fortaleza y valor al incorporar elementos del modo prosperidad aun cuando estés en modo supervivencia.

¿Qué significa esto? Te daré un ejemplo común. Mientras estás trabajando y concentrado en ganar más dinero y en cuidar de tu familia, avanzando en tu camino hacia las finanzas y al modo libertad y prosperidad, bien puedes asignar una parte de tus recursos (tiempo, dinero, experiencia) para ayudarles a los demás. Inténtalo, comenzando con una cantidad tan mínima como un 1% de tus ingresos y poco a poco ve aumentando ese porcentaje. Lo que verás es que, al hacer esto, experimentarás el modo prosperidad a lo largo de tu vida y que la transición al ir aumentando esa ayuda será más suave. Además, disfrutarás viendo los resultados de tu siembra, te irán transformando en la persona que anhelas ser y siempre estarás en modo prosperidad.

¿Cómo sería esto?

- Si tu salario es de $50.000 dólares al año, donarías el 1%, que serían $500 dólares anuales, lo que equivale a menos de $10 dólares semanales. Y a medida que ganes más, la cantidad de dinero que das aumentará automáticamente. Luego, vas aumentando con el tiempo tu colaboración, pasando del 1% al 2% y más.

- Suponiendo que trabajas 40 horas a la semana, el 1% de tu tiempo de trabajo sería unas 20 horas al año o menos de 30 minutos a la semana. Entonces, podrías donar este tiempo ayudándole a alguien que lo necesite o en alguna causa que te interese.

- Si tienes un producto o servicio (o una habilidad), piensa en la posibilidad de donar el 1% de eso en aras de contribuir a una causa que te interese. Si tu deseo es poner al servicio de otros una habilidad tuya, lo más probable es que esos 30 minutos a la semana que acabo de proponerte aumenten, ya que lo más seguro es que termines sirviéndole a alguna persona o causa tanto en tiempo como en dinero.

La clave aquí es buscar pequeñas oportunidades para comenzar a ayudarles a otros e ir aumentando gradualmente la cantidad de lo que sea que hayas decidido dar.

Cultura

¿Qué recuerdos tienes de tu infancia? ¿Qué tradiciones sigue tu familia? ¿Qué hace tu familia que sea único y diferente a lo que hacen otras familias?

La mayoría de las veces, las respuestas a estas preguntas constituyen tu cultura familiar. Para Tom, una de sus tradiciones familiares era conducir en familia durante la temporada decembrina para ver las luces navideñas por toda la ciudad. Para mí, era hornear inmensas cantidades de galletas con motivos navideños, usando la receta de mi abuelo, con esas pequeñas semillitas de anís (¡mmm!) que luego glaseaba.

A medida que te vas haciendo más adulto, llevas contigo parte de tu cultura familiar. Y si entablas una relación de pareja, también esa persona traerá consigo algunas de las costumbres propias de su cultura familiar. Y si decides tener hijos, lo más probable es que tu familia construya su propia cultura. La cultura les permite a las familias cimentar relaciones sólidas y reforzar sus valores fundamentales, generando y afirmando cada vez más singularidad, identidad y unión familiar.

La cultura familiar se transmite de generación en generación, al mismo tiempo que se transforma y se va moldeando de acuerdo a cada generación. Más allá de ser transmitida, casi siempre abarca los conceptos anteriores a los cuales ya nos referimos: propósito, declaración de misión de familia, valores fundamentales y legado.

Un breve recordatorio de nuestras definiciones:

Propósito: La razón idealista por la que tú y tu familia existen.

Misión: Lo que te impulsa tanto a ti como a tu familia hacia su propósito.

Valores fundamentales: Cómo se comportan tú y tu familia.

Legado: El impacto duradero que tú y tu familia causen en el mundo y cómo este será recordado cuando cada uno de ustedes ya se hayan ido.

La cultura familiar contribuye a llevar estos conceptos al futuro. Nos permite continuar con lo que aprendimos y experimentamos al crecer y transformarlo en aras de hacerlo cada vez más nuestro, a medida que avanzamos por la vida.

Además, sirve para definir a tu familia. Aunque las culturas familiares pueden ser similares, cada familia desarrolla la suya propia, pues no hay dos familias que tengan exactamente las mismas tradiciones, motivo por el cual parte de ella es tu marca. La cultura familiar les da a los miembros de las familias una base estable en la que puedan depender. En otras palabras, sin importar qué altibajos experimentes por el camino, tus tradiciones van contigo y te sirven como un punto de apoyo para fortalecerte y fortalecer a tu propia familia. Algo similar ocurre en las empresas. Google tiene una cultura específica que es diferente a la de Amazon. Esa cultura les ayuda a quienes forman parte de cada empresa a poner en práctica el mismo propósito, la misma misión, los mismos valores y el mismo legado empresarial.

Para elaborar tu lista de tradiciones familiares, analiza y responde las siguientes preguntas:

- ¿Qué recuerdos se destacan de la infancia de cada uno de los miembros de tu familia?

- ¿Qué actividades que te encantaran hacía tu familia año tras años?

- ¿Qué "momentos mágicos" vivió cada miembro de tu familia durante la infancia?

- ¿Qué nuevas tradiciones te gustaría implementar en tu familia?

- ¿Qué hace que tu cultura familiar sea única en comparación con las de otras familias?

Las tradiciones hacen que tu familia sea única. Cada generación debe ser única. Parte de adoptar las tradiciones familiares no solo significa reflexionar sobre el pasado, sino también sobre el futuro. Por eso, es tan importante decidir qué tradiciones optimizarás o añadirás a la mezcla de las que ya hacen parte de tu familia.

Visión

Tu visión es aquella capacidad que te permite mirar hacia el futuro y obtener una imagen clara de cómo quieres que sea tu futuro. Te da algo por qué luchar. Piense en ella como tu Estrella del Norte que te guiará hacia adelante y en la dirección correcta.

Sin embargo, no todas las visiones son muy claras y algunas hasta tienden a ser abstractas. Por ejemplo, quizá digas que quieres viajar más o vivir en una casa más grande, pero te es difícil entender de manera específica a qué te estás refiriendo y, por consiguiente, estas serán metas que te quedarán difíciles de lograr. Para resolver el problema y hacer que las visiones abstractas acerca de tu futuro se convierten en visiones específicas, construye una tabla de visiones.

Hay infinidad de formas de construirla, pero a nosotros nos gusta hacer la nuestra utilizando cuatro categorías organizativas simples:

1. Las "cosas" que queremos tener

2. Las "experiencias" que deseamos vivir

3. Las "relaciones" que anhelamos tener

4. El "impacto" que queremos generar

Con esto en mente, ya tú también estás listo para modelar/diseñar el negocio ideal (trataremos sobre esto en un capítulo posterior) que te permitirá desarrollar los cuatro puntos anteriores. Ahora, vamos a definirlos ejemplificando cada categoría individualmente.

Cosas

Muchas personas ansían una serie de posesiones materiales que les gustaría tener. Estas incluyen cosas como:

- Vivir en la casa de sus sueños
- Conducir el auto que les encanta
- Tener un buen equipo para disfrutar de sus pasatiempos favoritos
- Comprar ropa y otros artículos que desean

Así que haz tu lista de las cosas que te gustaría tener como parte de tu estilo ideal de vida. Después, utilízala para construir tu tabla de visiones.

Experiencias

Además de cosas, muchos desean experiencias de vida específicas. Estas incluyen:

- Unas vacaciones inolvidables a destinos nuevos y emocionantes
- Pasar tiempo con amigos/familiares
- Coleccionar recuerdos que duren toda la vida
- Lograr ciertos hitos, como estar presente durante el primer día de clases de sus hijos
- Pasar tiempo practicando los hobbies que les gustan

Haz la lista de las experiencias que te gustaría tener como parte de tu estilo de vida ideal y utilízala en el momento de construir tu tabla de visiones.

Relaciones

Para la mayoría de nosotros, son las personas quienes le brindan verdadera alegría a nuestra vida. Se trata de la gente de la que nos rodeamos, incluidos quienes nos ayudan y aquellos a quienes ayudamos en roles como:

- Hijo/a
- Cónyuge
- Padre/madre
- Amigo(a)
- Parte de nuestra comunidad
- Parte de varios grupos y círculos sociales

Haz la lista de los roles que desempeñas y de las relaciones que son importantes para ti. Luego, úsala para construir tu tabla de visiones.

Impacto

El impacto va más allá de nosotros y está enfocado en dejar un legado que les sirva a los demás. Incluye ideales como:

- Brindarles el mejor estilo de vida a nuestra familia/hijos
- Colaborar en la organización benéfica que más nos interesa
- Afrontar o contribuir a solucionar un determinado problema en nuestra comunidad, ciudad o en nuestro Estado
- Ayudarles a otros a superar desafíos y a ser más felices

Haz la lista del tipo de impacto que te gustaría causar en la vida de otras personas. Luego, utilízala para construir tu tabla de visiones.

Negocios

Con las cuatro categorías anteriores bien definidas y haciendo parte de tu estilo de vida ideal, ahora es tu turno de describir el tipo de negocio que te gustaría tener y que te ayudará a enfocarte en esas metas que acabas de enlistar y en lograrlas. Aquí, podrías incluir metas en las que tu negocio:

- Te genere un ingreso de $10.000 mensuales
- Sea el medio por el cual logres resolver un problema importante que te apasione

- Te permita trabajar cuatro días a la semana
- Te brinde la flexibilidad de tener tu propio horario

Haz una lista de las características que describan ese negocio ideal que te permitirá disfrutar de tu estilo de vida también ideal. Ten en cuenta que estas características no están definiendo de manera específica cuál es el negocio que construirás (llegaremos a eso más adelante), puesto que, simplemente, estás describiendo sus *características*.

Ahora que toda esta parte está definida, ya tienes la información que necesitas para construir, bien sea física o electrónicamente, tu tabla de visiones. Te recomiendo que busques imágenes que representen los elementos de cada una de tus cuatro listas *(cosas, experiencias, relaciones e impacto)* y las uses en la construcción de tu tabla. Una vez lista, colócala en algún lugar donde la veas con la mayor frecuencia posible para que te ayude a mantenerte motivado, inspirado y enfocado en aquello que quieres que sea parte de tu estilo de vida ideal.

> *Nota: A lo largo de esta lectura, haremos referencia al hecho concreto de que te conviertas en el dueño de tu propio negocio y en un emprendedor exitoso, pues creemos que esta es una de las mejores formas de ayudarte a pensar en construir tu estilo de vida ideal. Estos principios aplican en todos los ámbitos. Entonces, si disfrutas de tu carrera y no planeas dejarla, ten en cuenta que también podrás utilizar muchos de estos mismos principios para diseñarla, construirla y alcanzar el éxito que deseas.*

A medida que avanzas, recuerda que, al igual que en las actividades anteriores, el proceso de lograr claridad en cuanto a tus prioridades y las de tu familia es más importante que el resultado final. Dicho esto, el resultado final puede servir como fuente de inspiración mientras trabajas en pos de un éxito continuo.

Algunas personas disfrutan mucho armando una tabla visual (virtual o física) llena de imágenes que representen todo lo que ellas quieren lograr y las inspire. Cuando las ubicas en algún lugar en el cual puedas verlas todos los días, este tipo de motivaciones suele ser un fuerte recordatorio de tus sueños y metas.

A otros quizá no les gusta incluir imágenes en su tabla tradicional de visiones, pero eso no significa que esta actividad sea menos valiosa. También puede ser una lista simple de lo que es importante para ti en cada una de estas áreas.

Lo importante es que recuerdes que gran parte del valor de una actividad como esta proviene del viaje, no del destino.

Ideal de vida día a día

Teniendo claridad sobre la visión que tienes acerca de tu estilo de vida ideal, proveniente del proceso que seguiste con el fin de elaborarlo, otra actividad útil es pensar en cómo quisieras que fuera tu día a día.

Muchas veces, la gente habla de su "día ideal". Hay quienes creen que debería ser algo así como dormir hasta tarde y que solo los despierte el sonido apacible de la creciente marea del océano. Después, disfrutarían de unas mimosas a la hora del brunch, tendidos en la playa, con un buen libro mientras se broncean. A menudo, esa es la definición que la gente tiene sobre lo que sería su *día ideal*. Y aunque en teoría suena divertido, lo más probable es que no sea así como tú vivirás tu día a día. No es práctico y, si hemos de ser sinceros, no sería tan especial si hicieras eso mismo cada día. Piensa en ello como comprar el auto de tus sueños versus rentarlo durante una semana. Si lo compras, llegará el momento en que tendrás que cambiarle el aceite, los neumáticos, desconfiar del hecho de que te lo rayen donde lo parquees —hasta que llegará el momento en que tu sueño resultará invadido de problemas—. En cambio, si lo rentas de vez en cuando, experimentarás todas las alegrías y la diversión que tanto anhelas sin tener que preocuparte por mayor cosa. Lo mismo ocurre con tu versión de día ideal, razón por la cual tener una idea de día ideal resulta tan problemático (pues tendrías que preocuparte por si al estar en la playa hay huracanes o te quedas sin los ingredientes para preparar tu rica mimosa y además siempre estarás lleno de arena *por todas partes).*

Por esta razón es que preferimos que la gente defina cómo sería su experiencia ideal día a día.

¿Cuál es la diferencia?

Que, aunque tu día ideal podría ser estar descansando en la playa, recibiendo un masaje con una piña colada a tu lado, tu experiencia ideal de vida día a día describe cómo quieres que sea cada uno de tus días, pero trabajando en función de lograr tu estilo de vida ideal.

Para hacer esto, tómate una semana y piensa cuál sería el horario ideal de tu rutina diaria. Ten en cuenta lo siguiente:

- ¿A qué hora quieres despertarte cada día?
- ¿Cómo quieres que sea tu rutina en la mañana?
- ¿Cuánto tiempo quieres dedicarle a tu trabajo?
- ¿Qué tipo de cuidado personal deseas practicar (por ejemplo, comer, hacer ejercicio, meditar, etc.)?
- ¿Qué hora quieres reservar para tus pasatiempos?

Además, procura pensar en términos de: familia, amigos, bienestar físico, finanzas y realización personal.

Entonces, cuando tengas claro cómo es tu estilo de vida ideal y tu experiencia diaria ideal, podrás proceder a determinar cómo comenzar a hacerlos realidad y a identificar posibles brechas.

Capítulo 1.3
Define qué necesitas hacer

Pensando en la analogía de tu vida como un GPS, acabamos de ingresar el primer dato.

~~Paso 1 = Ingresa tu destino ¡Verifica!~~

Así que ahora ya puedes pasar al siguiente paso, que es definir tu punto de inicio y trazar tu hoja de ruta o el recorrido que te guiará hacia tu visión. En cada elemento o categoría que aparezca en tu tabla de visiones con respecto a la que sería tu experiencia diaria ideal escribirás dónde te encuentras actualmente en relación con esos elementos o categorías. Por ejemplo:

Supongamos que quieres dejar tu trabajo actual. **(Destino)**

Actualmente, estás trabajando 45 horas a la semana y ganas $50.000 dólares al año. **(Punto de partida)**

Así que ahora todo lo que queda es definir las metas a las que aspiras a partir de tu *punto de partida* y prosiguiendo hacia tu d*estino*. Las siguientes son algunas ideas que te servirán para identificar los cambios clave que deberás realizar para alcanzar tu meta:

- ¿Qué pasos lógicos necesitas seguir? Investiga un poco y enfócate en observar cómo otros suelen lograr esta meta.

- ¿Qué han hecho otras personas y han logrado esta misma meta con éxito? Encuentra personas que hayan logrado esta meta, pregúnteles cómo lo hicieron y pídeles consejos.

En caso de que estés pensando en dejar un trabajo, estos serían algunos de los cambios clave que podrías hacer: (Cambios requeridos)

- Determinar cómo reducir los gastos de subsistencia a $40.000 dólares por año (es decir, en lugar de $4.000 al mes, lo reducimos a $3.000 al mes) para que no tengas que ganar tanto dinero en el momento de dejar tu trabajo.

- Decidir cómo usar el dinero extra para pagar deudas y comenzar a hacer algunos ahorros.

- Buscar la manera de ganar el dinero necesario que te permita cambiar de trabajo.

Todo esto te ayudará a aclarar tu destino, tu punto de partida y algunas acciones clave que tendrías que implementar para hacer ese cambio. Veamos otro ejemplo:

Digamos que el auto que deseas tener es un Mercedes Benz E400 de 2018. Por lo tanto, investigas un poco y determinas que este automóvil cuesta $58.000 dólares y que necesitarías hacer un pago mensual de $1.000 dólares. **(Destino)**

Actualmente, conduces un Toyota Camry LE de 2010, valorado en $8.000 dólares, pero todavía te hace falta por cubrir un préstamo de $2.000 dólares (o sea que cuentas con $6.000 dólares). **(Punto de partida)**

Cambios a realizar: **(Cambios requeridos)**

- Pagar el préstamo de tu auto actual (por valor de $2.000).

- Ahorrar $58.000 dólares o generar $1.000 dólares adicionales por mes para cubrir el pago del auto nuevo.

- Vender el Toyota Camry y usar la ganancia como pago inicial del Mercedes E400.

Al hacer este ejercicio, tienes 100% claro cuáles son todos los elementos clave para iniciar el proceso de alcanzar tu meta: eres consciente de que actualmente conduces un Toyota Camry LE de 2010, con un saldo del préstamo del auto por $2.000 dólares; además, deseas conducir un Mercedes Benz E400 de 2018, que cuesta $58.000 dólares. Para realizar el cambio, necesitas pagar el préstamo de tu auto actual, encontrar la manera de ahorrar $58.000 dólares o de generar $1.000 dólares adicionales por mes para cubrir el pago del nuevo auto y vender el actual. Lo ideal será que continúes haciendo este mismo proceso con cada una de las áreas o de los elementos principales que escribiste en tu tabla de visiones y de tu ideal del día a día.

Diseña tu hoja de ruta en tu línea del tiempo

Después de definir tu *destino*, tu *punto de partida* y los *cambios requeridos* en cada aspecto, tu labor será escribirlos en una sola hoja de ruta (plan), tomando como referencia las categorías principales que escribiste en tu tabla de visiones (utilizando la hoja de trabajo que completaste en el Capítulo 1.2).

Luego, tomarás las metas dentro de cada categoría (por ejemplo, dejar tu trabajo) y las ubicarás en el plazo ideal en el que desees haber cumplido cada una de estas metas (por ejemplo, 3 años).

3 AÑOS	2 AÑOS				
		90 DÍAS	90 DÍAS	90 DÍAS	90 DÍAS
COMENZAR	PARAR	CONTINUAR	HACER MÁS	HACER MENOS	
PATRIMONIO PERSONAL:					

Bosquejo de un planificador de vida/hoja de ruta

Podrás ajustar los plazos en tu hoja de ruta, pero asegúrate de incluir plazos a corto, mediano y largo plazo. Entonces, usa plazos a 1 año, 3 años y 5 años. También puedes incluir más tiempo y planear a 10 años (o incluso desglosar un poco más cuáles serán tus metas durante los próximos 1 a 5 años). Tú haz lo que te funcione. De todas formas, el plazo es menos importante que el diseño de tus objetivos.

El caso es que, sea cual sea el plazo que elijas planear, te recomiendo dividir el próximo año en etapas de 90 días, cada una con sus propias metas. (Profundizaremos más sobre esto en secciones siguientes, pero el hecho es que esta práctica te ayudará a desglosar tus metas y a concentrarte en lograr metas más pequeñas y a evaluarlas/ajustarlas cada 90 días, a medida que trabajas para lograr tu visión. Dividir tu año en estos plazos te ayuda de dos maneras: 1. Lograr pequeñas metas en camino hacia lograr una más grande te mantiene motivado y menos abrumado y 2. Las fases más cortas te brindan cierta flexibilidad para ajustar lo que fuere necesario a medida que avanzas). Ahora, sigue este proceso con cada meta. Al final, habrás construido un mapa visual de dónde quieres estar (tu visión) y las metas/pasos clave que te llevarán a cumplirlo.

Al comenzar a ubicar tus metas en la línea del tiempo es probable que algunas fechas resulten sobrecargadas y que debas distribuirlas mejor (avanzar o retroceder en tu hoja de ruta según te convenga). Es común que queramos todo para ya, pero intentarlo así es poco realista (a menos que cuentes con recursos ilimitados, lo que la mayoría de nosotros no tenemos). Es mucho más recomendable y funcional que te concentres en unas pocas metas y que, una vez las cumplas, pases a cumplir más y de manera lógica.

A medida que construyas/revises esta hoja de ruta junto con tu cónyuge/familia, lo más seguro será que descubran que tienen diferentes puntos de vista no solo con respecto a las metas por cumplir, sino también sobre los plazos. Aquí es donde será beneficioso que tomen como referencia su propósito/visión y lo utilicen para guiar los acuerdos familiares. Además, una actividad útil que nosotros implementamos fue tener una conversación abierta sobre lo que era importante para nosotros a nivel individual y también como familia, permitiendo que hubiera cierta fluidez en el manejo de nuestras metas hasta que todos estuviéramos contentos con el curso a seguir. Tener algunas de las siguientes conversaciones contribuye a resolver desacuerdos con respecto a metas o plazos:

- ¿Qué aspectos no son negociables para cada miembro de la familia? A estos los llamamos aspectos "fuera de discusión". Al hacer que cada uno manifieste cuáles son sus principales prioridades/imprescindibles, suele ser más fácil discutir/ajustar las metas menos importantes que quedan "fuera de discusión" y lograr negociaciones. Por ejemplo, En una de nuestras primeras conversaciones, tocamos el tema de reajustar nuestro estilo de vida con el fin de ahorrar dinero en nuestro presupuesto. Tom estaba pensando en la posibilidad de vender nuestra casa y alquilar una por un tiempo, pero ser dueños de nuestra propia casa no era un asunto negociable para mí, así que descartamos la idea de alquilar y pasamos a otras formas de ahorrar.

- ¿Es factible adelantar o retroceder esta meta en la línea de tiempo? A veces, es importante para ti alcanzar una meta, pero quizá no haya el tiempo que se requiere para cumplirla. En este caso, observa si puedes cambiarle la fecha. Por ejemplo, cuándo tú o tu pareja quieren dejar su trabajo. Es evidente que hacerlo reducirá sus ingresos, así que, en lugar de deshacerse de esta meta, intenten moverla en la línea del tiempo para así tener mayor posibilidad de hacer crecer su negocio y remplazar esos ingresos. Así que, pongan la meta en discusión y decidan cuál sería el plazo más conveniente para cumplirla.

- ¿Es posible dividir esta meta en plazos o pasos? Siguiendo con el ejemplo anterior, busca alternativas. Una opción podría ser buscar a corto plazo un trabajo diferente, del cual disfrutes más. Otra opción sería reducir tus horas de trabajo o conseguir uno a tiempo parcial. Cambios como estos te permitirían recibir algunos ingresos y a la vez estarías liberando tiempo para construir tu negocio. Entonces, define y evalúa varias alternativas y analiza diversos enfoques sobre cómo dividir tu meta en plazos o pasos.

Una vez hayas realizado los cambios y estés satisfecho con los plazos, observa si necesitas hacer cambios en cada una de tus metas y asígnales los plazos que te parezcan convenientes. Por ejemplo:

Meta: Dejar tu trabajo

Plan: En los próximos 90 días reducirás tus gastos de manutención con el propósito de vivir con $40.000 dólares al año y no con $50.000. Esto significa que debes llevar a casa $3.333 dólares al mes para cubrir tus gastos.

No necesitas desglosar más esta meta, pero ya conoces el enfoque clave para avanzar hacia ella en los próximos 90 días.

> *Importante nota al margen: Cuando estás pensando en renunciar a tu trabajo, hay mucho a tener en cuenta desde el punto de vista financiero. Algunos de tus gastos se reducirán (por ejemplo, gastarás menos en gasolina), pero otros subirán (por ejemplo, tendrás que pagar tu propio seguro de salud y pagarás más en impuestos, debido al impuesto sobre el trabajo por cuenta propia. Más adelante, en la siguiente sección, nos sumergimos mucho más en este escenario y en lo que es recomendable hacer. Esta sección te muestra cuál es el proceso adecuado para calcular tus cuentas de una manera fácil, que te permita saber con exactitud cuánto dinero necesitas ganar, cuánto necesitas haber ahorrado, cuánto necesitas ganar con tu negocio y cómo planificarlo todo. Muchos dejan sus trabajos demasiado pronto y terminan saboteando sus propios planes de construir su negocio, así que asegúrate de dedicarle algo de tiempo a las actividades de esta sección para que no convertirte en uno de ellos.*

Plan de los primeros 90 días: Informarte sobre los diferentes negocios que podrías iniciar para comenzar a remplazar los ingresos que recibes de tu trabajo actual.

Segundo plan de 90 días: Elegir una idea comercial y comienza a probarla. (Sección 3: "El concepto del dinero en efectivo" te guiará a través de todo este proceso).

Tercer plan de 90 días: Vender tus primeros $5.000 dólares con tu negocio.

Plan a un año: El negocio generará $1.000 dólares al mes, de manera estable.

Plan a dos años: El negocio generará $2.000 dólares al mes, de manera estable.

Plan de tres años: El negocio generará $4.000 dólares al mes y habrá un ahorro de $20.000 dólares que te permitirá dejar tu trabajo.

Repite este proceso con cada meta y terminarás con una hoja de ruta consolidada (plan) que te mostrará con total claridad a dónde quieres llegar, dónde te encuentras hoy y los cambios/hitos clave que deberás hacer a lo largo del camino a convertir tu plan en una realidad. Para cada uno de los plazos, también resulta útil definir cuál es el "costo mensual de tu estilo de vida". Es decir, los que preveas que serán tus gastos mensuales para vivir determinado estilo de vida durante esa etapa determinada. Esta claridad te ayuda a cambiar tus metas según sea necesario y determinará cómo vas a ganar lo que se requiere para alcanzarlas.

Ahora, con tu hoja de ruta diseñada, ya tienes tu plan inicial para comenzar a avanzar hacia tu estilo de vida ideal. Pero antes que empieces a avanzar, te invito a que te hagas estas dos preguntas: ¿Qué te impide vivir tu estilo de vida ideal hoy? ¿Qué podrías empezar a hacer ahora mismo para solucionar ese impedimento?

Haz cambios hoy mismo

Muchas veces, pensamos que tenemos que esperar para lograr lo que queremos. Sin embargo, más a menudo de lo que te imaginas, es posible hacer cambios instantáneos en tu rutina o estilo de vida y comenzar a vivir más cerca de tu experiencia ideal del día a día. Esto es similar a lo que ocurre con el modo sobrevivencia versus el modo prosperidad. No tienes que elegir quedarte únicamente en uno u otro modo. Así como es posible traer elementos del modo prosperidad al modo supervivencia, también es posible comenzar a traer elementos de tu experiencia ideal del día a día en tus días actuales. Por ejemplo, si en tu ideal de experiencia a diario la meta es despertarte temprano, busca la manera de comenzar a hacerlo desde ahora. Piensa en términos del 1%. ¿Cómo puedes empezar a despertarte 15 minutos más temprano a partir de mañana? ¿Configurando tu despertador? ¿Planificando una actividad que necesites haber realizado temprano? A veces, la rutina ayuda. Actividades sencillas y consistentes suelen generar resultados sorprendentes cuando las realizas de manera constante, a lo largo del tiempo.

O si deseas comenzar a comer de manera más saludable para perder peso, piensa en algo que sea fácil de comenzar a implementar desde ahora mismo. Según WedMD[2], un truco simple es beber más agua antes de cada comida.

¿Quieres pasar más tiempo con tu familia? Planifica tu semana programando primero las actividades más importantes. Cada semana, cuando planeamos nuestro calendario, lo primero que debemos reservar es nuestro tiempo personal y familiar.

¿Te gustaría ahorrar más dinero? Hazle seguimiento y revisión a la forma en que gastaste tu dinero el mes pasado e identifica los gastos que podrías recortar o intercambiar. Por ejemplo, cancelando suscripciones que ya no usas, reduciendo las salidas a restaurantes y cocinando más en casa.

A lo mejor, estás mucho más cerca de empezar a hacer algunas de estas cosas. Quizás, hasta estés más cerca de hacerlas de lo que te das cuenta ahora. Entonces, en lugar de decir que no estás en capacidad de hacer cambios ahora mismo, comienza a preguntarte cómo hacerlos así sea de manera parcial. Por lo general, hacer pequeños cambios termina ejerciendo un gran impacto en nuestra capacidad para identificar qué otros cambios hacer ya mismo.

Capítulo 1.4
Construye, evalúa y ajusta tu proceso

L os dos primeros pasos fueron divertidos, aunque quizá más desafiantes de lo que pensabas y tardaste más de lo previsto. Es normal. Tuviste que enfocarte y tratar de imaginar tu futuro, pensando en todo aquello tan interesante que incorporarás a tu vida *antes de empezar a implementarlo*. Lo cierto es que ya tienes una tabla de visiones genial y una hoja de ruta definida sobre cómo convertir en realidad todo esto que anhelas. Inclusive, has dado pequeños pasos (y ya te estás despertando 15 minutos antes de la que fue tu hora habitual). Ahora, es el momento de implementar tu hoja de ruta y trabajar hacia la que consideras tu experiencia ideal del día a día.

Aquí es donde también se detiene la gente que nunca se decide a dejar ese trabajo de 45 horas a la semana. ¿Alguna vez has visto a alguien establecer sus propósitos de Año Nuevo? ¿O tal vez, tú mismo te has propuesto algunos? ¡Te emocionas, haces un plan y te lanzas a cumplirlos desde el 1 de enero en la mañana! Todo va bien por unos días. Luego, ocurre un imprevisto en el camino: te enfermas o de un momento a otro un miembro de tu familia necesita tu ayuda o van a pasar una repetición de "Friends" que no has visto desde hace tiempos y entonces decides que mañana te pondrás al día con tu meta. Y de repente, las cosas se desvían y dos semanas más tarde terminaste dejando de trabajar para lograr tu meta.

No queremos que esto te suceda. El Paso 3 es donde comenzamos a diferenciarnos realmente en este proceso de seguir un plan con propósito versus el método tradicional del establecimiento de metas (porque el establecimiento de metas tradicional rara vez funciona).

Verás, necesitas definir e implementar un proceso que te funcione y te motive a trabajar en tus metas (y lo que es más importante, a ajustarlas) a medida que avanzas. Al igual que un GPS, debes registrarte y volver a calcular tu ruta en función de lo que vaya sucediendo en el camino.

Establece puntos de verificación

¿Alguna vez has notado marcadores de millas cuando conduces por una autopista? Estos sirven para identificar nuestra ubicación y confirmar que vamos por el camino correcto. Si los marcadores nos indican que no vamos por el camino indicado, necesitamos reubicarnos. Pues bien, eso mismo es lo que quieres hacer con respecto a tu hoja de ruta y a tus puntos de control. Al configurar puntos de verificación, tendrás la oportunidad de evaluar tu progreso al mismo tiempo que realizas los ajustes que consideres necesarios y planificas qué hacer a partir de ahí.

Ahora, incorpora a tu proceso el siguiente punto de partida.

Verificación anual

La mayoría de la gente realiza una verificación anual, sobre todo, cuando el final del año se acerca. Muchos reflexionan sobre el año que está por terminar y establecen algunas resoluciones para el próximo. Desafortunadamente, la gente suele detenerse aquí sin hacer lo necesario para lograr las metas que ellos mismos se han propuesto.

Hacer una verificación anual es una buena práctica, pues no solo te lleva a reflexionar sobre el año anterior y a planificar el próximo, sino que también es una oportunidad para dar un paso atrás y mirar el panorama general. Este es un buen momento para que revises tu visión y el progreso que has alcanzado en tu rumbo hacia ella. Quizás, encontrarás que deberás atrasar o apresurar el cumplimiento de algunas de las cosas que escribiste en tu hoja de ruta. Es posible que tengas algunas metas nuevas que agregar y otras que necesitas eliminar o ajustar, porque ya no son válidas.

La mayoría de las personas prefiere hacer su registro anual en algún momento cercano al final del año, pero no siempre tiene que ser así. Siempre que seas consistente, cualquier momento del año es apropiado para revisar tus resultados. Otra gran opción es junio, cuando la gente suele estar menos ocupada, debido a que está en vacaciones y pensando en planear las actividades de fin de año.

Aspectos a tener en cuenta:

- **Evaluar el año anterior.** Haz una lista de victorias (lo que salió bien) y derrotas (lo que no salió bien) y anota todos los ajustes que consideres necesario hacer el próximo año para obtener más victorias y minimizar/superar las pérdidas.

- **Actualizar tu hoja de ruta.** Dales un vistazo a tus metas y realiza los cambios o ajustes que haya que hacer según la evaluación que acabas de realizar. Si es necesario, cambia las fechas de plazo para más adelante o para cumplirlas más pronto, agregando unas nuevas o eliminando las que veas que se volvieron obsoletas. Luego, divídelas en metas más pequeñas y rápidas en tu línea del tiempo.

- **Planificar el próximo año.** Elabora una pequeña lista de metas para el siguiente año (3-5 relacionadas con tu vida personal y 3-5 que tengan que ver con tu negocio). Después, divide el año en 4 etapas (de 90 días cada una) y desglosa tus metas grandes en metas más pequeñas que quepan en cada una de las 4 etapas. Una gran pregunta que deberás hacerte es: ¿Cómo quieres que sea el panorama dentro de un año, el 31 de diciembre, cuando hagas tu evaluación anual?

Resultados deseados: Querrás tener claridad y un plan actualizado. Deberás haberles hecho ciertas actualizaciones tanto a tu visión como a tu hoja de ruta y tener metas específicas establecidas para el siguiente año, con metas desglosadas por partes, de modo que sean realizables en términos de 90 días.

Cada año, al realizar esta actividad, deberás darte el tiempo necesario para evaluar, aprender y dejar ir el año anterior. Solo así estarás capacitado para hacer ajustes, tener claridad y enfocarte en las metas más importantes para tu próximo año.

Revisión de cada 90 días (trimestre)

Después de hacer tu planificación anual, elige algunas metas e hitos que te gustaría cumplir cada 90 días (que en el mundo empresarial también se conocen como "trimestres" o T1 T2 T3 y T4).

Así, será mucho más fácil hacer la revisión del cumplimiento de tus metas cada 90 días. Entonces, del mismo modo en que tu revisión anual se centró en el año anterior, en el próximo año y en el futuro a largo plazo, la revisión trimestral deberá centrarse en reflejar únicamente los 90 días anteriores y en ajustar tu plan para los próximos 90 días.

Cuándo: Una vez por trimestre. Por lo general, se hace cerca del final de cada trimestre del año (31 de diciembre, 30 de marzo, 30 de junio y 30 de septiembre).

Temas a considerar:

- **Revisar el trimestre anterior.** Haz la lista de victorias (lo que salió bien) y derrotas (lo que no salió bien) y escribe los ajustes que consideres necesarios para asegurarte de que el próximo trimestre vayas por buen camino en cuanto al cumplimiento de tus metas anuales.

- **Planificar el próximo trimestre.** Revisa y ajusta las metas que ya habías planeado para el próximo trimestre. De nuevo, debería ser una pequeña lista de 3 a 5 metas relacionadas con tu vida personal y de 3 a 5 para tu negocio. Luego, da un paso más a fondo y define las 3 a 5 acciones clave que necesitas implementar para lograr cada meta y establece un cronograma muy bien estructurado para el trimestre.

Resultados deseados: Querrás tener claridad y un plan actualizado. Tener total entendimiento de tus metas, de las actividades clave en las cuales concentrarte para lograrlas, junto con un cronograma exacto para los próximos 90 días. Todo esto te ayudará a concentrarte y evitar distracciones.

Al realizar esta actividad cada trimestre, te das tiempo para evaluar y ajustar. Esta es la clave para alcanzar tus metas anuales.

Revisión mensual

Con tu planificación trimestral completa, ahora tienes claridad en cuanto a lo que debes enfocarte y en las actividades clave para los próximos 90 días.

Un trimestre consta de 3 meses. Por lo tanto, una evaluación cada mes te permite hacer ajustes a lo largo del camino para lograr tus metas a 90 días. Además, te permitirá revisar tus métricas clave y planificar tu presupuesto mensual.

Cuándo: Una vez al mes. Por lo general, se hace al final del mes para tener datos actualizados de tus KPI (indicadores clave de rendimiento, según la sigla en inglés) y de tu información financiera.

Temas a considerar:

- **Revisar tu progreso.** Revisa si vas por buen camino o si estás fuera de él para lograr tus metas a 90 días. Revisa tus métricas clave con cada una y determina si hay necesidad de hacer ajustes para alcanzarlas todas en 90 días.

- **Establecer tu plan de flujo de caja mensual.** Cada mes, debes tener un plan de flujo de caja que defina la cantidad de dinero que esperas recibir y cómo planeas gastarla. Algunas personas también le llaman a esto presupuesto. Tu presupuesto no tiene por qué ser restrictivo. De hecho, es liberador, pues te permite ser *intencional* con tu dinero y tomar mejores decisiones financieras.

Resultados deseados: Querrás tener claridad y un plan actualizado. Entender cómo estás progresando en tus metas y poder hacer los ajustes necesarios para lograrlas. También querrás tener claridad con respecto a tu dinero, junto con una hoja de ruta sobre la cantidad de dinero que planeas ganar durante el próximo mes y cómo asignarlo a tus diferentes prioridades.

Al realizar esta actividad mensual, podrás realizar los ajustes necesarios para alcanzar tus metas a 90 días. También tendrás la posibilidad de revisar tus finanzas y de planificar tu presupuesto para el próximo mes. Esta es una pieza que le falta a la mayoría de las personas y hace que ellas se endeuden y hagan malas decisiones, debido a que no tienen una imagen precisa de sus finanzas (tanto personales como empresariales).

Revisión semanal

Tu reunión semanal es el eje central de tu vida y de tu negocio. Cuando planificas tu semana, puedes concentrarte en las tareas específicas que necesitas realizar. Esta es una gran oportunidad para utilizar tu calendario.

Puedes planificar un tiempo específico o hacer bloques de tiempo para saber día a día y hora a hora en qué necesitas concentrarte. Por ejemplo:

D	L	M	M	J	V	S
FAMILIA	GIMNASIO	GIMNASIO	GIMNASIO	GIMNASIO	GIMNASIO	TIEMPO PERSONAL
	PLAN	PLAN	PLAN	PLAN	SINCRONIZAR SEMANA	
	MERCADEO		MERCADEO			FAMILIA
	CREACIÓN DE CONTENIDO	CREACIÓN DE CONTENIDO	TIEMPO PERSONAL	ENTREVISTA CON PODCAST	ENTREVISTA EN TV	
TIEMPO PERSONAL			COMUNIDAD		COMUNIDAD	
	FAMILIA	FAMILIA	FAMILIA	FAMILIA	FAMILIA	

Ejemplo de un calendario semanal con bloques de planificación.

Al igual que con un presupuesto, algunas personas sienten que planificar el tiempo es restrictivo, ¡pero en realidad es muy liberador! Te permite ser intencional con tu tiempo, empleándolo de la mejor manera posible en la construcción del estilo de vida que deseas y logrando tus metas.

Cuándo: Una vez por semana. El día no importa, siempre que te sea conveniente y lo hagas de modo consistente. (Tom y yo preferimos los miércoles y los viernes por la mañana).

Temas a considerar:

- Informar y verificar tus plazos. Revisa cómo vas con respecto a tus fechas de cumplimiento, así como toda actividad importante que haya ocurrido a lo largo de la semana. Además, dedica algo de tiempo a definir qué cosas salieron bien y qué hay que mejorar. Luego, define cuáles serían esas acciones primordiales en las cuales centrarte durante la semana para mejorar los inconvenientes de la semana anterior.

- Planificar tu próxima semana. Teniendo claridad y comprensión acerca de la semana anterior, y de cómo vas con respecto a tus fechas de cumplimiento, ya puedes planificar y desglosar los puntos de máxima prioridad en los que necesitas concentrarte con el fin de completarlos esta semana.

Resultados deseados: Querrás tener claridad y un plan actualizado. Tener planeada tu próxima semana lo cual hace que sea mucho más fácil ser productivo y desarrollar las actividades necesarias, pues las planificaste con anticipación.

Suele suceder que las personas se vuelven muy detallistas en cuanto a sus planes de 90 días, mapeando cada tarea para cada semana. Pero luego, a medida que las cosas van cambiando, gastan mucho tiempo reprogramando. En cambio, si semana a semana elaboras un plan de calidad, dividiendo lo que haya que hacer en pequeñas tareas, reducirás el tiempo que gastas en planificación y te será más fácil adaptarte a lo que vaya surgiendo en el camino.

Revisión diaria

Por último, pero no menos importante, está el registro diario. Este te permite mantenerte actualizado y aclarar en qué estarás trabajando durante el día. Al hacerlo, te aseguras de tener claro lo que debes hacer sin perder el tiempo, ni distraerte en cosas en las que no debes centrarte.

Cuándo: Una vez al día. No importa la hora, siempre que seas constante (como con todas las demás revisiones). Tom y yo nos reunimos por la mañana y llamamos a nuestra reunión diaria "café y sincronización" —compartimos un café y planificamos nuestro día.

Temas a considerar:

- Tareas terminadas ayer. Revisa las tareas clave que finalizaste el día anterior. Esta también es una excelente manera de mantenerte actualizado y actualizar a los demás (a tu cónyuge o a los miembros del equipo de trabajo en tu negocio) y además es muy útil para delegar responsabilidades y ver que cada uno las cumpla.

- Prioridades del día. Establece cuáles son tus metas clave del día. Así, tendrás una idea clara de lo que tanto tú como los demás estarán haciendo a lo largo de la jornada.

- Definir ayuda. Define si hay alguien con quien necesitas trabajar o si hay algo que se interpone en tu camino y no te dejará avanzar a lo largo del día. De ese modo, será fácil saber qué es lo que necesitas y buscar la ayuda que requieras para resolver lo que sea que bloquee tu progreso.

Resultado deseado: Querrás tener claridad y un plan actualizado. Ahora, ya tienes claridad sobre cómo transcurrirá tu día y el de quienes te rodean. También te habrás asegurado de coordinar y tener a mano la ayuda que hará que tu día sea productivo.

Estas reuniones diarias deben ser breves (15 minutos o menos). No están destinadas a ser todo un torrente de información, sino a que te ayuden a enfocarte y para solicitar la colaboración que te permita funcionar el resto del día (logrando tus metas diarias).

Cuando les describimos este proceso por primera vez a las personas, por lo general, nos dicen una de estas dos cosas: 1) Estas reuniones diarias tomarían demasiado tiempo (que ellas no tienen); y 2) Son demasiado estructuradas e impiden la creatividad.

Sin embargo, lo que la gente termina aprendiendo es que es un hecho que estas reuniones *ahorrarán* tiempo. Muchas personas no se dan cuenta de cuánto tiempo pierden realizando actividades poco fructíferas, desviándose de la meta haciendo cosas sin importancia, esperando para hablar con alguien o tratando de eliminar un obstáculo y poder continuar. En cambio, estas reuniones contribuyen a evitar que nada de esto ocurra y te ahorran tiempo. Cuando se hacen correctamente, tomarán aproximadamente el 10% de tu tiempo, pero te ahorrarán mucho más del tiempo que inviertes en ellas.

En términos de creatividad, seguir esta estructura te permitirá ser *más* creativo. Podrás definir y tener claro lo que debes hacer para luego apartar el tiempo necesario para generar ideas creativas a ese respecto. Te aseguro que este momento creativo no ocurre cuando eres absorbido por algunas de las otras distracciones y pérdidas de tiempo mencionadas anteriormente.

Recuerda, este es un punto de partida y reconocemos que todas las personas operan de manera diferente y que existen otros caminos para lograr los resultados deseados. Pero este es el camino que nos funcionó a nosotros y que nos ayudó a alcanzar nuestra experiencia ideal del día a día.

Capítulo 1.5
Prioriza e implementa

Hasta este punto, todo te ha ayudado a sentar las bases y a estructurar tu plan. Has invertido tiempo en ello, pero es innegable que algo de planificación y realizar cierto trabajo esencial por adelantado contribuyen a que sea mucho más fácil ejecutar y hacer las cosas. Así que es mejor que no te saltes ningún paso.

En serio, ¡no te lo saltes!

Antes de seguir avanzando, analicemos primero lo que queremos decir cuando hablamos de ser eficaces versus ser eficientes.

Ser eficaz significa lograr una meta u obtener un resultado. Es hacer lo que hay que hacer.

Ser *eficiente* significa alcanzar el más alto desempeño, minimizando posibles desperdicios. Es hacer bien las cosas en el menor tiempo posible, invirtiendo la menor cantidad de dinero y esfuerzo que se pueda.

Cuando se trata de productividad, muchas personas se enfocan, primero, en ser más eficientes. Esta es la forma incorrecta de ver las cosas, como lo indica la siguiente cita:

"No hay nada tan inútil como hacer de manera eficiente lo que no debimos hacer nunca".

—Peter Drucker

Si primero no te concentras en realizar las actividades adecuadas (siendo eficaz), casi no importa qué tan rápido las hagas (siendo eficiente), ya que solo estarás obteniendo resultados con mayor rapidez, pero incorrectos. Por eso, lo primero que quieres es averiguar qué es lo correcto de hacer, pues muchas veces terminas haciendo cosas de manera ineficiente y la razón es porque no te aseguraste desde el comienzo para ver qué era lo que tenías que hacer y sí habría sido eficiente hacerlo.

"En serio Tom, ¿quieres que yo haga esto manualmente? Pero si sería mucho más rápido que compráramos esta herramienta y hacerlo de manera automática".

La clave es que necesitas tiempo para descubrir qué es efectivo, así que no queremos centrarnos en construir eficiencia hasta que descubramos qué es eficacia. Esto significa que querrás elegir las herramientas más simples para hacer las cosas (por ejemplo, usar lápiz y papel en lugar de tu computadora). A menudo, ser eficaz significa hacer manualmente las cosas, sin tener que utilizar herramientas o tecnología. Una vez estés haciendo lo correcto y obteniendo el resultado que deseas, entonces, podrás concentrarte en hacer las cosas de manera más eficiente. No lo harás así para siempre, pero te garantizo que la mejor manera de comenzar a hacer las cosas es manualmente. Esa es la forma más fácil de comenzar y te permite comprender qué es lo que necesitas hacer antes de intentar ser más eficiente en ello.

Hasta aquí, hemos cubierto los primeros pasos importantes para ser eficaces, lo cual te ayuda a aclarar qué es importante en tu vida y qué metas quieres alcanzar. Así te asegurarás de estar concentrado en las actividades correctas, dirigiéndote en la dirección correcta. Luego, teniendo claridad en esto, comenzaremos a implementar todo aquello que necesitas para comenzar a avanzar en tus metas, rumbo a tu visión.

Te guiaremos a través de un proceso simple, siguiendo estos pasos:

1. Hazte una limpieza mental

2. Categoriza tus pensamientos

3. Prioriza tus actividades

4. Planifica tu semana

5. ¡Ejecuta!

Hazte una limpieza mental

Al comenzar este proceso, es posible que te sientas abrumado. Tendrás acumuladas demasiadas cosas que necesitas hacer con respecto a tu vida, tu trabajo y tu negocio —si ya tienes uno—. Por lo tanto, tiende a ser difícil saber con exactitud dónde y cómo empezar.

Si este es tu caso, el primer paso debe ser que te hagas una limpieza mental. (Esta es una de las actividades favoritas de Ariana cuando se siente abrumada o cada vez que estamos planeando un nuevo proyecto).

Una limpieza mental es exactamente eso: sacar todo lo que tengas en tu mente. Por ejemplo, toma una hoja de papel, una pizarra o tu aplicación favorita para tomar notas y comienza a escribir allí todas las ideas y actividades que tengas en mente y que necesitas realizar (¿recuerdas que te dijimos que era necesario mantener las cosas simples?). Pues este ejercicio te ayudará a poner en práctica un concepto conocido como "tener la mente como el agua" y se refiere a llegar a un estado emocional en el que tu mente esté clara, capacitada para crear y responder con total libertad, sin distracciones, ni enfoques opuestos.

Haz de cuenta que tu mente es la ventana de tu navegador, digamos, Google Chrome. Cuando tienes una o dos ventanas abiertas en tu computadora, esta funciona bien y hace lo que tú necesitas que haga.

Pero la mayoría de nosotros —seamos honestos— tenemos 10, 20 o más de 30 ventanas abiertas a la vez en Chrome y aun así nos sorprendemos al notar que tanto la funcionalidad como la velocidad de nuestra computadora están descendiendo al mínimo. ¡Le estamos pidiendo que funcione más allá de sus capacidades! Eso es lo que le estamos haciendo a nuestro cerebro cuando tratamos de mantener todos esos pensamientos desorganizados y caóticos en nuestra mente. Y bueno, necesitamos suerte al tratar de encontrar la pestaña que necesitamos abierta en determinado momento.

Así que ahora, sabiendo que necesitas "tener la mente como el agua", ¿cómo te harás ese lavado mental que tanto necesitas? Primero que todo, programa el tiempo para dedicarte a hacerlo —una hora debería ser suficiente—. Después, toma los primeros 15 minutos y deja que las cosas fluyan. Escribe todo lo que tú creas que tienes que hacer y cualquier otra cosa que tengas en mente. El objetivo de este paso es que saques todo lo que tengas allí guardado y lo escribas. De ese modo, liberarás el espacio mental que tanto necesitas para dar el paso siguiente.

Al hacer esta limpieza de ideas, asegúrate de tener al final una lista escrita de todas tus metas y de haber incluido en ella las cosas por hacer, junto con las acciones clave que te llevarán a realizar dichas metas. Verás que, al final de tu limpieza mental, tendrás por escrito una gran lista de tareas y cosas que antes estaban en tu cabeza.

Categoriza tus pensamientos

Después de realizar esa descarga de ideas, el siguiente paso es categorizar todo lo que escribiste. Una de las razones por las que nos gusta usar notas adhesivas para esta actividad es porque podemos agregar más ideas, eliminarlas algunas y organizarlas todas con gran facilidad. Resulta muy práctico agrupar tus actividades por categorías: personal, trabajo y negocio (si los tienes). Si te parece, divídelas en subcategorías. De ese modo, verás dónde, en qué y cómo estás gastando tu tiempo y las áreas en que deberías concentrarte. Por ejemplo, si tienes muchas ideas y actividades relacionadas con tu trabajo o negocio, esa suele ser una señal de que necesitas enfocarte y eliminar, delegar o automatizas algunas de ellas.

Prioriza tus actividades

Con esta lista de actividades agrupadas por categorías, el siguiente paso es priorizarlas. Para esto, usamos una herramienta muy útil llamada Caja de Eisenhower o Matriz de Eisenhower. Se llama así, porque Dwight D. Eisenhower, el Presidente #34 de los Estados Unidos, la utilizó.

> *"Lo importante rara vez es urgente*
> *y lo urgente rara vez es importante".*
>
> —Dwight Eisenhower

Este cuadrante fue el secreto detrás de la productividad de Dwight y ha sido uno de las prácticas productivas fundamentales de muchas personas exitosas. Úsalo así:

Averigua a qué cuadrante de esta caja pertenecen todas y cada una de las actividades que necesites realizar.

1. **Urgente e importante (lo que tienes que hacer primero):** Aquí va todo lo que necesites hacer de inmediato. Al planificar tu día, estas actividades deben estar en la parte superior de tu lista. Cuando combinas este método con técnicas de productividad como la de usar pomodoros (breves períodos de trabajo intensos, seguidos de pequeños descansos) o la Tabla de Kanban (centrándote en una sola tarea a la vez), los resultados son increíblemente poderosos. Algunos ejemplos de qué ingresar en esta categoría podrían ser crisis, emergencias, fechas límite, problemas trascendentales (como pagar tu hipoteca, enviarle un contrato a un nuevo cliente).

2. **Importante y menos urgente (programable):** Estas son actividades importantes, sin que sea necesario realizarlas de inmediato. Debes programarlas e incluirlas como parte de tu planificación semanal. Algunos ejemplos de actividades que entran en esta categoría podrían ser planear, prevenir emergencias/problemas, crecimiento personal, tiempo en familia (como hacer ejercicio, mantener actualizados tus libros de negocios).

3. **Urgente y menos importante (delegable):** Estas actividades son urgentes, pero no tan importantes. Considéralas como las principales candidatas para automatización y/o para delegar. Algunos ejemplos que cabrían en esta

categoría podrían ser interrupciones, distracciones y otras formas que llamen tu atención (como responder a una llamada telefónica desconocida o leer emails de propagandas).

4. **Menos urgente y menos importante (no hacer):** Estas actividades son menos urgentes y menos importantes. A menudo, a la mayoría de las personas le cuesta trabajo ignorar este tipo de actividades, pero es necesario minimizarlas o ignorarlas. Algunos ejemplos de actividades que entran en esta categoría pueden ser las pérdidas de tiempo, la dilación, navegar en internet o en las redes sociales sin tener un objetivo específico en mente (es decir, revisar tu teléfono con demasiada frecuencia, bien sea para asuntos personales o de negocios).

LA CAJA DE EISENHOWER

	URGENTE	NO URGENTE
	IMPORTANTE HACER	DECIDIR
	NO IMPORTANTE DELEGAR	ELIMINAR

Adaptado de Eisenhower, 2012,
Obtenido en https://www.eisenhower.me/eisenhower-matrix/.
Copyright 2011-2017 por EISENHOWER

Si revisas las metas y actividades de la lista que escribiste al realizar tu limpieza mental y las priorizas según el cuadro anterior, podrás organizarlas más fácilmente.

Planifica tu semana

Una vez hayas priorizado tus metas y actividades, el siguiente paso es planificar cuáles serán tus tareas durante la semana y empezar a trabajar en ellas. Para hacer esto, usarás un Tablero de Kanban básico (también conocido como Tablero Scrum).

El Tablero Scrum es un conjunto de principios y prácticas que sirven para ayudarte a ser más productivo y más adaptable a los cambios. Proviene de Rugby y se utiliza para ayudar a las personas y las empresas a planificar y a enfocarse en su trabajo. Gran parte de su eficacia se debe a que es un tablero visual (ya sea físico o electrónico) que te permite mover tus tareas a través de sus diversas fases, a medida que trabajas en ellas.

Lo configuras y lo usas de la siguiente manera:

Paso 1: Haz un tablero con 3 columnas: Tareas pendientes, Tareas en progreso, Tareas realizadas. Ubícalo en una pared, usando cinta de enmascarar y notas Post-It, tal como les recomendamos a todas las personas con las que trabajamos y que recién están comenzando. También puedes hacerlo con alguna herramienta electrónica que tenga un Tablero Scrum. Existen muchas herramientas, pero no gastes mucho tiempo tratando de encontrar la herramienta perfecta. Lo único que necesitas es una pared o una herramienta electrónica.

Paso 2: Completa la columna de Tareas pendientes con tu lista de metas y actividades ya priorizadas.

Paso 3: Cuando comiences a hacer tu trabajo, toma la tarjeta de la tarea que vayas a hacer y ubícala en la columna de Tareas en progreso.

Paso 4: Continúa trabajando en esta tarea hasta que la completes. En ese punto, mueve la tarjeta de la columna Tareas en progreso a la columna de Tareas realizadas.

Paso 5: Continúa este proceso con la siguiente tarea.

TABLERO SCRUM BÁSICO

TAREAS PENDIENTES	TAREAS EN PROGRESO	TAREAS REALIZADAS

Ejemplo de un Tablero Scrum básico

> *Nota: El Método Scrum es mucho más de lo que he descrito aquí, pero esta información básica te servirá para empezar. Así que construye tu tablero, prioriza tus tareas (enfocado en una semana de trabajo a la vez) y limita tu trabajo en progreso a no más de tres tareas a la vez.*

A este punto, ya debes estar listo para sumergirte y ponerte a trabajar. Has sacado fuera de tu mente todo lo que tenías pendiente, usaste tus metas para priorizar todas tus actividades y tareas y ahora hemos establecido un proceso simple que te permita ver tu lista de trabajo priorizada y concentrarte solo en algunas de esas tareas a la vez.

Hay una estrategia adicional que nos encanta usar al planificar nuestra semana: organizar y apartar ciertos bloques de tiempo en nuestro calendario. En realidad, esto es lo primero que hacemos cuando planeamos nuestra semana. Para esto, utiliza bien sea un calendario electrónico o uno físico.

Al usar un calendario, un desafío al que se enfrentan muchas personas es que lo han abarrotado y no les es fácil ver para qué son todos esos eventos. Para resolver este inconveniente, crea algunas categorías para los tipos de cosas que pondrás allí, como tiempo personal, tiempo familiar y tiempo comercial. La mayoría de las herramientas electrónicas con categorías te permiten hacerlo y también lo puedes hacer con un calendario físico mediante el uso de colores.

Los siguientes son los calendarios que usamos actualmente:

- Un calendario para cada miembro de nuestra familia, así como uno para combinar nuestras actividades familiares.
- Un calendario para cada uno de nuestros negocios.

Utiliza tantos calendarios como desees. La clave es organizar diferentes tipos de actividades. Como mínimo, recomendamos, al menos, dos calendarios: uno para asuntos personales y otro para asuntos comerciales.

Con esta herramienta haciendo parte de tu sesión de planificación semanal, será más fácil planificar tu calendario y cualquier actividad clave. Primero, ubica en tu calendario tus asuntos personales. Así, te asegurarás de estar manteniendo las actividades tuyas y las de tu familia como la máxima prioridad.

Una vez planeadas tus actividades importantes, ya puedes comenzar a planificar tus actividades comerciales. Esto es lo que llamamos *integración trabajo/vida* (que es diferente a balance entre trabajo/vida). Primero, planificas tu vida y luego integras trabajo entre una y otra de tus actividades personales en aras de cuidar de tu experiencia ideal del día a día. Es posible que todavía no tengas tanta flexibilidad en estas áreas como quisieras y también es posible que tengas que hacer funciones laborales o comerciales en determinados momentos. Pero una de las razones por las que es provechoso para ti leer este libro es porque te ayuda a configurar las cosas para que tengas más control y flexibilidad en esta área.

Capítulo 1.6
Hazle seguimiento a tu progreso

Ahora, ya estás preparado para sumergirte y ponerte a trabajar. Haz hecho tus procesos básicos y tienes listas tus herramientas, es decir, ya sabes en qué enfocarte (y cuándo). Pero con toda esta planificación —y con todo el trabajo que estarás haciendo—, ¿cómo saber que realmente estás avanzando *hacia* tus metas? Sin definir algunas métricas clave, saberlo se vuelve un desafío. Algunas personas se asustan cuando hablamos de métricas, pero no te preocupes, te mostraremos un proceso simple que te ayude a identificar las métricas adecuadas para hacerles seguimiento a tus procesos, junto con algunas formas sencillas de usarlas. ¿Recuerdas cuando hablamos de los marcadores de millas en la carretera (que sirven para identificar en qué parte de tu camino te encuentras y te ayudan a ver cuándo necesitas recalcular y retomar el rumbo)? Pues estas métricas que usarás serán tus marcadores de millas.

¿Qué métricas usar?

Hay tantas opciones potenciales para hacer seguimiento que suele ser difícil elegir las métricas correctas sin que te sientas abrumado. Para elegir tu primera métrica, querrás pensar en el resultado final que deseas lograr. Por ejemplo, si tu objetivo es perder peso, ¿cuánto peso quieres perder? Si quieres ganar más dinero en tu negocio, ¿cuánto dinero quieres ganar?

Como verás, si sabes que deseas lograr un determinado resultado, se vuelve fácil identificar tu primera métrica. Para perder peso, a lo mejor desees perder 15 libras. Para ganar más dinero, quizá quieras un ingreso adicional de $5.000 dólares al mes.

Entonces, para hacer que esto sea aún más fácil, cuando estés estableciendo tus metas, te recomiendo usar la siguiente fórmula:

"Quiero ir de X a Y en Z".

Ejemplo: "Quiero pasar de pesar 200 libras a 185 libras para el 1 de julio".

Al enmarcar tus metas de esta manera, incluyes tu punto de partida, tu destino y el plazo que tú mismo decidas poner. Así, tu primera métrica se convierte en tu destino. Esta se conoce como la métrica *inicial*. Es la que te permitirá saber si lograste o no el resultado que querías obtener desde un comienzo. Por ejemplo, si hoy te paras en la balanza y te das cuenta que solo has perdido tres libras, cuando idealmente deberías haber perdido cinco libras, sabrás en dónde vas (ese es tu marcador de milla), aunque en el momento no puedas hacer nada para mejorar ese resultado.

Entonces, además de definir una métrica *inicial*, también deseas definir, como mínimo, una métrica principal y esta te servirá para hacerles seguimiento a todas las actividades que te conducirán hacia la métrica inicial. Una característica clave de una métrica principal es que puedes manejarla de tal modo que te ayude a lograr la métrica inicial. Por ejemplo, para perder 15 libras, ¿qué acciones clave necesitas implementar? Bueno, pierdes peso cuando ingieres menos calorías de las que tu cuerpo necesita a diario o cuando gastas más calorías de las que tu cuerpo necesita. Para ingerir menos calorías, puedes hacer el seguimiento de cuántas calorías comes todos los días. Puedes apuntar a ingerir 1.900 calorías al día cuando tu cuerpo necesita 2.200, lo que significa que tienes un déficit de 300 calorías. Para simplificar esto proceso, puedes preparar tres comidas de 500 calorías y cuatro bocadillos de 100 calorías por el día. Luego, registras cuándo los comes. Y si no quieres hacer un seguimiento de las calorías que consumes, también tienes la opción de restringir tus horas de alimentación, haciendo una especie de ayuno intermitente durante el cual ayunas la mayor parte del día y solo consumes calorías en un momento específico. El caso es que estas dos opciones te ayudarán a limitar la cantidad de calorías que ingieras.

Constructores de estilos de vida

Para quemar más calorías, también puedes hacer el seguimiento de cuántas calorías gastas cada día a través de diversas actividades como caminar y hacer ejercicio. Dado que esto es un poco más complicado, podrías preferir hacer el seguimiento de cuántas veces haces ejercicio o de cuántos pasos das, sabiendo que en cada entrenamiento adicional o que en cada aumento de pasos gastarás más calorías (hay toneladas de aplicaciones que nos ayudan con esto, así como productos como el "FitBit"). Así, tendrás una idea aproximada de cuántas calorías quemas con cada actividad y utilizar esa información como guía.

Por lo tanto, al hacerles seguimiento a estas dos métricas, sabrás si tu balanza muestra un aumento o una disminución de tu peso.

Para darte un ejemplo empresarial, es posible que desees ganar $2.500 dólares a la semana. ¿Cómo hacer esto? Bueno, si vendes un producto o servicio de $500 dólares deberás vender 5 de estos productos ($2.500). Entonces, ¿cómo venderlos? Bueno, podrías buscar personas interesadas en un producto como el tuyo y hacerles una llamada telefónica.

Meta semanal	Valor del producto/servicio	# vendido/semana
$2.500 dólares	$500 dólares	5

Luego, supongamos que por cada cuatro personas con las que hablas, una de ellas compra tu producto. Entonces, para vender un producto ($500 dólares), debes hablar con cuatro personas. Por lo tanto, para vender $2.500 dólares necesitas hablar con 20 personas (suponiendo que 1/4 o 25% de las personas con las que hablas compra).

%/Promedio de personas que acepta	# de personas a las que llamas
20% (1 de 5)	100

Por lo tanto, tu principal métrica para hacer un seguimiento debe ser el número de personas a las cuales contactas. Suponiendo que sabes cuál es ese promedio de conversaciones que logras tener con tus posibles clientes, deberías poder predecir qué tantas ventas realizarás en función de ese promedio. Por ejemplo, en el escenario anterior, si les haces una llamada telefónica a 100 personas, esa cifra significa que deberás estar haciendo cinco ventas por un total de $2.500 dólares.

Por consiguiente, si contactaras a 200 personas, deberías generar 10 ventas por un total de $5.000 dólares.

Por esa razón, es tan importante hacerles seguimiento a estas métricas todos los días (por ejemplo, durante tu revisión diaria) y durante la revisión semanal. Si llegaste a esta última y ves que no lograste alcanzar tu meta, es importante que evalúes y hagas los ajustes necesarios para tener más éxito la próxima semana.

Métricas cualitativas versus cuantitativas

El otro aspecto a tener en cuenta a la hora de definir las métricas y cómo hacerles seguimiento es conocer y utilizar métricas tanto cualitativas como cuantitativas.

Las métricas cuantitativas son aquellas métricas que puedes contar. Las métricas que definimos antes, como el seguimiento de la pérdida de peso y de las calorías quemadas, son ejemplos de métricas cuantitativas. Estas proporcionan estadísticas sólidas, pero hay poca información detrás de ellas. Una forma sencilla de pensar en estas métricas es poniéndolas en una hoja de cálculo y generando un gráfico a partir de ellas.

Por su parte, *las métricas cualitativas* proporcionan datos menos concretos, pero arrojan un nivel más profundo de conocimientos y análisis. Estos datos suelen ser confusos y difíciles de digerir, pero nos proporcionan respuestas a la pregunta "por qué". Por lo general, corresponden a respuestas abiertas que nos dan las personas y que no se pueden acomodar fácilmente en una hoja de cálculo, pero nos brindan mucha más información útil para explicar los datos que sí puedes representar en una hoja de cálculo. Para bajar de peso, el ejemplo podría ser anotar cómo te sientes al comer y hacer ejercicio, lo cual contribuye a comprender por qué lograste o no tu meta de perder peso. En el caso de los negocios, podrías tomar notas de las objeciones que la gente tiene cuando la contactas a través de tus llamadas telefónicas para hacer ventas y así comprender mejor a tus posibles clientes y sus razones para no comprar.

Por lo tanto, deseas asegurarte de estar utilizando la combinación correcta de métricas cualitativas para comprender "por qué" las cosas son como son y de métricas cuantitativas mediante las cuales puedas medir los "cómo" y los "cuánto". Cada vez que te quedes estancado, concéntrate en hacer métricas cualitativas que te ayuden a comprender *por qué* estás estancado y qué necesitas hacer para volver a despegar. Por ejemplo, quizá tu estado emocional ejerza gran influencia en tus hábitos alimenticios. Entonces, si tienes una semana difícil en el trabajo o algo sucede en tu vida personal, dificultades de este tipo podrían desestabilizar tus hábitos alimenticios, lo que, a su vez, afectaría tu pérdida de peso durante esa semana. Lo que te estoy queriendo mostrar es que los factores emocionales son cualitativos y aunque no necesariamente se pueden medir, sí tienen tanto efecto en los resultados como las métricas cuantitativas.

Te llevará algo de tiempo definir tus métricas y es probable que estas cambien con cada una de tus metas, pero una vez las entiendas y las identifiques, estas harán que tu vida y tu negocio sean mucho más fáciles de llevar. Las métricas actuarán como un marcador y te ayudarán a ver dónde estás para luego guiarte hacia tu próximo movimiento en pos de alcanzar tus metas.

Capítulo 1.7
Conviértete en quien necesitas ser

El último paso para sentar las bases del éxito es convertirte en quien debes ser. En otras palabras, ¿en qué y cómo deberás cambiar y crecer como persona para llegar a alcanzar tu experiencia ideal del día a día? Felicitaciones por llegar tan lejos. Te lo digo en serio. Muchos se saltan estas cosas fundamentales y, como resultado, hacen que todo sea más difícil. Si tú estás leyendo esto, entonces, tienes el impulso y el compromiso necesarios para ir en busca del conocimiento que necesitas para construir la vida que deseas.

Sin embargo, por muy bueno que sea el hecho de que hayas decidido seguir al pie de la letra todos los pasos anteriores, seremos sinceros contigo: puedes seguir todos los pasos anteriores y aun así no lograr el éxito y el estilo de vida que deseas. ¿Por qué? Por causa *tuya*. Tú eres el más grande contribuyente y el factor más importante de tu éxito. Eso también significa que eres el más grande contribuyente y el factor más importante de tu falta de éxito. Todo se reduce a quién eres, cómo *piensas* y cómo *actúas*.

Uno de los puntos más importantes que la gente pasa por alto a medida que trabaja para lograr sus metas es la importancia que tienen tanto su perspectiva como su mentalidad cuando se trata de alcanzar su éxito. Este viaje —porque es un viaje— requerirá de tu parte que crezcas como persona y que pongas a prueba mucho de lo que crees saber. Requerirá que mires hacia adentro y busques la esencia de quién eres y qué historias (también conocidas como "creencias limitantes") te estás contando a ti mismo. Cada nivel de éxito requiere de más crecimiento y este crecimiento comienza ahora que tienes tu hoja de ruta diseñada y estás averiguando quién necesitas *ser* para *hacer* las cosas que necesitas hacer con el fin de *tener* el éxito, la vida y el negocio que deseas.

Este paso te ayudará a tener claridad sobre cómo te ves ahora y cómo debes verte para lograr el éxito.

Paradigma de víctima versus paradigma de triunfador

Nuestros paradigmas son cómo vemos el mundo. Piensa en ellos como un par de gafas que estás usando. Dependiendo de las gafas, el mundo luce diferente, aunque sea el mismo. Por ejemplo, si usas gafas de sol oscuras, estas harán que el mundo se vea oscuro, pero si las cambias por un par de gafas de color rojo, todo lo que veas tomará un tono rosado. El mundo es el mismo en ambos escenarios, pero es evidente que varía mucho dependiendo de las perspectivas y paradigmas con que lo veas.

Todos tenemos nuestros propios paradigmas, pero al más alto nivel, las personas exitosas tienden a agruparse en un paradigma general y las personas fracasadas en otro. Las personas que no tienen éxito casi siempre ven las cosas desde el *paradigma de víctimas*. Es decir, suelen verse a sí mismas como víctimas y culpan a los demás de su situación. En otras palabras, los demás son la razón por la cual los fracasados que no tienen éxito. Por ejemplo, ellos afirman que alguien con éxito logró llegar a la cima porque su familia tenía dinero o porque esa persona estudió en Ivy League. El hecho es que ellos siempre buscan excusas. Siempre están "demasiado ocupados" (casi siempre, haciendo cosas sin importancia) o sus circunstancias no les permitirán tener éxito. Suelen creer que *no pueden* tener éxito, pues no reconocen sus propias capacidades y están convencidos de que sus circunstancias actuales son más poderosas que ellos mismos, por lo tanto, se sienten incapaces de construir una vida exitosa.

Ahora, las personas exitosas suelen basarse en un paradigma diferente, el *paradigma de los triunfadores*. Ellas sí son conscientes de que tienen el control de sus vidas y de sus resultados. Es decir, saben que no pueden controlar todo lo que sucede, pero sí pueden controlar su *respuesta* y su *reacción* a lo que sea que suceda. Ellos hacen sacrificios (en lugar de sacar excusas) para llegar a donde quieren estar y se las ingenian para encontrar tiempo para lo importante. Además, están dispuestos a admitir que cometen errores y a tomar medidas para superar los obstáculos que se interpongan en su camino.

Por consiguiente, repasar los capítulos anteriores marcará poca o ninguna diferencia en tu vida si lo ves todo desde el paradigma de víctima, ya que siempre encontrarás una excusa para no lograr tus metas y para justificar por qué las cosas no te funcionaron, ni te funcionarán. Por eso, a fin de lograr lo que te propongas, necesita aprender a verlo todo desde el paradigma de los triunfadores y estar dispuesto a tomar el control de tu vida y de todo lo que suceda en ella.

Ser – Hacer – Tener

Hablando de paradigmas, hay una forma adicional en que las personas exitosas miran las cosas (que a menudo es lo opuesto a las personas fracasadas). Zig Ziglar, el autor, vendedor y orador motivacional, predicó su filosofía en torno al concepto de Ser - Hacer - Tener. En pocas palabras, tienes que *ser* el tipo de persona que *hace* las cosas correctas para lograr *tener* lo que deseas en la vida.

Las personas que no tienen éxito miran las cosas desde la perspectiva de Tener – Hacer – Ser. Ellas dicen…

"Necesito tener más dinero para iniciar un negocio que me permita hacer lo necesario para dejar mi trabajo y poder ser feliz".

Pensamientos como este recaen en el paradigma de sentirte víctima. Las personas fracasadas suelen sacar excusas tan comunes como esa de que, si tuvieran más dinero, estarían en condiciones de hacer algún negocio y ahí sí serían felices. Obviamente, nunca tendrán suficiente dinero, por lo tanto, nunca harán lo necesario para dejar su trabajo y, como consecuencia, nunca serán felices.

En cambio, las personas exitosas miran las cosas de diferente manera. Ellas dicen:

"Quiero tener la capacidad de dejar mi trabajo y lo que debo hacer para lograrlo es empezar a construir un negocio. Y para tener un negocio exitoso necesito ser alguien que se ponga en contacto con quienes estén experimentando un determinado problema y les venda una solución".

¿Ves la diferencia? En el primer ejemplo, la persona no estaba pensando en quién debía ser ella, ni en cómo debía pensar para tener éxito. No, más bien, estaba centrada en lo que no tenía y en aquello que le impedía ser capaz de realizar las acciones necesarias. No se daba cuenta que era su forma de pensar la que le estaba impidiendo tener éxito y ser feliz.

En el segundo ejemplo, la persona se centró en quién tenía que ser para hacer las cosas que necesitaba hacer y de ese modo lograr el éxito que quería tener (Ser - Hacer - Tener). Las dos definieron lo que querían tener (como hiciste tú en el Capítulo 1.2 (Describe...) aquello que quieres tener y en el Capítulo 1.3 (Define qué necesitas hacer). Las dos descubrieron lo que tenían que hacer (como hiciste tú en el Capítulo 1.4 Construye, evalúa y ajusta tu proceso, en el Capítulo 1.5 Prioriza e implementa y en el Capítulo 1.6 Hazle seguimiento a tu proceso). Por último, las dos descubrieron quiénes debían ser (como lo estás haciendo tú en este capítulo).

Piensa en esto: ya definiste lo que querías tener (tu visión de vida y tu experiencia ideal del día a día). También definiste lo que necesitabas hacer (tus metas, hitos y acciones clave). Ahora, necesitas averiguar en quién necesitas convertirte para hacer todo lo que elegiste hacer.

- ¿Necesitas ser alguien que siempre esté aprendiendo y desafiándose a sí mismo?

- ¿Necesitas ser alguien que vea los problemas como oportunidades?

- ¿Necesitas ser alguien que sepa ser vulnerable y pedir ayuda?

- ¿Necesitas ser alguien que quiera continuar a pesar de los fracasos y esté dispuesto a aprender de ellos?

- ¿Necesitas ser alguien que sepa trabajar con otros?

¿Son precisas para ti estas preguntas anteriores? ¿Qué más necesitas ser? Una vez averigües quién es esa persona que tú necesitas ser, te resultará mucho más fácil hacer las cosas que necesitas hacer para construir tu estilo de vida ideal.

El Análisis FODA

Otra herramienta que te ayudará a determinar quién necesitas ser es una que casi siempre se utiliza para analizar negocios, pero hoy tú la usarás para autoanalizarte. Se llama Análisis FODA.

Un análisis FODA se compone de cuatro aspectos:

- Interno
  - Fortalezas (útiles)
  - Debilidades (nocivos)
- Externo
  - Oportunidades (útiles)
  - Amenazas (dañinos)

Al preguntarte e identificar qué fortalezas, debilidades, oportunidades y amenazas tienes, te entenderás mejor a ti mismo, utilizarás más y mejor tus fortalezas, aprovecharás más las oportunidades que se te presenten, enfrentando tus debilidades y las amenazas que se vayan presentando. Además de hacer este proceso por ti mismo, también suele ser útil preguntarles a quienes te conocen qué opinan a este respecto. Muchas veces, tenemos puntos ciegos y suele ser complicado que nosotros mismos los veamos. En cambio, quienes nos rodean los identifican más fácilmente.

Tests de personalidad

Los tests de personalidad son otra gran herramienta para entenderte mejor a ti mismo y te ayudarán a complementar tu Análisis FODA. Casi siempre, consisten en responder una lista de preguntas con respecto a ti que generarán una calificación en varias categorías. Este resultado, junto con un informe, es bastante preciso y reflejará cómo piensas y te comportas y te servirá para comprenderte mejor a ti mismo y a tu forma de actuar. Además, te ayudará a identificar algunas de tus debilidades y cómo interactuar mejor con los demás.

La siguiente es una lista de algunos tests de personalidad que podrías realizar para conocerte y entenderte mejor y para saber cómo actuar naturalmente. Existen muchos más, pero estos son algunos de los más efectivos, pues nos ayudan a conocernos a nosotros mismos y también a conocer a aquellos con quienes interactuamos:

- Indicador Tipo Myers-Briggs
- DiSC
- Kolbe A
- Buscadores de fortalezas
- Los cinco lenguajes del amor

Realizarlos te ayudará a entenderte mejor (algunos son gratuitos y otros tienen bajo costo). Como beneficio adicional, procura que tu pareja también los haga para luego intercambiar resultados. Ariana y yo hicimos ese ejercicio y el resultado fue lo que nos ayudó a entendernos más, a conocer nuestras tendencias innatas y por qué actuamos como lo hacemos (lo que descubrimos no fue solo para frustrarnos el uno al otro). A través de este proceso, concluí que a menudo éramos completamente opuestos y descubrir esta realidad nos frustró en un comienzo, dando lugar a desacuerdos. Sin embargo, después de haber hecho estos tests, no solo nos entendimos mejor, sino que también nos resultó más fácil definir qué roles debíamos desempeñar cada uno de nosotros tanto en nuestras vidas como en nuestros negocios.

Identifica qué cambios necesitas hacer

Una vez comprendas quién eres hoy, y quién necesitas ser a partir de ahora, enfócate en identificar qué cambios debes hacer para convertirte en esa persona. Observa tu plan de lo que necesitas hacer para alcanzar tu estilo de vida ideal y comienza a reflexionar. Échales un vistazo a las personas que están haciendo lo que tú quieres hacer y que tengan los resultados que tú deseas para tu vida. Habla con ellas, conócelas, trabaja para ellas, contrátalas. Haz lo que sea necesario para estar cerca de ellas y concéntrate en comprender qué tipo de persona necesitaron ser ellas para obtener sus resultados. Luego, determina qué cambios necesitas hacer para ser tú la persona que debes ser para lograr tus metas.

Piensa en:

- Qué mentalidad/perspectivas necesitas tener.
- Qué nuevas habilidades tendrás que adquirir.

- Qué habilidades innatas serán valiosas para avanzar.
- Qué nuevos hábitos sería útil desarrollar.
- Qué viejos hábitos vas a tener que dejar.

Este último punto es crucial. Si quieres tener éxito, lo más probable es que no quieras ir de fiesta todos los fines de semana. Por lo tanto, es posible que debas cambiar algunos de tus hábitos y ciertas prioridades.

Una actividad útil tanto para quien necesitas ser como para realizar las tareas que necesitas hacer es la de "comenzar, dejar, continuar, hacer más, hacer menos". Para desarrollarla, primero, miras lo que quieres lograr y decides lo que necesitas empezar a hacer, dejar de hacer, continuar haciendo, hacer más y hacer menos para cumplir tu meta. También la usamos como parte de las diversas actividades de evaluación que definimos en esta sección (con relación a tus reuniones semanales, mensuales y de cada 90 días).

Eso es todo.

Comenzamos esta sección aclarando qué era aquello *que querías tener*. Luego, te ayudamos a descubrir *lo que tenías que hacer* y terminamos ayudándote a aclarar *quién necesitas ser*.

Nota: No dejes que esta abundancia de información te abrume. Es cuestión de que dediques parte de tu tiempo durante la próxima semana para sumergirte en todo esto que estás aprendiendo y lo vayas digiriendo y practicando poco a poco ¡usándolo en tus reuniones diarias y semanales!

Ahora, comienza a ser la persona que necesitas ser para que todo esto que tanto anhelas suceda. ¡Tú puedes lograrlo!

SECCIÓN 2

LOGRA TU LIBERTAD FINANCIERA

Resumen de la sección

Teniendo claridad en torno a tu estilo de vida ideal, y con una hoja de ruta en mano, ahora es el momento de determinar qué hay que hacer para que todo eso suceda. Analizarás y definirás cuál es tu *cifra hacia la libertad financiera*: la cantidad de dinero que necesitarás ganar para dejar tu empleo. Esto incluye recopilar y comprender toda tu información financiera. (Desde cuánto ganas hasta cuánto gastas, qué deudas tienes, a cuánto ascienden y cuánto dinero necesitarás ganar con tu negocio para renunciar a tu empleo).

El objetivo de esta sección es ayudarte a poner en orden tus finanzas personales, a planear cómo deberá ser tu negocio para lograr la visión y las metas que estableciste en la sección anterior.

Capítulo 2.1
¿Estás realmente listo para dejar tu empleo?

Perspectiva de Tom

"Podemos hacer que esto funcione, cariño. Verás, esto es lo que ganamos con cada duplex que compramos. Entonces, si tomamos nuestros gastos mensuales actuales y los dividimos por la cantidad de efectivo que los dos aportamos, determinaremos cuántos dúplex necesitaremos comprar para que ambos podamos dejar nuestros trabajos".

Ese era yo tratando de convencer a Ariana de que este plan para que ambos renunciáramos a nuestros trabajos era factible. Meses antes, yo había invertido aquella enorme suma de dinero adquiriendo verdadera formación en inversión inmobiliaria. Después de asistir al primer entrenamiento, me sentí frustrado. La supuesta formación "avanzada" no nos dio un plan viable sobre cómo proceder, ni muchos fundamentos sobre el tema. Además, ellos me llamaban e intentaban convencerme de que invirtiera más dinero en su entrenamiento. Las tres capacitaciones "avanzadas" adicionales se realizaban en otras áreas del país, lo que requeriría que yo invirtiera muchos miles de dólares más en gastos de viaje.

El hecho es que pasé los siguientes tres cursos de formación. Los $7.500 dólares que ya había gastado fueron un costo irrecuperable y una lección cara de aprender. Así que te imaginarás cómo fue esta conversación con Ariana. Ella no solo no quería desde el comienzo que invirtiéramos en bienes raíces y aun así me gasté $7.500 dólares tomando una capacitación en inversión inmobiliaria sin hablar con ella. Ahora, yo había concluido que la capacitación no valió la pena (ella iba a estar encantada con esa noticia) y que seguiría por mi cuenta con la posibilidad de trabajar en el campo de la inversión inmobiliaria.

Es sorprendente que todavía estemos casados. Es difícil estar casada con un emprendedor. Los emprendedores pensamos de manera diferente, vemos el riesgo de manera diferente, cometemos muchos errores hasta que llega el momento preciso en que encajamos todas las piezas del rompecabezas y comenzamos a tener éxito.

Lo cierto es que me di cuenta que tenía mucho de lo que se requería para lograrlo y comencé a utilizar mi mayor fortaleza: la resolución de problemas. Sabía que, con un poco de enfoque y con algunos recursos de apoyo, lograría que esto funcionara. Entonces, decidí abandonar las "capacitaciones avanzadas" y me propuse comprar nuestra primera inversión inmobiliaria, así que armé un plan para convertir esta idea en realidad y compré algunos libros que me ayudaran a llenar algunos vacíos que sabía que tenía sobre este campo de los negocios, por ejemplo, cómo analizar una inversión inmobiliaria para asegurarme de que ganaría dinero. Además, me uní a una comunidad de inversores inmobiliarios en línea con el fin de que me ayudaran a encontrar respuestas a preguntas más específicas.

Ya con eso, me puse en marcha y me lancé a la búsqueda de propiedades que pudiera comprar. Creé una hoja de cálculo que me ayudara a analizar diversas posibilidades de negocio y comencé a tratar de hacer algunas inversiones. Fue así como encontré a alguien que estaba vendiendo un dúplex en el periódico local de mi ciudad natal, que estaba a una hora de donde Ariana y yo vivíamos. Sentía mariposas en el estómago a medida que digitaba el número telefónico de esa persona para investigar sobre su propiedad. Yo tendría algo más de 20 años de edad y estaba muy endeudado, era poco y nada el dinero que tenía en efectivo, no sabía a ciencia cierta lo que estaba haciendo y, sin embargo, decidí llamar a no sabía quién para comprarle su propiedad, sin tener ni la más mínima idea de cómo lo haría. Estaba muy nervioso, pero hice la llamada. Después de algunas conversaciones, acordamos un precio de compra.

Ahora, ¿cómo diablos íbamos a pagar eso? Llamé a mi padre para ver si quería asociarse conmigo. Él tenía experiencia en la construcción, conocía el área y tenía algunos apartamentos propios, pero me dijo que no estaba interesado en mi propuesta, ni me tomó en serio (creo que pensó que esto era una especie de intento de mi parte para hacerme rico rápidamente y no un deseo sincero de entrar al sector inmobiliario; hasta me pareció que se sintió un poco ofendido al ver que yo me había metido en ese negocio sin pedirle su opinión y sin contar con su experiencia). Así que llamé al primo con quien compartimos la capacitación inmobiliaria y le pregunté si quería asociarse conmigo. Le mostré las cifras, le expliqué mi plan sobre cómo hacer para administrar la propiedad y cuál era mi meta a largo plazo. Me dijo que sí, ya que él también quería encontrar una manera de recuperar el dinero que había gastado en aquella capacitación.

Luego, me dediqué a buscar un banco que nos financiara bajo hipoteca. En realidad, no teníamos ningún dinero y Alina y yo acabábamos de comprar nuestra casa hacía unos pocos meses. Banco tras banco, todos nos rechazaron. Éramos demasiado jóvenes. No teníamos experiencia. La cantidad que pedíamos para que nos hicieran un préstamo bajo hipoteca era "demasiado baja" (muchos bancos no prestan dinero a menos que sea por más de $50.000 dólares bajo hipoteca). ¡Estaba impactado! No me di cuenta de que tener ambición, aprender el negocio y hacer un buen negocio no eran suficientes para lograr que un banco nos prestara dinero.

Entonces, nuestro último esfuerzo sería acercarnos a un banco en el área donde estaba ubicada la propiedad. Siendo de allí, algunos de los ejecutivos del banco sabían que mi familia era parte de la comunidad de aquel pequeño pueblo y les agradó el hecho de que estuviéramos invirtiendo en su comunidad. Me vestí de traje, conduje hasta el banco para reunirme con uno de los vicepresidentes ¡y salí de allí con una hipoteca! (Por supuesto que había investigado mucho y me aseguré de mostrarle mi plan de negocios). Después de que cerramos el negocio y la propiedad era nuestra, mi primo y yo hicimos una pequeña celebración.

Recuerdo que le dije: "¡Este es el primer ladrillo que pavimentará nuestro futuro!".

Esa noche, al llegar a casa, me sentí muy emocionado al mostrarle a Ariana las cuentas. "Podemos hacer que esto funcione, cariño. Verás, esto es lo que ganamos con cada dúplex que compramos. Entonces, si tomamos nuestros gastos mensuales actuales y los dividimos por la cantidad de efectivo que los dos aportamos, determinaremos cuántos dúplex necesitaremos comprar para que ambos podamos dejar nuestros trabajos".

Sus ojos parecían los de un ciervo encandelillado con las luces de un auto. Luego, comenzó a llorar, porque todavía tenía ciertos temores en torno a todo este asunto de la inversión inmobiliaria. Me sentí frustrado porque, al parecer, no lograría convencerla de mi idea. Decidí que no necesitábamos conversar más y que lo único que sí necesitábamos era tenernos el uno al otro. Así que el resto de la noche nos acostamos en nuestra cama, Ariana llorando y yo frustrado. Y a pesar de eso, nos abrazamos, sabiendo que juntos saldríamos adelante con todo esto.

Noches más tarde, probé un enfoque diferente.

Estando recostados, charlando en nuestra cama, le pregunté a Ariana con cierta indiferencia qué quería ella de la vida. Mi pregunta dio inicio a una gran conversación en la que ambos comenzamos a compartir nuestras expectativas y la visión de lo que cada uno quería que fuera nuestra vida. Ariana comentó sobre algunos de sus sueños, entre los cuales estaba mudarnos a una casa más grande y tener la libertad necesaria para comenzar a formar nuestra familia. Al día siguiente, decidimos continuar nuestra conversación y cada uno terminamos escribiendo cómo queríamos que fuera nuestra vida en 10 años, 5 años, 3 años, 1 año y en 6 meses. Luego, comparamos nuestras metas y a continuación hicimos una lista combinada que abarcó nuestras metas más importantes.

Nunca lo habíamos hecho, pero fue un ejercicio que produjo un gran avance. En lugar de solo decirle a Ariana lo que yo quería lograr (retirarme a los 35), también comencé a decirle por qué eso era importante para mí (construir una vida increíble para los dos y para nuestros futuros hijos). Después, le pregunté qué anhelaba ella y descubrimos que estábamos de acuerdo en la mayor parte de lo que queríamos hacer en la vida. Esa fue la primera vez que escribimos todas estas cosas y que vimos nuestras respuestas mutuas. Aquello fue poderoso.

Una vez estuvimos de acuerdo, volví a plantearle mi idea acerca de los bienes raíces. Aunque ambos teníamos cierto miedo al respecto, hice un análisis simple de qué sería lo que ocurriría si comprábamos un dúplex:

Precio de compra: $30.000

Cuota inicial: $6.000

Rentas mensuales: $1.000

Gastos mensuales: $500 (promedio)

Hipoteca mensual: $180

Flujo mensual de caja (beneficio): $320

Una vez más, noté que, tan pronto como mencioné esas cifras, comenzaba a ver algo de miedo en ella. Fue entonces cuando hice algo que marcó la diferencia en su mundo. En lugar de hablar de cifras, relacioné esta posibilidad de negocio con las metas que acabábamos de manifestar.

"¿Te das cuenta que si compramos 4 de estos dúplex, remplazaremos tus ingresos?".

La conversación ya no solo era sobre cifras y dinero, sino de las metas que el dinero nos permitiría lograr, sobre todo, la de nuestra libertad financiera.

Perspectiva de Ariana

Odio los números. Matemáticas era la asignatura que menos me gustaba. No me divertía para nada tener que resolver nada que tuviera que ver con ecuaciones complejas, ni con demasiadas variables. Así que te imaginarás que en nuestra relación tampoco era una fanática de manejar asuntos que tuvieran que ver con "cosas relacionadas con el dinero".

Tom y yo crecimos de manera muy diferente y cuando nos conocimos cada uno teníamos un manejo muy distinto del dinero. Yo era hija única con dos mamás y ambas tenían salarios bastante buenos. Nunca añoré tener nada; si lo deseaba, ¡simplemente, aparecía! Y así continuó siendo cuando Tom y yo nos convertimos en padres, pues nuestra hija le informaba a Tom que, si él necesitaba algo, solo debería preguntarle a "MeeMee" y "Gram" (mis dos madres).

La universidad fue mi primer encuentro real con el manejo de mis propias finanzas, pero incluso entonces, no tuve un trabajo durante la escuela (no hay tiempo para eso cuando tienes que asistir a laboratorios de ciencias y a tus prácticas de fútbol), así que maximizamos mis préstamos estudiantiles para cubrir mis costos de vida dentro y fuera del campus. (Si hubiera sabido entonces lo que sé ahora, ¡oh, cielos, las cosas habrían sido diferentes!).

Por su parte, Tom se mudó de la casa de su familia para rentar su propio apartamento desde cuando estaba en la secundaria. Compró su propio auto, pagaba su renta y llegó a tener hasta tres trabajos durante algunos veranos con tal de cubrir él mismo todos sus gastos. Por eso, cuando ingresó a la universidad, las cosas no fueron diferentes para él. Había ahorrado dinero producto de sus trabajos para pagar lo que necesitara o encontraba formas de ganar dinero durante la época universitaria por medio del póquer en línea o con su negocio de libros de Amazon. (Por cierto, Tom odiaba recibir dinero de otras personas. Por ejemplo, yo solía pagar algunos de sus gastos cuando tenía más dinero que él y eso para Tom era motivo de gran frustración).

El caso es que, después de la universidad, ninguno de los dos estábamos *realmente* preparados para ganar dinero en el mundo real. Recuerdo nuestro primer apartamento juntos, sentados en el suelo y trabajando en nuestro presupuesto. Distribuyendo el poco dinero que ganábamos para pagar el alquiler, nuestros autos y, por supuesto, aquellos encantadores préstamos estudiantiles.

Nos habíamos graduado de la universidad nada menos que con la linda deuda de $66.000 dólares en préstamos estudiantiles. Además, debíamos unos cuantos miles en tarjetas de crédito. Y las cosas empeoraron a partir de ahí, cuando nos estábamos preparando para casarnos y costear nuestra boda. Entonces, ¿por qué no agregar una deuda hipotecaria y de una vez comprar un auto nuevo?

Llegó un momento en que acumulamos más de $200.000 dólares en deudas. Teníamos 22 años y estábamos ganando un total combinado de $56.000 al año. Por consiguiente, a medida que tratábamos de pagar esa deuda, año tras año, nos sentíamos como si tuviéramos puestas unas esposas que restringían todos nuestros movimientos en las diversas áreas de nuestra vida. Entonces, ¿cómo íbamos a lograr vivir nuestro sueño de ser libres en el área financiera? ¿Qué sentido tenía preocuparnos por llegar a tal punto en que Tom pudiera dejar su trabajo cuando este era cada vez mejor remunerado? ¿Cómo alcanzaríamos algún día esa vida de ensueño que habíamos imaginado para nosotros y para nuestros hijos?

Durante mucho tiempo, no supe cómo responder a ninguna de esas preguntas, lo cual me llevó a sentir mucha frustración con respecto a nuestra relación. Sin embargo, con el tiempo, la pasión de Tom por querer construir una vida mejor para nosotros, y su ligero cambio en cuanto a expresar *por qué* él quería que (en lugar de seguir hablando de lo que yo quería hacer) abriera mis ojos a nuevas posibilidades.

Capítulo 2.2
Determina tus necesidades mensuales de flujo de efectivo

L*ibertad* es un término que tiene significados diferentes para diferentes personas. Quizá, sea tener ciertas pertenencias, como una casa, un automóvil o disfrutar de ciertas comodidades. También podría ser vivir ciertas experiencias, como tener la posibilidad de tomar vacaciones o de viajar por el país. A lo mejor, libertad sea una palabra que está relacionada con las personas que hacen parte de tu vida y de las relaciones que tienes con ellas. O de pronto, se trata de la capacidad que tengas para impactar. Tal vez, quieras donar de tu tiempo a una causa que te interesa o hasta comenzar tu propia entidad sin fines de lucro para contribuir a cambiar el mundo.

Lo cierto es que, sea cual sea tu concepto de libertad, esta simple definición tiende a aplicar a la mayoría de las personas.

Libertad = Opciones

Y ampliada sería:

Libertad = Hacer lo que quieras, cuando quieras y con quien quieras.

Es decir, cuantas más opciones tengas, mayor será tu libertad. La mayoría de la gente no tiene tantas opciones como quiere, porque ciertas cosas controlan o restringen su vida. Por lo general, esto se reduce a dónde ellos gastan su tiempo y energía en su búsqueda de ganar más dinero.

Al leer la primera sección de este libro, Planifica con un propósito específico, ya debes tener una imagen mucho más clara de lo que quieres lograr en la vida y de lo que significa para ti tener libertad. Sea lo que sea que busques, todo comienza con ser capaz de comprender lo que necesitas hacer para alcanzar tu libertad. ¿Recuerdas la actividad Ser – Hacer – Tener?

Para la mayoría de las personas, la barrera más grande para lograr la verdadera libertad proviene del hecho de que ellas tienen que trabajar para poder mantenerse a sí mismas (y a sus familias). Para ellas, su trabajo requiere un mínimo de 40 horas a la semana. Esta cantidad de tiempo aumenta una vez que le agregas el tiempo que gastas en ir y volver de la casa al trabajo y viceversa, más el tiempo extra que tu trabajo podría requerir. Así que no es de extrañar que muchas personas gasten 50, 60 o incluso más horas por semana en lo que se refiere a su trabajo.

¿Por qué hacen esto?

Porque tienen muchos gastos e infinidad de cuentas por pagar. Y casi siempre, estos gastos caen en una de las siguientes categorías:

- **Pagarte a ti mismo primero** (antes de pagar tus otros gastos): Cubriendo gastos como tu fondo de emergencia, ahorros adicionales, jubilación (no 401k), inversiones y en los fondos universitarios para tus hijos.

- **Vivienda:** Tu hipoteca (o alquiler), tus impuestos sobre propiedad inmobiliaria, los seguros, mantenimiento, muebles y cualquier otra cosa relacionada con tu lugar de vivienda.

- **Servicios públicos:** Electricidad, gas, agua, recolección de basura, teléfono, internet y cable.

- **Auto:** Compra o arrendamiento de tu(s) automóvil(es), seguro, gasolina, mantenimiento y ahorro de dinero para un auto nuevo.

- **Alimentos:** Tu alimentación y la de tu familia, así como el dinero que gastas tomando café y comiendo fuera de casa.

- **Personal:** Tus compras (por ejemplo, ropa), pasatiempos, cuidado de tus niños, seguro médico, seguro de vida, copagos médicos, etc.

- **Deudas:** El dinero que debes y que no está incluido en las categorías anteriores. Estas deudas incluyen préstamos estudiantiles, tarjetas de crédito, líneas de crédito y otros préstamos.

- **Varios:** Otros gastos mensuales que tienes y que no están incluidos en las categorías anteriores.

Maneja tus ingresos mensuales actuales

Para comenzar, debes tener muy claro cuánto dinero traes a casa cada mes (tanto tú como tu pareja, si la tienes). No estamos hablando de la cantidad total de dinero que ganas, sino de qué tanto dinero de cada uno de tus cheques de pago recibes o depositas en tu cuenta bancaria personal. Si eres como la mayoría de la gente, tienes una idea aproximada de esta cifra, pero no la conoces con exactitud. Entonces, revísala y haz una lista de las diversas fuentes mensuales de ingresos que recibe tu hogar cada mes y escribe la cantidad exacta en dólares.

Estas son algunas posibles fuentes de ingresos familiares:

- Tu cheque de pago de un empleo determinado

- El cheque de pago del trabajo de tu cónyuge

- Ingresos de tu negocio

- Ingresos de tus inversiones en acciones (por ejemplo, dividendos)

- Manutención de niños y/o pensión alimenticia

- Ingresos de segundos trabajos (por ejemplo, conduciendo para una empresa de servicio de transporte compartido o trabajando como independiente en el desarrollo de sitios web).

Una vez identifiques todas tus fuentes de ingresos, escribe la cantidad promedio de dinero que te reporta cada una al mes.

Obtendrás esta información a través de tus comprobantes de pago o de los depósitos directos en tu cuenta bancaria. Ahora, suma todas tus fuentes de ingreso y tendrás tu flujo de efectivo mensual.

Por ejemplo,

- Tu trabajo: $4.500 dólares
- El trabajo de tu cónyuge: $2.000 dólares

—Total de ingreso mensual: $6.500 dólares

Maneja tus gastos mensuales actuales

Ahora que conoces tus ingresos mensuales, el siguiente paso es determinar tus gastos mensuales. Es probable que tengas un puñado de categorías diferentes en las cuales caen tus gastos. Comienza usando las categorías mencionadas en la sección anterior. Reúne tus extractos bancarios de los dos últimos meses, junto con todas y cada una de tus otras cuentas. Dedica un poco de tu tiempo a revisar y ubicar tus gastos en una de las categorías anteriores.

Cuando termines, deberás haber asignado todos tus gastos mensuales a una categoría o subcategoría, así como un total en cada categoría (como te muestro a continuación):

- Pagarte a ti mismo primero: $300
- Vivienda: $1.010
- Servicios públicos: $510
- Automóviles: $1.000
- Alimentación: $600
- Personal: $930
- Deudas: $490
- Varios: $300

—Total de tus gastos mensuales: $ 5.140 dólares

Analiza tu superávit o déficit mensual

Ahora que tienes claro cuáles son tus fuentes de ingreso y cuánto dinero entra y sale cada mes, ya puedes calcular la cantidad de superávit o déficit que tienes cada mes. Haz esto tomando el total de tu ingreso mensual y restando de allí la totalidad de tus gastos mensuales.

Si tienes más ingresos que gastos, entonces, tienes un superávit y la cantidad de dinero que te entra es mayor que la de tus gastos. ¡Felicidades! ¡Estás en muy buena posición!

En cambio, si tienes más gastos que ingresos, eso significa que tienes un déficit y que no estás generando suficientes ingresos para cubrir tus gastos mensuales. Por consiguiente, debes estar pidiendo prestado para alcanzar a cubrir tus cuentas (ya sea de tus ahorros o de algún crédito) o no las estás pagando y te estás atrasando en ellas.

Usando el ejemplo anterior, así es como calcularías cuánto dinero te queda:

- Total de tu ingreso mensual: $6.500

- Total de tus gastos mensuales: $5.140

—Tu excedente mensual total: $1.360 extra

En este ejemplo, esta pareja está en una situación bastante buena. Tienen un extra de $1.360 dólares sobrantes cada mes. Esto les proporciona una gran flexibilidad y pueden usar esa cantidad para pagar deudas (que cubriremos en el próximo capítulo) o para hacer ahorros, lo que les facilitará renunciar a sus trabajos.

Si realizas esta actividad y ves que te encuentras en déficit, te será difícil, más no imposible, comenzar a hacer lo necesario con tal de ponerte al día, pero al menos, ya sabes en dónde estás parado. Esa información te permitirá ver dónde será necesario recortar tus gastos actuales y explorar formas adicionales de generar más ingresos mensuales.

Capítulo 2.3
Paga tus deudas

Las deudas son el gran obstáculo que impide que muchos logren libertad financiera y vivir el estilo de vida que quieren. De hecho, nosotros nos metimos en muchas deudas al principio de nuestra vida. Este es el desglose de las deudas en dólares que habíamos acumulado a los 24 años de edad:

- Préstamos estudiantiles: $66.000

- Tarjetas de crédito: $18.000

- Préstamo para nuestra boda: $10.000

- Hipoteca de nuestra casa: $100.000

- Segunda hipoteca: $15.000

—Total en deudas: $209.000 dólares

Así que ¡ahí estábamos! ¡Con 24 años! ¡Recién casados! ¡Y con $209.000 dólares en deudas!

Si actualmente no tienes ninguna deuda (fuera de, por ejemplo, tu hipoteca), ¡felicitaciones! Lo más probable es que has sido muy responsable con tu dinero (o suertudo) y quizá tú sí puedas omitir este capítulo.

En cambio, si tienes deudas, como la mayoría de la gente, este capítulo es para ti. Como verás, nosotros también estuvimos donde tú estás en este momento. En este capítulo, vamos a compartir contigo algunos de los mejores consejos y estrategias que hemos encontrado y que nos han ayudado tanto a nosotros como a otros a salir (y mantenernos fuera) de deudas. Esta es una parte *fundamental* para lograr la libertad financiera y el estilo de vida que deseas.

Paso 1: Determina el monto total de tus deudas

Tu primer paso es averiguar cuánto estás debiendo y en qué consisten esas deudas.

Con el ejercicio anterior para saber cuál es el movimiento de tu efectivo y de tus gastos mensuales, ya debes haber identificado en qué consisten tus deudas. Entonces, para cada tipo de deuda que tengas, revisa y capta la siguiente información:

- Tipo de deuda y a quién se la debes
- El saldo restante de la deuda
- La tasa de interés
- El pago mensual mínimo

Una vez identificada esta información, ubícala en una tabla organizada, como la que te muestro a continuación:

A quién le debes	Balance	Intereses	Pago mínimo
Tarjetas de crédito	$10.000	16.74%	$252
Préstamo automóvil #1	$17.000	2.47%	$369
Préstamo automóvil #2	$9.000	2.79%	$433
Préstamo estudiantil	$20.000	4.5%	$237
Hipoteca de la casa	$124.000	3.92%	$709
Totales	$180.000		$2.000

Organizar tus deudas de esta manera te permitirá ver cuál es el total de lo que debes, cuánto debes en cada deuda y cuánto pagas cada mes por todas y cada una de ellas.

En este ejemplo, vemos que $2.000 dólares del presupuesto mensual de esta persona es para cubrir sus deudas. Eso significa que, una vez haya pagado todo, esta persona no solo ya no tendrá deudas, sino que también tendrá un total de $2.000 dólares adicionales cada mes, los cuales podrá destinar a construir su estilo de vida ideal.

Paso 2: Establece estrategias para pagar tus deudas

Una vez sepas cuánto debes en total, es posible que al comienzo te sientas mal o abrumado. Era de esperarse y es normal. (¡Y no estás solo!). Aunque tengas más deudas de las que pensabas, saber cuánto debes es un hecho poderoso, pues es el primer paso para manejar tus deudas e impedir que sean tus deudas las que te manejen a ti.

Cada una de tus deudas tiene pagos mínimos, que es la cantidad mínima que debes abonar a cada deuda, mes tras mes, sin que se te cobren tarifas adicionales. En nuestro ejemplo, pagábamos la totalidad de $2.000/mes. Al principio, pagar ese dinero parece no ser tan malo, pero esto es solo hasta que descubres cuánto dinero te costará pagar lo que debes y cuánto tiempo te tomará pagarlo con solo los pagos mínimos.

En el ejemplo anterior, la deuda total es de $180.000. Si haces solo el pago mínimo, el total de la deuda terminará siendo de cerca de $250.000. Eso significa que pagarás alrededor de $70.000 en intereses, además de los $180.000. (¡Ay, ay, ay!).

Ah, y tardarás un promedio de 21 años pagándola, suponiendo que no adquieras más deudas. Eso significa que, si ahora tienes 35 años, no habrás pagado tus deudas sino hasta que tengas alrededor de 56 años (¡Otra vez, ay, ay, ay!).

Claramente, este no es el camino que deseas tomar. Así que repasemos algunas estrategias y posibles escenarios que te ayudarán a planificar la mejor forma de pagar tus deudas, gastando mucho menos dinero y en un plazo mucho más corto.

La primera estrategia para ayudarte a pagar más rápido el total de tus deudas es abonando dinero extra al valor del pago mínimo requerido. Así, reducirás la cantidad de años de deuda y te ahorrarás decenas de miles de dólares en intereses.

La segunda estrategia que te recomendamos implementar es la de seguir el enfoque llamado bola de nieve de la deuda. En su libro *Total Money Makeover*, Dave Ramsey es un defensor de este método que te acabamos de mencionar. Es una estrategia simple y eficaz para abordar cualquier deuda. Mientras que la lógica tradicional dice que cualquier dinero extra que abones a tus deudas debe ir destinado a aquella cuya tasa de interés sea la más alta (por ejemplo, una tarjeta de crédito con un 20% intereses), el método de la bola de nieve propone que le apliques ese dinero extra a la deuda con el menor saldo (por ejemplo, una factura médica cuyo total a pagar es de $500 dólares).

¿Por qué harías esto cuando las matemáticas simples muestran que pagarás más en intereses con este método? La razón es simple: muchas veces, tomamos decisiones emocionales, no decisiones lógicas. Pagar primero tu préstamo más pequeño te dará la gran pequeña victoria de haber eliminado la totalidad de una de tus deudas. Verás tu progreso más rápido y comenzarás a ganar impulso, así como a reducir la cantidad de cuentas que estás pagando cada mes. Si intentas saldar una deuda mayor, es posible que solo estés haciendo pequeños avances y estos terminarán por reducir tu impulso y hacer que te sientas menos emocionado (y comprometido) en cuanto a tu meta de pagar todas tus deudas. Además, como bono adicional, dispondrás del dinero que estabas usando para pagar esa primera deuda saldada y lo abonarás al pago de tu próxima deuda por saldar, lo que contribuirá a que pagues cada deuda más y más rápido de lo que pensaste. Este efecto de bola de nieve realmente te ayuda a ganar impulso y a mantener el ánimo que necesitas para pagar todas tus deudas. Observa la siguiente tabla y descubrirás lo que ocurre cuando usamos el efecto de la bola de nieve al hacer pagos mayores a los pagos mínimos:

Total de la deuda	Pago mensual	Intereses	Años de pago
$180.000 (Sin efecto bola de nieve)	$2.000	~$70.000	21 años
$180.000 (Con efecto bola de nieve)	$2.000	~$35.000	9 años
$180.000 (Con efecto bola de nieve)	$2.500	~$27.000	6 años
$180.000 (Con efecto bola de nieve)	$3.000	~$21.500	5 años

> *Nota: La primera estrategia para pagar más rápido el total de tus deudas es abonando dinero extra al valor de tus pagos mínimos. Así, reducirás la cantidad de años de deuda y te ahorrarás decenas de miles de dólares en intereses. Entonces, toma tu calculadora e ingresa el monto de todas y cada una de tus deudas, analiza posibles escenarios y elige el que más te convenga para salir de todas tus deudas.*

Después de examinar algunos de esos escenarios, verás el impacto de incrementar la cantidad de dinero en el pago mensual de tus deudas y determina qué monto y cuál plan te funcionarán mejor, según tu presupuesto y tus metas.

Quizás, estarás pensando: "Tom y Ariana, esto es genial, pero ¿cómo voy a hacer para abonar dinero extra cada mes?".

Bueno, tu primera opción es el dinero sobrante de tu presupuesto mensual (tu excedente). La segunda opción es procurando reducir tus gastos mensuales. Puedes hacerlo de diversas formas, como saliendo menos a comer en restaurantes y reduciendo o cancelando tu cable. También puede ser iniciando un negocio paralelo de bajo costo que te genere algunos ingresos adicionales con los cuales pagar tus deudas —tema que abordaremos en la Sección 3.

Hay muchas posibles opciones. La clave es entender 100% que eliminar tus deudas es un componente clave para lograr la libertad financiera que tanto anhelas. Las deudas personales son un ancla y continuar arrastrándola retrasará tu progreso y hará que sea mucho más difícil lograr todas tus otras metas. Además, como vimos en el ejemplo anterior, una vez pagues tus deudas, liberarás cientos e incluso miles de dólares al mes o más para gastarlos en todo lo que haga que tu vida sea más emocionante que ahora que enfrentas tantas deudas.

Capítulo 2.4
Identifica la cifra que te permitirá avanzar hacia tu libertad financiera

Hasta ahora, hemos hablado de presupuestos y deudas. Temas aburridos, pero indispensables. Preguntarás: entonces ¿cuándo vamos a llegar a los temas divertidos, como el de renunciar al trabajo?

Bueno, estamos trabajando para llegar a eso. Nuestro siguiente paso es definir cuál es la *cifra* que te conducirá hacia la *libertad* financiera. Recordarás que al inicio de esta sección definimos que esa cifra es aquella cantidad de dinero que necesitarás cada mes para dejar tu trabajo y a la vez cubrir todos tus gastos.

Sabemos lo que estás pensando: "¿No nos dimos cuenta ya de esto cuando hicimos el ejercicio de definir nuestras necesidades y el presupuesto de flujo de efectivo mensual?".

Sí, dimos el primer paso, pero aquí es donde muchos se quedan cortos y terminan lastimándose y fracasando en sus planes una vez dejan sus empleos. Verás, cuando renuncias a tu trabajo, tus necesidades de flujo de caja mensual cambian. Algunos de tus gastos aumentan mientras que otros disminuyen. Por lo tanto, es crucial que tengas en cuenta esos cambios para averiguar con exactitud cuál es la cantidad de dinero con la que podrás independizarte y comenzar a avanzar hacia tu libertad financiera.

Gastos adicionales

En primer lugar, analicemos los gastos adicionales en los que incurrirás cuando dejes tu trabajo.

- **Seguro médico:** Si obtienes tu seguro médico a través de tu empleador, deberás usar COBRA por un tiempo (hasta 18 meses) o comprar tu propio seguro médico. Este suele ser un gasto costoso. Antes que Tom dejara su trabajo con todo y el seguro médico que nos cubría, estábamos pagando alrededor de $949 dólares por mes para cubrir el seguro, pues teníamos el plan "dorado".

Este nos cubría tanto a nosotros dos como a nuestros dos hijos. Entonces, si comprábamos el mismo plan que teníamos con COBRA, nuestro pago sería de ~ $1.800 dólares al mes. Escuchaste bien. Siendo nosotros una familia de cuatro miembros, que vive en Nueva York, tendríamos que pagar casi $2.000 dólares al mes ($24.000 al año) solo por nuestro seguro médico. El hecho es que hicimos algunas averiguaciones aquí y allá y terminamos adquiriendo un plan de "bronce" deducible que nos costaría "solo" $1.100 dólares al mes.

Además, recuerda que tu seguro médico suele ser una deducción desde ANTES de recibir tu cheque de pago. Por lo tanto, lo más probable es que no lo hayas incluido en la lista mensual de gastos que elaboraste en el ejercicio anterior. Así que asegúrate de investigar un poco sobre el costo que tendrá tu seguro médico después de dejar tu trabajo e inclúyelo como un gasto adicional cuando estés haciendo los cálculos de la cifra de dinero que necesitarás para comenzar.

- **Jubilación:** Es de esperar que estés aportando a tu jubilación de forma constante. Quizá, sea a través de un plan 401k, de IRA o por algún otro medio. Lo importante aquí es que, al igual que con tu seguro médico, este gasto ya está cubierto desde antes que recibas tu cheque de pago, así que cerciórate de agregarlo a los gastos mensuales que tendrás que cubrir tan pronto dejes tu trabajo. Además, recuerda que tu empleador está contribuyendo en cantidades iguales a la que tú estás aportando a tu plan de jubilación, así que estarás recibiendo menos aportes cuando renuncies o tendrás que aumentar tus gastos mensuales para cubrir ese aporte adicional de jubilación que estás recibiendo de tu empleador.

- **Impuesto al trabajo por cuenta propia:** El impuesto al trabajo por cuenta propia es en realidad la combinación de dos impuestos diferentes: FICA y Medicare. Cuando estás empleado, tu empleador paga la mitad de este gasto y tú pagas la otra mitad. Sin embargo, una vez que no trabajes más para ninguna empresa, tú serás 100% responsable de hacer este pago en su totalidad, que en el momento de escribir este libro es del 15.3% (12.4% por el Impuesto del Seguro Social y 2.9% por el impuesto de Medicaid). Esta es la razón por la que tú continuarás pagando tu mitad y tu negocio tendrá que pagar la otra mitad.

- **Impuesto sobre la renta personal:** Es el que todos estamos acostumbrados a pagar. Los porcentajes específicos dependen de muchos factores, pero comienzan en el 10% y aumentan a medida que tus ingresos aumentan (hasta un máximo del 40%). Por lo general, se te retendrá dinero de tu cheque de pago para cubrir estos impuestos, de nuevo, desde antes de recibir tu cheque de pago. Entonces, cuando dejes tu trabajo, deberás incluir estos costos en tu lista de gastos y ahorrar ese dinero.

- **Impuesto estatal sobre la renta:** Al igual que el impuesto sobre la renta personal, la mayoría de los Estados te impondrá un impuesto estatal adicional sobre la renta. Nosotros vivimos en Nueva York y aquí este es un impuesto del 4-8.89% que hay que tener en cuenta. Por lo tanto, comprenderás que, cuando dejes tu trabajo, en total, deberás una cantidad importante del dinero que ganas en impuestos (a partir del 29.3%, asumiendo el nivel más bajo de ingresos y de estilo de vida en Nueva York).

- **Vacaciones:** Aunque este no es un gasto adicional, lo más probable es que recibas unas semanas de vacaciones en tu lugar de trabajo (entre 2 y 6 semanas, según el tiempo que lleves empleado). Cuando eres un emprendedor, nadie te paga vacaciones a menos que tú mismo las costees. Sobre todo, durante tu primer año como dueño de negocio, es muy probable que estés trabajando la mayor parte, por no decir que las 52 semanas del año.

- **Días de enfermedad:** Al igual que las vacaciones, los días de enfermedad no son un gasto, pero suelen estar incluidos en tu paquete laboral. Cuando ya no tengas trabajo, si necesitas tomarte un día por enfermedad, bien sea porque tú o tus hijos se enfermen, ese será un día en el cual no estarás trabajando y por lo tanto no recibirás ningún pago.

- **Beneficios pagados por el trabajo:** Tu empleador te ha ofrecido unos beneficios que perderás una vez renuncies a tu trabajo. Por ejemplo, quizá te paga parte de tu cuenta telefónica o te ofrece acceso al gimnasio de la empresa. Estos beneficios desaparecerán cuando te vayas, así que querrás agregarlos a tu presupuesto de gastos mensuales.

Ahorros relacionados con el trabajo

Si sigues sumando gastos a medida que avanzamos, lo más seguro es que estés pensando que el panorama luce bastante deprimente. Hasta aquí, habrás tenido que agregar algunos miles de dólares a tu lista de gastos mensuales para cuando vayas a dejar tu trabajo, lo que te dificulta aún más dar ese paso.

Aun así, no te estreses. Tendrás la opción de hacer algunos movimientos que te ayudarán a compensar todos estos gastos adicionales.

Gastos que ya no tienes

Cuando tienes un trabajo, tienes ciertos gastos que están directamente relacionados con ese trabajo, como los siguientes:

- **Gastos de desplazamiento:** Cuesta dinero viajar al trabajo. Por ejemplo, en la gasolina de tu vehículo. Además, agrega lo que gastas en parqueadero (dependiendo de dónde vivas) o en transporte público. Cuando dejes tu trabajo lo más probable será que ya no tengas estos gastos. Y si gastas, será menos y corresponderá a una deducción fiscal de tu negocio. ¡También harás otros ahorros indirectos! Como no viajarás tantas millas, tu auto te durará más; y si decides venderlo, será a mejor precio.

- **Comidas/cafés relacionados con el trabajo:** Cuando trabajas fuera de casa, tiende a ser muy fácil gastar dinero en alimentación. No tienes ganas de prepararte tu propio almuerzo, olvidas llevarlo a tu lugar de trabajo o a alguno de tus compañeros se le ocurre que salgan a almorzar. Esto, combinado con el hecho de que te detienes una o dos veces por semana (o más) en la cafetería que está de camino a tu trabajo, termina sumando a tu lista de gastos.

- **Ropa de trabajo:** Suele ocurrir que los lugares de trabajo tengan un código de vestimenta específico. Por lo general, dicho código significa comprar ropa que, de otra manera, no comprarías, ni usarías. Cuando dejes tu trabajo, dependiendo de qué negocio tengas, podrás reducir o eliminar el dinero que estés gastando en ropa para ir a tu trabajo (¡y trabajar en pijama, si tienes suerte!).

- **Gastos varios:** Dependiendo de tu trabajo y de cuáles sean tus circunstancias, lo más probable será que te ahorres otros gastos que tenías cuando ibas a trabajar. Por ejemplo, estabas pagando un plan de celular con bastantes datos. Ahora, lo más probable será que no uses tantos, pues vas a estar trabajando desde casa o tendrás acceso al Wifi de tu negocio propio. En cualquier caso, échale un vistazo más a tu presupuesto y analiza qué otros gastos ya no necesitarás hacer.

Reajusta tu estilo de vida actual

Aunque ahorrarás cierta cantidad de dinero en todos los gastos que acabamos de enumerar, es probable que esos ahorros en sí mismos no sean suficientes para generar un impacto significativo en tus gastos. Por lo tanto, otra forma de reducirlos y ampliar tus posibilidades de ahorro (más adelante, tocaremos este tema) es restructurando tu estilo de vida. No tiene por qué ser un reajuste permanente, pero es un hecho que cualquier reajuste que hagas ahora reducirá tus gastos y te será más fácil y rápido dejar tu trabajo.

- **Cambia de vehículo:** Una opción que suele generar gran impacto en tus gastos es cambiar tu vehículo por uno más económico. A lo mejor, tienes uno más caro del que necesitas en este momento. Si tú eres el propietario absoluto de tu auto, eso significa que estás en plena libertad de venderlo, comprarte uno más económico y ahorrar la diferencia. Si estás rentando un auto o pagando el tuyo, también es viable venderlo y comprarte uno cuyo pago mensual sea más bajo o hasta comprar un auto más barato, eliminando así los pagos mensuales. Busca un automóvil que sea confiable y que te represente bajos costos de mantenimiento. Y si tienes dos, podrías vender uno y compartir el otro.

- **Cambia de vivienda:** Otra opción que ejerce gran impacto en los gastos mensuales es cambiar de vivienda. Quizá, tengas una casa o un apartamento más costosos de lo que necesitas en este momento. Si es así, vende tu vivienda y compra una de menor costo o renta una o múdate a vivir con alguna amistad o con un familiar. Un pago hipotecario más bajo o una renta más baja reducirán la cantidad de dinero que necesitarás ganar cada mes. También obtendrías ganancias si vendieras tu casa, rentas otra y ahorras ese dinero.

- **Cambia de seguro:** Con una vivienda y un vehículo menos costosos, reducirás los costos de tus pólizas de seguros. Además, si aún no lo has hecho, por lo general, obtienes un descuento adicional combinando ambas pólizas en una sola compañía de seguros.

- **Reajusta el costo del cuidado infantil:** Si estás pagando para que tus hijos vayan a la guardería 5 días a la semana, otra opción es reducir el número de días en que ellos asistan a ella. Si puedes trabajar con tus hijos en casa o haces todo lo que tengas que hacer en 3 o 4 días, ahorrarás algo de dinero en este gasto. Pero ten cuidado. Quizá, sea mejor continuar con el horario habitual que tienen tus chicos para que puedas concentrarte en tu trabajo cuando ellos estén en la guardería y estar presente con ellos después que salgan de ella.

- **Cambia el plan del cable:** Hoy en día, la cuenta del cable suele costar fácilmente unos cientos de dólares mensuales. Contrata un plan de menor costo, intenta aprovechar algunos de esos descuentos que suelen darles a los nuevos suscriptores, averigua los costos de otros operadores o, simplemente, cancela tu servicio de cable. Muchas personas están "cortando el cable", es decir, cancelando su suscripción y optando por servicios como Netflix, Hulu o Amazon Video.

- **Reduce los servicios de suscripción:** Además del cable, revisa tus gastos mensuales y busca qué otros gastos de suscripciones podrías eliminar. A lo mejor, tienes una membresía en un gimnasio y nunca vas, un servicio de transmisión de música en secuencias u otras suscripciones que bien podrías cancelar. También puedes reducir algunas de tus suscripciones, como cuando no necesitas tantos datos en el plan de tu celular por estar trabajando en casa o en tu oficina y, por consiguiente, usas el Wifi del lugar (como acabamos de mencionar).

- **Come menos fuera de casa/haz mercado de manera más inteligente:** La mayoría de las personas gasta una gran cantidad de dinero comiendo fuera de casa todos los meses. Si este es tu caso, será bastante fácil que ahorres en esta área comiendo fuera menos veces o decidiendo que, de ahora en adelante y durante un tiempo, comerás siempre en casa. Por ejemplo, disfrutando un viernes por la noche de una pizza congelada de $5 dólares en lugar de pedir un servicio a domicilio que te valga $25. También podrías reducir/cambiar algunos de los alimentos que hacen parte de tu lista de compras. A veces, hasta el hecho de cambiar de supermercado te ayudará a ahorrar algo de dinero.

Como puedes ver, hay muchas formas de reducir tus gastos y hacer más fácil y viable tu decisión de renunciar a tu empleo. Algunas te funcionarán y otras no. Hay a quienes les gusta tomar todo el impulso del caso y reducir drásticamente sus gastos a corto plazo con tal de estar disponibles de una vez por todas para enfocarse en trabajar y triunfar por su propia cuenta. Otros tienden a adoptar un enfoque más conservador, reducir algunos gastos para liberar espacio, pero sin tener que cambiar su auto, ni mudarse a vivir con un pariente.

Lo importante es hablar con tu pareja y tu familia y analizar cuál sería la decisión más indicada. Así, cada miembro de la familia manifestará qué cosas le parecen "negociables" y que estaría de acuerdo en reducir y qué otras están "fuera de discusión" y no está dispuesto a cambiar. Es importante poner todas las cartas sobre la mesa y llegar a un acuerdo que funcione de acuerdo a tus circunstancias específicas.

Reducir los gastos un poco hará que sea mucho más fácil para ti dejar tu trabajo y empezar a enfocarte en lograr tu libertad financiera.

Pero ¿y si quieres más que simplemente dejar tu trabajo? ¿Qué pasará con las otras cosas que identificaste en la primera sección de este libro? ¿Qué hay con todo aquello que anhelas tener (como una casa más grande, vacaciones familiares)? ¿Y qué hay con vivir nuevas experiencias, construir más relaciones y causar impacto en quienes te rodean? Bueno, todo esto lo definimos con una cifra diferente a la que llamamos la *cifra de tus sueños*.

Verás, saber cuál es la cifra que te conducirá hacia tu libertad financiera te permite determinar cuál es la cantidad exacta de dinero que necesitas traer a casa todos los meses con tal de lograr la meta de renunciar a tu trabajo y dedicarte a diseñar y construir tu vida. Cuanto más baja sea esa cifra, más fácil será ahorrarla. Como acabamos de mencionarlo, bien podrías reajustar tu estilo de vida en aras de reunir esa cifra que necesitas para comenzar a construir tu libertad financiera, pero es probable que no quieras vivir así siempre. Aquí es donde entra en juego la cifra de tus sueños.

Dicha cifra es la cantidad de dinero que necesitas llevar a casa cada mes para tener acceso a todas las cosas, experiencias, relaciones y producir el impacto en los demás que deseas causar. Entonces, el primer paso sería empezar a trabajar en tu libertad financiera y el segundo paso sería ir tras tus sueños y tener todo lo que quieres de la vida.

Para determinar la cifra de tus sueños, revisa la visión que escribiste en el ejercicio del Capítulo 1.2 durante el cual definiste las cosas, experiencias, relaciones y el impacto que quieres causar. Ahora, realizarás una actividad similar a la que hiciste cuando definiste cuál sería la cifra que te abriría las puertas hacia tu libertad financiera, revisando con detenimiento cada punto que escribiste en esa lista e identificando cuál sería la cantidad de dinero que necesitarías llevar a casa cada mes para cumplir todos y cada uno de esos puntos allí escritos. Después de hacer este mismo ejercicio con todos esos sueños que escribiste, sumas esas cifras a la cifra que necesitarás para empezar a trabajar en tu libertada financiera y entonces sabrás cuánto sería el total de la cifra de tus sueños.

Por ejemplo, digamos que la cifra hacia tu libertad financiera es $5.000/mes. Ahora, a medida que revises tu visión, identifica cuáles son aquellas cosas escritas allí que no necesitas, pero que deseas tener y hacer:

- Cambiar tu casa de dos dormitorios por una de cinco dormitorios
- Tomar vacaciones familiares tres veces al año

En otras palabras, analiza bien todos y cada uno de los puntos que anotaste en esa lista y determina cuánto dinero deberás traer a casa cada mes para cubrir esos gastos. Repasemos un ejemplo de esta actividad con una casa nueva.

Supongamos que deseas cambiar tu casa de dos habitaciones por una de cinco. Y en el área donde deseas vivir, esta casa cuesta un promedio de $400.000 dólares. Ahora, ingresa esta cifra en una calculadora de hipotecas y determina cuál sería el pago mensual por esa nueva casa. Supongamos que abonas una cuota inicial del 20% ($80.000 dólares), lo cual significa que necesitarías conseguir una hipoteca por los $320.000 del saldo. Asumiendo que consiguieras una hipoteca a 15 años, con un 4% de interés, tu hipoteca mensual sería ~ $2.400/mes. (Nota: aquí estamos usando una hipoteca a 15 años, ya que esa es la duración que propone Dave Ramsey).

Además, es de simple lógica que con una casa incurrirás en algunos gastos adicionales, tales como impuestos, seguros y mantenimiento. Entonces, también querrás determinar a cuánto ascienden cada uno de esos gastos adicionales. Estas cifras variarán según la ubicación, pero supongamos que tus impuestos por la propiedad serían de $12.000 año. Eso significa que necesitarás traer a casa $1.000 adicionales al mes para cubrirlos. Tu seguro sería de $5.000/año, por lo que deberás traer a casa $500/mes más para cubrir ese gasto. Para el mantenimiento asignaremos el 1% del precio de la vivienda, es decir, $4.000/año, que redondearemos en $350/mes.

Por lo tanto, para que sea viable mudarte a la casa de tus sueños, debes ganar $4.250/meses adicionales. Eso es $2.400 para cubrir la hipoteca, $1.000 para cubrir los impuestos, $500 para cubrir el seguro y $350 para cubrir el mantenimiento.

Sumando esta cantidad a tu cifra hacia tu libertad financiera de $5.000 dólares, la cifra de tus sueños viene siendo $9.250 dólares. Repite este mismo ejercicio con cada punto de tu tablero de visiones (incluidos tus deseos de vacaciones y cualquier otro sueño que desees convertir en realidad) y obtendrás la cifra total de tus sueños.

Capítulo 2.5

¿De qué tamaño es la empresa que necesitas?

Una pregunta que a menudo le hacemos a la gente es: "¿Cuánto dinero necesitas para renunciar a tu trabajo?".

Muchas personas se equivocan drásticamente en esta cifra y es por una variedad de razones:

- No conocen a ciencia cierta a cuánto ascienden sus gastos mensuales

- No tienen en cuenta los costos adicionales en los que incurrirán cuando dejar su trabajo

Ahora, si ya terminaste de desarrollar todas las actividades de los anteriores capítulos, entonces, en este momento, tienes una idea bastante precisa de cuáles serán tus gastos mensuales totales. Definiste tu cifra hacia tu libertad financiera y tienes un objetivo claro al cual apuntarle. Pero todavía hay más escenarios al acecho que podrían confundirte. Por ejemplo: ¿Qué tipo de negocio deberías construir que te permita alcanzar tu cifra hacia la libertad financiera?

Tu primera respuesta será: "Una empresa que genere $5.000/mes". Pero esa cifra no es exacta. El dinero que traes a casa (que va a tu cuenta corriente PERSONAL) es diferente al dinero que ingresa a tu negocio (el cual ingresa a la cuenta corriente de tu EMPRESA). Lo que esto significa es que, si estás manejando el dinero comercial como tu dinero personal, te encontrarás con una gran cantidad de problemas, como complicar el seguimiento de tus finanzas personales y comerciales, reduciendo así tu protección legal y pagando más en impuestos.

Fondos combinados

Tú y tu negocio son entidades diferentes. Tu nombre es diferente. Tu edad es diferente. El gobierno te identifica de manera diferente. En los Estados Unidos, tu identidad está vinculada a un número de seguro social (SSN, según la sigla en inglés), mientras que el de tu empresa está vinculado a un número de identificación del empleador (EIN, según la sigla en inglés).

Por lo tanto, tu dinero y el dinero de tu empresa son diferentes. Los dos deberán tener cuentas corrientes separadas y tu dinero personal es el único que debes usar para tus gastos personales, mientras que el dinero de tu negocio debe ser para los gastos del negocio. Si estás mezclando tu dinero personal con el comercial, entonces, estás mezclando tus fondos.

¿Qué significa esto? Significa que los estás revolviendo. ¿Por qué es esto un problema?

- Porque es más difícil rastrear las finanzas comerciales

—Si no puedes hacerle un seguimiento preciso al dinero que entra y sale de tu empresa, no podrás tomar decisiones basándote en cifras exactas.

- Porque tendrás dificultad para protegerte (contra posibles riesgos).

—Si alguien te demandara por algo relacionado con tu negocio, y tú no has hecho una distinción entre tus finanzas personales y las comerciales, legalmente, esa persona podría ir tras tu dinero personal (incluso si tienes una compañía de responsabilidad limitada —LLC, según la sigla en inglés).

- Porque pagarías más impuestos de los requeridos

—Cuando llegue el momento de presentar tu declaración de impuestos, sin tener la forma de identificar los gastos de tu negocio que se son deducibles legalmente, perderás estas deducciones y pagarás más impuestos de los que se requieren.

Ingresos personales versus ingresos comerciales

Si no estás mezclando fondos, entonces, estás manejando tus ingresos comerciales por separado de tus ingresos personales. Esto significa que tus ingresos personales serán un parte de los ingresos de tu negocio. Cuando eres empleado, recibes un cheque de pago y tienes la libertad de gastarlo todo en tus asuntos personales. Ahora que eres emprendedor, en lugar de mirar tu dinero únicamente a través del lente de un empleado que recibe un cheque de pago, también tienes que mirarlo a través del lente de empresario.

Así que, supongamos que tu empresa realizó ventas por $3.500 dólares. Ese dinero iría a tu cuenta bancaria *comercial*, que es independiente de tu cuenta bancaria *personal*. Luego, deberás comenzar a deducir los gastos de este dinero *antes* de pagarte a ti mismo. La fórmula básica es:

Ventas - Gastos = Ganancia

Las ventas a menudo se denominan ingresos. Entonces, necesitamos tomar la cantidad de dinero que ingresa al negocio y restarle la cantidad de dinero que sale de él para determinar de cuánto es la ganancia que obtienes por la empresa como tal. Si ampliamos esta fórmula un poco, veremos que hay varios ítems que debemos restar de los ingresos antes de saber con exactitud cuál fue la ganancia que obtuvo la empresa. Quedaría así:

Ventas-Costo de los bienes vendidos-Gastos-Impuestos = Ganancia

En caso de que no estés familiarizado con cada uno de estos términos, los definiremos:

- Ventas: Dinero que la empresa obtiene vendiendo sus productos o servicios.

- Costo de los bienes vendidos: Dinero necesario para generar el producto o servicio que la empresa está vendiendo.

- Gastos: Dinero necesario para administrar el negocio

- Impuestos: Dinero que le debes al gobierno

Ahora, coloquemos cifras en cada uno de estos ítems para ver cómo luce este movimiento.

Categoría	Costo	% de ventas
Ventas	$3.500	--
Costo de bienes vendidos	$700	20%
Gastos	$2.100	60%
Impuestos del negocio	$280	8%
Ganancia	$420	12%

Por consiguiente, lo que esto significa es que, cuando la empresa gana $3.500, después de todas las deducciones requeridas, la ganancia es de solo $420. ¿Te sorprende? Muchos dueños de negocios nunca hacen este ejercicio y tratan los $3.500 que entran en su negocio lo mismo que los $3.500 que les pagaban cuando ellos eran empleados. Este es un *gran error*. Si tuvieras que gastar esos $3.500 para pagar tus cuentas mensuales, tu negocio se quedaría sin dinero y le deberías impuestos al gobierno, correspondientes a un dinero que ya no tendrías —sin lugar a dudas, terminarías endeudándote y lo más probable es que hasta vayas a parar a la cárcel.

Este suele ser un momento revelador para la mayoría de los nuevos propietarios de negocios. Aquí es cuando ellos se dan cuenta que, por lo general, la empresa debería generar más dinero del que ellos pensaron en un comienzo, debido a que no previeron todos los gastos adicionales asociados con el hecho de rodar todo negocio. Por supuesto, uno de los gastos es *pagarse a sí mismos*. Así que es crucial que determines cuánto dinero necesitará ingresar a tu empresa para que esta tenga con qué pagarte tu salario deseado al mismo tiempo que ella sigue creciendo. Históricamente, este punto ha sido el *más* difícil de entender, primordialmente, para los nuevos propietarios de negocios.

Primero, las ganancias

Si la sección anterior te confundió o desmoralizó, es apenas natural que así sea: estás comenzando a tener una idea de lo que podría suceder muy fácilmente si no tratas tu empresa como un negocio. Demasiados nuevos emprendedores se lanzan sin más, ni más a iniciar sus empresas y nunca se detienen a analizar cuál es el costo real de hacer negocios (tal y como acabamos de explicar). Por esa razón, llega el momento en que terminan despertando a una dura realidad, pero ya después de haber gastado mucho tiempo y dinero en su emprendimiento, todo para tener que cerrarlo, porque no están ganando el dinero que deberían haber calculado desde el comienzo. A continuación, te mostraremos algunas estrategias simples que te servirán para diseñar y estructurar tu negocio de tal modo que sepas a ciencia cierta cuánto dinero necesitarás ganar y cómo deberás distribuirlo para que tengas con qué pagar tus gastos comerciales, tus impuestos y pagarte a ti mismo.

En la sección anterior, mencionamos la fórmula básica mediante la cual las empresas deben calcular qué ganancias reales obtienen, que es:

Ventas - Gastos = Ganancia

Tal y como también vimos en esa sección, si tú lo permites, los diversos gastos de tu negocio consumirán la mayor parte o la totalidad de tus ganancias. No es raro que un emprendedor no obtenga dinero de su negocio, ni que calcule su salario por hora y obtenga un pago que va muy por debajo del salario mínimo. Tú no habrás decidido iniciar tu propio negocio para ganar *menos* del salario mínimo, ¿verdad?

Lo que quieres es diseñar tu negocio desde mucho antes de iniciarlo para así tener una comprensión clara de cómo deberá ser este para que te lleve a lograr tus objetivos personales. Uno de los principales desafíos que surgen cuando los emprendedores intentan hacer este ejercicio es que les es difícil calcular con exactitud cuánto dinero necesitará vender su empresa para que ellos como propietarios ganen la cantidad de dinero que desean. La mayoría de los emprendedores tan solo adivina esta cifra, diciendo que quiere tener, por ejemplo, un negocio que le produzca $5 millones de dólares. Sin embargo, muchos no tienen ni la más mínima idea de si esta cantidad es demasiado dinero, muy poco o el indicado. Y si no es la cantidad indicada, hasta terminan construyendo un negocio que odian, porque no les permite tener lo que ellos quieren.

Por eso, antes de continuar, queremos que pienses en el tamaño del negocio que necesitas. Sí, queremos que calcules de qué tamaño es la empresa que crees que necesitarás para lograr tus metas. Piense en esa cifra de ingresos ideal y anótala. Más adelante, volveremos a ella.

Afortunadamente, con un simple ajuste que le hagas a esta fórmula obtendrás una imagen mucho más clara de qué tipo de negocio necesitas construir para lograr tanto la cifra que te abrirá las puertas hacia la libertad financiera como la cifra de tus sueños. Este ajuste es para recalcular gastos y ganancias y nos genera una nueva fórmula:

Ventas - Ganancia = Gastos

Esto es exactamente lo que hizo Mike Michalowicz en su libro *Profit First: How to Transforme Your Business from a Cash Eating Monster into a Money Making Machine*. Este ajuste parece simple, pero causa un gran impacto. Lo que Mike hizo fue tomar el lema de las finanzas personales que afirma "págate a ti mismo primero", presentado por David Bach en su libro *The Automatic Millionaire* y al cual nos referimos en el Capítulo 2.2, y lo aplicó al negocio. Al definir y obtener tus ganancias primero, sacas todo riesgo del camino, pues te estás asegurando de que ese dinero no vaya a caer a otra parte.

Junto con muchos otros grandes temas desarrollados en su libro, Mike presenta el concepto de porcentajes de asignación a propósitos específicos (TAP, según la sigla en inglés). Este concepto, visto a continuación como una tabla, te proporciona algunos porcentajes aconsejables cuando vayas a tratar de determinar qué porcentaje de tus ventas/ingresos comerciales entran en cada categoría. Te recomendamos que los utilices como una guía que te sirva de base para diseñar el negocio que necesitas.

A continuación, te mostramos un ejemplo de cómo usar estos porcentajes de asignación en tu negocio. Supongamos que tu empresa genera $100.000 dólares en ingresos en el transcurso de un año. Según esa cifra, verás los porcentajes y montos en dólares de cómo dividirías tu dinero en los distintos "propósitos" según dicho concepto de porcentajes de asignación a propósitos específicos:

Propósitos	%	Cantidad en dólares
Ingresos	100%	$100.000
Ganancia	5%	$5.000
Compensación al propietario	50%	$50.000
Impuestos	15%	$15.000
Gastos operativos	30%	$30.000

Al desglosar estos ingresos según este modelo, vemos que solo el 50% de los ingresos de tu negocio se convierte en tus ingresos personales. Esto significa que no solo te estás asegurando de pagarte a ti mismo por el trabajo que realizas, sino que además te aseguras de que no estar tomando una cantidad demasiado alta que te impida disponer del dinero necesario para cubrir los gastos comerciales y pagar los impuestos del negocio.

Entonces ¿qué significa esto para ti? Significa que, dado que sabes con exactitud cuánto dinero quieres ganar (inicialmente, tu cifra hacia la libertad financiera y, en determinado momento, la cifra de tus sueños), ya puedes trabajar con el fin en mente y averiguar cuánto dinero deberá generar tu negocio para hacer que tus sueños se conviertan en una realidad.

Entonces, digamos, por ejemplo, que tu cifra hacia la libertad financiera es $5.000/mes. Eso significa que la compensación al propietario (tus ingresos personales) generada de tu negocio representa el 50% de los ingresos comerciales.

Entonces, para llevarte a casa $5.000/mes como compensación al propietario, tu empresa necesita generar, como mínimo, $10.000/mes en ingresos comerciales (básicamente, doble compensación al propietario para así cubrir los ingresos comerciales).

A continuación, te mostramos un modelo aproximado de cómo debería verse tu empresa según ese ejemplo.

Propósitos	%	Cantidad anual en dólares	Cantidad mensual en dólares
Ingresos	100%	$120.000	$10.000
Ganancia	5%	$6.000	$500
Compensación al propietario	50%	$60.000	$5.000
Impuestos	15%	$18.000	$1.500
Gastos operativos	30%	$36.000	$3.000

Nota: Los porcentajes de asignación a propósitos específicos varían según sea el tamaño de tu negocio. Por ejemplo, una empresa con ingresos inferiores a $250.000 dólares utilizaría el 50% para la compensación al propietario, mientras que una empresa con ingresos entre $250.000 y $500.000 utilizaría el 35% en este mismo propósito.

Eso significa que, para que tanto estos porcentajes como tu negocio funcionen, deberás construir una empresa que te genere $10.000/mes ($120.000/año). Los gastos empresariales no deberán exceder los $3.000/mes ($36.000/año).

Ahora, es tu turno: toma tu cifra hacia la libertada financiera (que es mensual) y multiplícala por 12 para ver a cuánto asciende esta cifra en un año. Luego, observa en qué rango cae esta cifra según la primera columna y tendrás una idea del rango de ingresos que tu empresa necesitaría recibir. En el ejemplo anterior, asumiendo que tu cifra hacia la libertad financiera fuera $10.000/mes (es decir, $120.000/año), tus ingresos estarían entre el Grupo A y el Grupo B. Si luego observas cuál es el rango de ingresos del negocio en esos dos grupos, eso significa que los más probable será que necesites construir un negocio que te genere entre $0 - $500K/año.

Constructores de estilos de vida

Grupo	Cifra hacia la libertad financiera (por año)	Rango de ingresos del negocio (por año)
A	$0 - $137.5K	$0 - $250K
B	$112.5K - $225K	$250K - $500K
C	$175K - $350K	$500K - $1M
D	$200K - $1M	$1M - $5M
E	$1M - $2M	$5M - $10M
F	$2M - $10M	$10M - $50M

> *Nota: En todo caso, estos no son unos cálculos perfectos, pero te dan una idea del tamaño de negocio que necesitarías construir para generar tu cifra hacia la libertad financiera y la cifra de tus sueños.*

Ahora, haz un cálculo inicial sobre cuál sería el monto total de los ingresos que tu negocio necesitaría recibir y compara esa cifra con la que acabas de calcular. ¿Cómo hacer esa comparación? Con frecuencia, muchos emprendedores piensan en construir un negocio más grande del que en realidad necesitan. Por ejemplo, si tú quieres ingresos de $10.000/mes, es bastante probable que no necesites construir un negocio de $2 millones, sino uno de $500.000.

	Tu presupuesto	Cifra real
¿Qué ingresos necesitas que genere tu negocio?	$2M	$500.000K

Ten en cuenta que este cálculo rápido no es una ciencia exacta, pero sí te dará un punto de partida y una idea general. Dependiendo del tipo de negocio específico que elijas (tema que trataremos en la Sección 3), lo más probable es que necesites incluir algo de dinero adicional en ese cálculo para comprar el producto que vas a vender o para pagar tus impuestos, ya que estos podrían ser diferentes, dependiendo de dónde te encuentres viviendo o de dónde esté ubicado tu negocio. El hecho es que, al comienzo, la mayoría de la gente no tiene idea de cuál es esta cifra. Puede que sea un poco más alta, puede que sea un poco más baja, pero al menos, ahora tienes una cifra aproximada con la cual guiarte.

Capítulo 2.6
Diseñando tu pista de aterrizaje

Hay un dicho común (que odiamos) que afirma que "los emprendedores saltan al vacío y construyen el avión cuando ya van para abajo".

Hacer eso es estúpido —y NO es la forma en que los emprendedores inteligentes construyen sus negocios—. ¿Sabes por qué? Porque cuando saltas al vacío, tienes bajo tus pies un recorrido limitado y es la distancia que existe entre el punto del que te lanzas y el suelo. Te aseguramos que no es muy divertido intentar construir un avión a medida que caes a tierra. Hacerlo de esa manera te generará mucha presión y terminarás haciendo que tu aterrizaje se vuelva muy arriesgado para la mayoría de las personas que te rodean (y a menudo, se convierta en accidente).

¿Recuerdas al Coyote Wiley E.? ¿Qué le pasaba cuando saltaba del acantilado? Se estrellaba contra la tierra y hacía un gran agujero. En el caso de los emprendedores, este suele ser un agujero financiero y también un agujero emocional. Y es difícil excavar para salir de allí. A lo mejor, tengas que volver a conseguir un empleo. Quizá, te gastes tus ahorros. Lo cierto es que sentirás que fracasaste, tanto tú mismo como quienes están a tu alrededor.

Lo más seguro es que escucharás la ocasional "historia de éxito" de aquellos emprendedores que dejaron la universidad o renunciaron a sus trabajos sin tener un negocio propio, ni contar con un ahorro mínimo y aun así lograron que todo les funcionara (como Mark Zuckerberg con Facebook). Pero ten la certeza de que, por cada persona que cabe en esta categoría, hay *muchas más* que se estrellaron y se quemaron por el camino. No escuchas decir nada sobre ellas, simplemente, porque no es que ellas quieran recibir mucha atención.

El hecho es que aquí *nosotros* no estamos saltando de acantilados, ni construyendo aviones sobre la vía a caer a tierra. Aquí estamos construyendo un camino muy diferente y consiste en saber a ciencia cierta la cantidad de meses que lograrás sobrevivir después de renunciar a tu empleo sin quedarte sin dinero. Dicho camino está determinado por cuatro factores:

1. Tu cifra hacia la libertad financiera (gastos mensuales después de dejar un trabajo)
2. Tus ingresos personales provenientes de tu trabajo
3. Tus ingresos personales provenientes de tu negocio
4. Los ahorros que tendrás que tener a tu disposición para cubrir tus gastos de sostenimiento

Entonces, ¿cuál es la otra alternativa diferente a la de saltar por un precipicio? Trazar tu pista de aterrizaje horizontalmente (como hacen los aviones) y contar con MUCHA pista, de tal modo que ganes velocidad y estés preparado para alcanzar el éxito desde antes de "dar el salto".

Antes de definir cuál será el mejor diseño de tu pista, describamos algunos escenarios comunes en los que caen las pistas:

Escenario #1: Tu ingreso personal (compensación al propietario) procedente de tu negocio EXCEDE a tu cifra hacia la libertad financiera

Escenario #2: Tu ingreso personal (compensación al propietario) de tu negocio NO EXCEDE a tu cifra hacia tu libertad financiera

El escenario ideal en este caso es que los ingresos que te lleves a casa, procedentes de tu negocio, EXCEDAN a tu cifra hacia la libertad financiera (Escenario #1). Significa que permanecerás en tu trabajo hasta que esto ocurra, lo cual podría ser un largo rato.

Por ejemplo, si tu cifra hacia la libertad financiera es $5.000/mes, entonces, en el ejercicio de la sección anterior ya identificaste que tu empresa deberá generar más de $10.000/mes.

Idealmente, esto es lo que debería suceder, porque una vez que suceda, ya puedes dejar tu trabajo, sabiendo que tienes suficientes ingresos provenientes de tu negocio para cubrir todos tus gastos mensuales sin necesidad de usar tus ahorros, ni de endeudarte para cubrir todos tus gastos mes tras mes. En este escenario, tu pista de aterrizaje es *ilimitada* siempre, puesto que tus ingresos comerciales se mantienen por encima de tu cifra hacia la libertad financiera. Esta es una forma de reducir el riesgo de que tu avión (negocio) se estrelle, debido a que se quede sin pista. Entonces, sería ideal que pudieras conservar tu trabajo hasta alcanzar/exceder a tu cifra hacia la libertad financiera con ayuda de tus ingresos laborales.

Dicho esto, la mayoría de la gente no quiere esperar tanto y preferiría dejar su trabajo antes. En este caso, caerían en el escenario # 2, en el cual sus ingresos comerciales aún no han superado su cifra hacia la libertad financiera. Esto significa que, cuando ellos dejen su trabajo, quedarán con una brecha entre cuántos ingresos personales se llevarán a casa provenientes de su negocio y la cantidad de dinero que necesitarán para cubrir sus gastos mensuales. Esta brecha de ingresos deberá ser cubierta con ahorros hasta que los ingresos de su empresa lleguen a un punto en el que se igualen a su cifra individual hacia su libertad financiera o la superen.

Veamos algunos ejemplos:

Ejemplo 1: Eres soltero

Cifra hacia tu libertad financiera: $3.500/mes

Ingresos laborales: $4.000/mes

Ingresos comerciales: $1.000/mes

Ahorros: $5.000

Plazo para dejar tu trabajo: Tres meses.

A partir de este momento y hasta cuando dejes tu trabajo, tendrás $1.500 dólares adicionales cada mes ($500 de tu trabajo y $1.000 de tu negocio). Podrías agregarlos a tus ahorros durante los próximos 3 meses, logrando que tus ahorros sean $9.500 dólares cuando renuncies. En ese momento, tus gastos mensuales serían de $3.500/mes, pero tu negocio te genera solo $1.000/mes (suponiendo que este no haya crecido), lo cual significa que, para cubrir tus gastos mensuales, necesitarías tomar los $1.000 dólares de tu negocio y $2.500 dólares de tus ahorros.

Así las cosas, tu pista de aterrizaje sería de un poco más de tres meses. Es decir que, una vez que renuncies a tu trabajo, solo tendrás tres meses para recibir el dinero que te pagas a ti mismo de tu negocio para superar tu cifra hacia tu libertad financiera de $3.500 dólares. Ahora, si no logras hacer que eso suceda, te quedarás sin dinero y tendrás que volver a buscar empleo. En cambio, si logras aumentar los ingresos de tu negocio en $200/mes, cada mes (aumentando tu compensación al propietario en $100/mes), extenderás tu pista en un mes (pasando de tres meses a cuatro meses).

Pero si puedes aumentar los ingresos de tu negocio en $600/mes, cada mes (aumentando tu compensación al propietario en $300/mes), pasarás de tener una pista de aterrizaje de tres meses a contar con una pista ilimitada, porque los ingresos de tu negocio excederían a tus gastos en 10 meses (siete meses después de dejar tu trabajo). En este caso, tendrías suficientes ahorros para sostenerte durante esos primeros siete meses. La gráfica a continuación te muestra cómo se vería este panorama mensualmente.

Mes	Cifra hacia tu libertar financiera	Ingresos provenientes de tu trabajo	Ingresos provenientes de tu negocio	Superávit	Ahorros
Mes 1	$3.500	$4.000	$1.000	$1.500	$6.500
Mes 2	$3.500	$4.000	$1.300	$1.800	$8.300
Mes 3 (Renunciar al trabajo)	$3.500	$4.000	$1.600	$2.100	$10.400
Mes 4	$3.500	$0	$1.900	($1.600)	$8.800
Mes 5	$3.500	$0	$2.200	($1.300)	$7.500
Mes 6	$3.500	$0	$2.500	($1.000)	$6.500
Mes 7	$3.500	$0	$2.800	($700)	$5.800
Mes 8	$3.500	$0	$3.100	($400)	$5.400
Mes 9	$3.500	$0	$3.400	($100)	$5.300
Mes 10	$3.500	$0	$3.700	($200)	$5.500

¡Guauu! Entonces, a medida que logres estas cifras, si puedes aumentar los ingresos de tu negocio $600 dólares por mes, estarías configurando una pista de aterrizaje ilimitada, lo que demuestra la enorme importancia de conocer 100% tu pista y de saber cuánto más necesita vender tu empresa para que puedas seguir trabajando en tu negocio sin tener que volver a emplearte.

Ejemplo 2: Tú y tu cónyuge están trabajando (y a lo mejor, tienen hijos)

Cifra hacia tu libertad financiera: $6.500 dólares

Tus ingresos: $4.000/mes

Ingresos de tu cónyuge: $3.000/mes

Ingresos comerciales: $1.000/mes

Ahorros: $1.000

Plazo para dejar tu trabajo: Seis meses.

Si dejas tu empleo y tu cónyuge se queda en el suyo, solo tendrías alrededor de tres meses para aumentar los ingresos de tu negocio desde $1.000/mes hasta $6.500/mes.

Si aumentas los ingresos comerciales en $200 dólares cada mes, esta cifra extendería tu pista a 7 meses y lograrías un aumento de los ingresos comerciales en $400 cada mes, lo cual te daría una pista ilimitada.

> *Nota: Conocer tus cifras clave marca toda la diferencia en el éxito o fracaso de tu emprendimiento. Por esta razón, te recomendamos usar una hoja de cálculo y analizar diferentes opciones hasta encontrar las cifras que realmente necesitarías para crear tu pista de aterrizaje ideal. De esa manera, irás más seguro de emprender tu negocio sin el temor de fracasar y tener que volver a buscar empleo.*

En estos ejemplos habrás notado que existen diferentes factores que afectan tu pista de aterrizaje. Entre más tiempo puedas conservar tu trabajo, más ahorros acumularás y más rápido lograrás aumentar los ingresos de tu negocio cuanto más larga sea tu pista.

Además, ninguno de estos escenarios contempla la posibilidad de una emergencia. Quizá, tengas que hacer una reparación en tu vivienda; tal vez, se trate de una avería en tu auto o de cualquier otra circunstancia que requiera de dinero en efectivo. Obviamente, en estos casos, tendrías que usar tus ahorros y esto acortaría tu pista, así que ten en cuenta este tipo de imprevistos al construir el que consideres tu mejor escenario antes de dejar tu empleo.

Entonces, ¿qué ideas clave extraeríamos de todo esto?

- Cuanto más puedas permanecer en tu trabajo, mejor será para ti, pues ese ingreso y ese tiempo te ayudarán a calmar la presión financiera proveniente de tu negocio (permitiéndote tomar mejores decisiones comerciales), aumentar tus ahorros y crecer a nivel empresarial y personal.

- Cuando llegue el momento adecuado para tu trabajo, mientras más sean tus ahorros, mayor será tu pista de aterrizaje.

- Una vez sepas cuánto necesitarás para aumentar los ingresos de tu negocio cada mes, estarás en mejor posición para definir tus metas empresariales y la estrategia que implementarás para lograrlas. De ese modo, le darás un mejor enfoque a tu empresa.

Así que tómate un tiempo, analiza tus diversas opciones y elabora un plan que funcione tanto para ti como para tu familia. Asegúrate de tener esta conversación con tu pareja (si tienes) y de estar de acuerdo al respecto (ya que de nuestra experiencia hemos aprendido que, si no estamos en un mismo sentir, los desacuerdos suelen generar grandes bloqueos que distorsionan y malogran cualquier tipo de decisión).

Con tu plan listo, el siguiente paso es implementarlo. Esto significa que tendrás que enfocarte en las siguientes áreas:

- Sobresalir en tu trabajo actual para mantener esos ingresos mientras trabajas en tu plan.

- Establecer, respetar y revisar tu presupuesto cada mes.

- Si tienes deudas, sigue el plan que diseñaste para pagarlas.

- Utilizar el dinero adicional que te quede cada mes para aumentar tus ahorros.

- Si tienes una empresa, concéntrate en aumentar sus ingresos de tal modo que lleves a casa más dinero proveniente de tu negocio.

- Si no tienes un negocio, haz una lluvia de ideas sobre diferentes tipos de negocio que podrían interesarte. Los pasos iniciales para realizar esta actividad se encuentran en la siguiente sección.

Suele ocurrir que el plan que diseñas se vea muy bien cuando lo estás diseñando, pero lo más probable es que al implementarlo no salga tan al pie de la letra como tú quisieras. Así que es tu labor hacer que las cosas funcionen. Quizás, algunas de tus suposiciones salgan incorrectas. El hecho es que, a medida que avanzas, una parte fundamental para hacer que tu plan funcione es ir revisando tu progreso e ir haciendo los ajustes que consideres necesarios. Afortunadamente, estás preparado para hacerle seguimiento a tu progreso a medida que avanzas hacia tus metas, pues cuentas con un marco de conceptualización en el cual basarte (Ve al Capítulo 1.6). Entonces, ¿cuál es el mejor momento para hacer este control financiero? Nuestra recomendación es que lo hagas durante tu reunión mensual.

¿Por qué mensualmente? Porque te da tiempo suficiente para recopilar datos reales, pero sin tener que esperar demasiado para actuar o recalcular tu ruta. Además, es una buena práctica revisar tu plan de flujo de caja mensual (presupuesto) tal y como te sugerimos en el Paso 1, puesto que tienes la oportunidad de analizar cómo te fue el mes anterior y comparar resultados con el mes siguiente. Así, harás los ajustes necesarios, ya sea en el plan o en tu presupuesto del próximo mes.

Si tienes pareja, este también es un buen momento para que analicen entre juntos cómo va el presupuesto y el plan en general, hagan los cambios que vean convenientes y se mantengan sincronizados.

SECCIÓN 3

EL CONCEPTO DEL DINERO EN EFECTIVO

Resumen de la sección:

Una vez que hayas definido cómo comenzar a avanzar hacia tu libertad financiera, tu próximo paso es construir un negocio que te permita alcanzar esa libertad financiera. La mayoría de los emprendedores realiza este proceso al revés: primero, genera el producto o servicio que quiere ofrecer y luego intenta venderlo. Por eso, en esta sección te mostramos una mejor manera de comenzar a construir tu negocio, incluyendo cómo generar ideas, seleccionar una y enfocarte en ella, probar y modificar el concepto de tu producto o servicio y comenzar a ganar dinero.

Capítulo 3.1
Una "gran idea" podría salirte cara

Perspectiva de Tom

Después que compramos nuestra primera propiedad de inversión, ¡quedé más que convencido de que esto era a lo que yo me quería dedicar! Una vez hecho todo lo necesario para comprarla y hacerle algunas renovaciones, comenzamos a ganar dinero extra mes tras mes y sin tener que hacer un gran esfuerzo. Entonces, seguimos comprando más propiedades y con cada una de ellas dábamos un paso más para remplazar los ingresos de Ariana y que ella pudiera quedarse en casa cuando comenzáramos a tener nuestros hijos. Ambos habíamos estado trabajando duro hacía varios años. Ambos teníamos trabajos y a mí se me iba uno, si no ambos días del fin de semana, sumergido renovando nuestras propiedades de inversión. Era un trabajo duro y de días largos, pero yo estaba aprendiendo mucho y avanzábamos hacia nuestros sueños. Y aunque trabajábamos bastante, nos asegurábamos de sacar algo de tiempo para nosotros dos y también para nuestras actividades individuales favoritas. En mi caso, me encantaba entretenerme con mis videojuegos y para Ariana su mayor dicha era dedicarse a la lectura. Nos dábamos el lujo de hacerlo, porque nos asegurábamos de programar el tiempo necesario en nuestras agendas para dedicarlo específicamente a eso.

Cuatro años después de esa primera inversión, Ariana quedó embarazada. Aquel fue uno de los momentos más felices de mi vida, aunque debo decir que también sentí cierta preocupación. Yo no sabía nada de ser padre y, en lugar de solo preocuparnos por nosotros dos, ahora tendríamos que averiguar cómo serían nuestras vidas con un bebé a bordo.

Estábamos en el punto donde Ariana podría quedarse en casa cuando naciera nuestro primer hijo, que fue nuestro plan inicial. Así las cosas, el siguiente paso fue remplazar mis ingresos y prepararme para renunciar a mi trabajo. Durante cada uno de los años anteriores, mi jefe me había aumentado constantemente mi salario. Y, si bien esto era genial, también significaba que ahora necesitaríamos vender más propiedades de inversión para suplir mis ingresos y darme el gusto de dejar de una vez por todas mi trabajo. Así que, tan emocionado como me sentía ante la posibilidad de iniciar la siguiente fase de nuestra vida, también estaba empezando a sentirme ansioso y un poco preocupado con respecto a mi plan de retirarnos a los 35 años. Lograrlo requeriría comprar muchas más propiedades de inversión y me preocupaba no saber qué tanta sería mi habilidad para estar al día con todo. Sabía que no sería capaz de pasar, ni quería pasar todos mis fines de semana renovando casas cuando nuestro bebé naciera y sentía que necesitaba repensar mi plan.

Un sábado, después de dedicarnos a arrancar paneles de yeso de una de nuestras últimas propiedades de inversión, mi padre y yo nos tomamos un descanso para almorzar en una pizzería local. Mientras comíamos, escuché a alguien mencionar que había una tienda de vinos y licores a la venta en la ciudad vecina donde estaban ubicabas todas nuestras propiedades inmobiliarias. Años antes, le había ayudado a mi padre a comprar una tienda de vinos y licores con el fin de que él se retirara lo más pronto posible de su trabajo, entonces, me llamó la atención tomar esta como una oportunidad que bien podría explorar. Si lograba replicar lo que hice por mi padre y tener un éxito similar, más pronto estaría listo para dejar mi empleo. Entonces, terminamos nuestro trabajo y manejé a casa emocionado. Al entrar le dije a Ariana: "¡Compraremos una licorería!".

Como de costumbre, ella empezó a enumerarme todas las razones por las cuales esa era una mala idea. Pero al igual que cuando presentí que las inversiones inmobiliarias eran una buena opción de negocio, así mismo estaba convencido de que comprar la licorera era una decisión magnífica, puesto que había guiado a mi padre a lo largo de un proceso similar y yo conocía el potencial de ingresos de esas tiendas. Además, tenía claro que era solo cuestión de tiempo para que Ariana estuviera de acuerdo conmigo en convertir en realidad esta otra idea. A diferencia de cuando comencé el negocio inmobiliario, esta vez, yo ya había tenido oportunidades para aprender un poco más sobre el manejo de nuestras diferencias y por esa razón le propuse a Ariana que nos sentáramos y analizáramos esa posibilidad. Entonces, Ariana hizo una lista de pros y contras, como suele hacer. Todavía no habíamos configurado muy bien nuestro proceso de planificación de metas, pero sí teníamos una hoja de ruta inicial de cómo queríamos que fueran nuestras vidas. Así que, después de mirar la lista de pros y contras, además de nuestras metas, decidimos de común acuerdo que intentaríamos comprar la licorera.

Con la bendición de Ariana, me lancé a tratar de hacer el negocio. Comencé a investigar al respecto, solo para encontrarme casi de inmediato frente a todo tipo de problemas con respecto al lugar. La ubicación de la tienda era terrible, el local era pequeño y no había forma de ampliarlo. Y fuera de eso, el dueño estaba pidiendo demasiado dinero. Me sentí frustrado. Vinieron a mi mente todos los obstáculos con los que me encontré al iniciar el negocio inmobiliario. Pero como suele hacer cualquier persona exitosa, no me rendí y seguí buscando opciones. Entonces, caí en cuenta: si ya estábamos en el negocio inmobiliario, ¿por qué no comprábamos un local y abríamos nuestra propia tienda de licores? Y eso fue lo que hicimos.

Parte de la apertura de este nuevo negocio consistió también en la oportunidad de descubrir la variedad de opciones que teníamos y emocionarnos ante ellas. También nos emocionó pensar en la diversificación de nuestros ingresos. Iniciamos nuestro negocio inmobiliario en 2008, justo después de que una gran mayoría de personas perdiera mucho dinero en bienes raíces. Y aunque estábamos invirtiendo de manera inteligente, una parte de mí quería diversificar nuestros ingresos en algo que no se viera afectado directamente por el mercado inmobiliario, ni por la economía (es bien sabido que el negocio de los licores es bastante resistente a la recesión).

Así las cosas, me metí hasta las rodillas en el proyecto de armar un plan de negocios, usando las horas que me quedaban libres entre mis clases de posgrado (para obtener mi Maestría en Administración de Negocios). Tenía clases de tres horas varias noches a la semana, pues quería terminar la escuela antes de que naciera nuestra hija. A menudo, me despertaba a las 2:00 o 3:00 a.m. y trabajaba en el plan durante unas horas, antes de ir a mi trabajo diario y luego a clase por la noche. No vi mucho a Ariana durante esa época.

Ya había redactado un plan de negocios para el negocio inmobiliario, pero sabía que un plan de negocios para construir una tienda minorista debería ser mucho más completo. Gasté varias semanas trabajando en eso, reuniendo información de diversas fuentes sobre cómo escribir un plan de negocios. Aunque estaba haciendo un posgrado sobre administración empresarial, el hecho es que la mayoría de los conceptos estaban orientados a ejecutar negocios, no a iniciar negocios nuevos.

Proyecté los costos iniciales del negocio en $39.050 dólares. También proyecté ventas y gastos durante tres años, una estrategia que aprendí de mi investigación sobre planificación de negocios. Según el plan, pasaríamos de vender $130.000 dólares durante el primer año a $182.000 en el tercer año.

También pasaríamos de obtener $21.000 dólares en ganancias el primer año a $61.664 en el tercero. En ese momento, mi trabajo corporativo como desarrollador de software me estaba aportando ~$68.000/año. Entonces, de acuerdo con el plan, deberíamos remplazar esos ingresos en cuestión de tres años. En ese entonces, yo tenía 27 años, así que esto estaría ocurriendo cinco años antes de nuestro plan de retirarnos. (¡Maravilloso!).

> *Antes de continuar, permíteme decirte que desearía haber conocido y haber tenido la oportunidad de desarrollar las actividades de la Sección 2, específicamente, la del análisis financiero del negocio referente la relación: Ventas - Costo de los bienes vendidos - Gastos - Impuestos = Ganancia. Y también me habría gustado haber pedido ayuda con este análisis, pues estoy convencido de que así nos hubiéramos evitado muchos desafíos.*

Entonces ¿cómo lo hicimos? ¡Oh, si tan solo el mundo real funcionara de la misma manera en que mi cerebro de veintitantos años funcionó en ese momento!

Durante nuestro primer año completo en el negocio (2013), vendimos $149.311,09 dólares. ¡Genial! ¡Vendimos $19.311,09 dólares más de lo planeado! Por lo tanto, nuestro flujo de caja (ganancia) debió ser mucho mayor a los $21.644 dólares que calculé para el primer año, ¿verdad?

¡Incorrecto! ¡Completamente equivocado! Perdimos alrededor de $17.712 dólares durante el primer año. Aquel fue un error de $39.376 dólares con respecto a nuestra ganancia planificada de $21.664. ¡Lamentable!

Entonces, ¿qué salió mal?

- **El inventario:** La mayor falla fue la cantidad de dinero que invertimos en inventario. Cuando vendes un producto/servicio, gastas una cierta cantidad de dinero para comprar o construir ese producto/servicio (que como tú ya sabes, son los costos de los bienes vendidos). Según el plan inicial, alrededor del 23% del dinero disponible ($30.000) iría en inventario. El hecho es que terminamos gastando el 69% en inventario ese primer año. Eso significa que, en lugar de gastar $30.000 al año, gastamos $102.160 en ese renglón. Por lo tanto, solo nos quedaban $46.353 dólares para cubrir el resto de los gastos comerciales.

- **Los gastos operativos:** Siempre que calcules tus gastos, estarás equivocado. Tus gastos serán mucho más altos de lo que anticipaste en un comienzo y eso fue evidente en nuestro caso durante el primer año. Fueron muchos los gastos que yo no previne, como el costo del envío de la estantería por valor de $1.000 dólares y la multa de $3.500 dólares que tuvimos que pagar cuando uno de nuestros empleados malinterpretó accidentalmente la fecha de nacimiento de un menor de edad y le vendió alcohol —estos entre muchos otros imprevistos—. Estos gastos salieron de nuestros fondos personales, ya que no teníamos dinero ahorrado para emergencias.

- **Los impuestos:** No entendí cuánto deberíamos en impuestos, ni cuándo tendríamos que pagarlos. Abrimos la tienda en noviembre, justo antes de la mejor época del año para el negocio. Yo sabía que tendríamos que pagar impuestos, pero no tenía claro cuándo. Entonces, terminamos pagando más impuestos de los que yo había presupuestado (y un mes antes de lo planeado). Esto resultó en que Ariana y yo tuvimos que poner otros $4.000 dólares de nuestro bolsillo en el negocio con tal de poder pagar los impuestos.

Entonces, mi "gran idea" de un negocio nos llevó a perder $17.712 dólares en el primer año. Sin embargo, no nos dimos por vencidos y, con algunos ajustes, obtuvimos una ganancia de $29.000 dólares en nuestro quinto año completo en el negocio, que equivalen a un retorno del 11% aproximado de la inversión (ROI, según la sigla en inglés). Revisando los porcentajes de asignación de la meta en lo referente a sacar las ganancias primero, la ganancia recomendada para este tamaño de negocio es del 10%, así que estábamos en equilibrio. Todo esto que te cuento es solo es para mostrarte la diferencia que existe entre tu optimismo al elaborar tu plan de negocios y lo que la proyección financiera les dice tanto a ti como a la realidad una vez que abres el negocio. ¡Si tan solo hubiéramos conocido el método de sacar las ganancias primero antes de abrir la licorera!

Ojalá pudiera decirte que este fue nuestro único error comercial, pero eso está lejos de ser la verdad. Tuvimos otras ideas que pensamos que eran geniales (corrección, que *yo* pensé que eran geniales). Por ejemplo, después que comenzamos tanto el negocio de inversión inmobiliaria como el de la licorera (junto con varios otros que fallaron), la gente empezó a preguntarnos cómo hacer para iniciar un negocio. Claramente, habíamos cometido un montón de errores por el camino y habíamos aprendido algunas lecciones valiosas, así que pensamos que teníamos información valiosa para compartir y que podríamos ayudarles a otros contándoles nuestras buenas y malas experiencias. Y como siempre, entró en acción el emprendedor que habita en mí a la búsqueda de la próxima oportunidad para no solo hacer dinero, sino generar cierto impacto en los demás.

Después de escuchar algunos podcasts e inspirarme, decidí que íbamos a lanzar un curso de $500 dólares llamado "30 días y estarás listo para abrir tu negocio", que les mostraría a las personas (específicamente, a parejas) cómo poner en marcha un negocio en 30 días. Gastamos alrededor de $1.000 dólares en equipo (cámara, micrófonos, pantalla chroma, etc.). Planeamos todo. Creamos 30 hojas de trabajo. Grabamos 30 videos. Todo eso hicimos. Estábamos muy emocionado con el lanzamiento. Después de un mes dando a conocer el evento al público, generamos una total de —no te sorprendas— dos ventas. Leíste bien. ¡Ese fue todo el resultado de tan brillante idea!

Al igual que ocurrió con la licorera, comencé este negocio cuando Ariana tenía 8 meses de embarazo de nuestro segundo bebé. Aparentemente, esta es mi versión de anidar. Ariana se dedica a tener la casa lista para la llegada del bebé y yo me dedico a comenzar un nuevo negocio.

En conclusión, no exagero si digo que hemos tenido muchos más fracasos que estos. De hecho, tuvimos tantos negocios y productos fallidos que hubo un momento en que hicimos un episodio de podcast llamado "Nuestros negocios enterrados: Dedicado a aquellos negocios que ya no están con nosotros".

Los negocios exitosos vienen después de muchos ajustes y cambios. Más a menudo de lo que cualquiera creería, el producto final suele tener muy poca semejanza a la idea original. Por ejemplo, el origen de Twitter se dio a partir de una empresa llamada Odeo, que era una plataforma de podcast[3]. Otro ejemplo es 3M, que comenzó como una empresa minera[4]. Muchas empresas pasan por estos cambios, debido a que sus inventores descubren que existen ciertos problemas al momento de implementar su idea original y siguen cambiándola y modificándola hasta que encuentran un modelo de negocio que sí funcione.

Entonces, ¿qué hicimos después de lanzar "30 días y estarás listo para abrir tu negocio"? Nosotros (yo) tuvimos la siguiente gran idea: en lugar de lanzar un programa independiente de 30 días, ofreceríamos un curso completo durante el cual guiaríamos a las personas a lo largo del proceso de creación de un negocio exitoso. En realidad, lo que haríamos sería utilizar los conceptos básicos de "30 días y estarás listo para abrir tu negocio" y los ampliaríamos. Como resultado, logramos consolidar el curso mucho mejor, debido a que recibimos comentarios de personas con las que ya estábamos trabajando en construir este nuevo formato y organizando un proceso más paso a paso que llevara a nuestros clientes hasta el punto de obtener sus resultados deseados.

Perspectiva de Ariana

Tomaré el relevo a partir de aquí, ya que Tom hizo un gran trabajo al explicar cómo todas sus "grandes ideas" fracasaron o nos hicieron perder dinero. Y perder dinero es exactamente lo que quieres cuando estás a punto de tener un bebé, ¿verdad? (Dos veces) Me gustaría nominarlo oficialmente como #papádelaño y #esposodelaño.

> *(Por supuesto, ¡estoy agregando esos hashtags en broma! Por favor, tómate un buen tiempo para pensar y planificar antes de iniciar un negocio a la vez que también estás iniciando o expandiendo tu familia, pues en últimas, lo que sí lograrás será agregarle a tu vida una multitud de desafíos y dificultades justo en el momento en que lo que deberías estar pensando debería ser en quitarte preocupaciones de encima y simplificar tu vida y la de tu familia. Lo mejor que puedes hacer por tu relación y por tu familia es darte el espacio y el tiempo para disfrutar trayendo un nuevo integrante a bordo. Dicho esto, ¡soy consciente de que las oportunidades se presentan y no siempre podemos controlar el tiempo en que estas hacen su aparición! Solo quiero compartir desde mi propia experiencia que el hecho de lidiar con factores de estrés adicionales ejerció sin lugar a dudas una gran presión sobre nosotros en momentos muy importantes de nuestras vidas).*

Tal y como mencionó Tom, ¡el año en que nos convertimos en padres por primera vez fue el mismo año en que abrimos el negocio de la licorera! Ese fue también el año en que dejé mi trabajo, así que, dado que ya permanecería en casa, cuidando de nuestra hija recién nacida, decidí que también asumiría el papel de administradora tanto del negocio inmobiliario como de la licorera. (Aunque esto no hacía parte del plan original, asumir estos roles hizo que las empresas funcionaran sin problemas, ya que Tom todavía estaba trabajando en su empleo de tiempo completo). Yo no tenía experiencia en correr a toda hora y por todo, pero ¡oh, Dios mío! ¡Aprendí mucho de eso por el camino! Recuerdo haber pensado: "Ojalá hubiera un manual al cual referirme sobre cómo hacer ¡todas estas cosas!".

Teníamos Internet, por supuesto. Sin embargo, me tocó decidir muchas cosas por pura intuición y audacia. ¡Estos negocios NO PODÍAN fallar, pues había demasiado en juego!

Y fue así como nos las ingeniamos. Todavía ninguno de los negocios estaba donde queríamos que estuvieran, pero los dos se mantenían a flote y teníamos grandes esperanzas con respecto a su crecimiento y a las ganancias que nos generarían a largo plazo. (Además, ¡qué maravilla conseguir licor gratis! A nuestra familia y a nuestros amigos les encantaba esa ventaja).

Casi un año después, comenzamos a recibir solicitudes por parte de otras personas para que las orientáramos con respecto a cómo iniciar su propio negocio y decidimos ayudarles a varias de ellas. Por ejemplo, ayudamos a nuestra tía a armar su modelo de negocio relacionado con el entrenamiento personal y esto le permitió pasar de tener un negocio en su garaje, cuyos ingresos eran extra, a ser la propietaria de un negocio de entrenamiento personal montado en unas instalaciones bastante profesionales (¡llamado GAME Training!).

Tom decidió que convertiríamos esta actividad en un negocio legítimo. Pensamos en un nombre: Entreprenewlyweds (Emprendedores recién casados). Éramos emprendedores y comenzamos nuestro primer negocio cuando estábamos recién casados, así que ¿por qué no simplemente juntar esas dos circunstancias para darle forma al nombre del negocio? Teníamos un gran mensaje y una gran idea, pero aprendimos a gran velocidad que carecíamos de un mensaje comercial claro. Nadie sabía a quién le servía la empresa, ni en qué diablos consistía. (Peor aún, aprendimos que un nombre inteligente no es tan buena idea ¡si nadie logra ni siquiera deletrearlo!) Cuando el producto "30 días y estarás listo para abrir tu negocio" fracasó, decidimos comenzar de cero: crear un nombre nuevo, iniciar un podcast nuevo y asistir a nuestra primera conferencia en persona juntos. (Para entonces, ya habíamos tenido a nuestro hijo. De alguna manera, Tom me convenció de que yo *tenía* que estar en ese evento y durante cuatro días que me parecieron demasiado largos dejamos a nuestro bebé de apenas cuatro meses con mis padres).

Fue entonces cuando abandonamos la idea de Entreprenewlyweds y comenzamos *Serial Startups*. Éramos emprendedores en serie ¡y queríamos ayudarles a las personas a construir múltiples fuentes de ingresos!

Sin embargo, la idea no nos funcionó como esperábamos. Los empresarios anfitriones del evento —dos parejas que habían comenzado y desarrollado negocios en línea exitosos— nos dijeron que nuestro plan necesitaba algunos ajustes. Y aunque sus opiniones nos hicieron sentir un poco frustrados, perseveramos. Después de todo, sus recomendaciones se refirieron más que todo al espacio físico, a pesar de que el lugar en el que lo realizamos era el mejor que conocíamos. Además, comentaron que necesitábamos encontrar nuestro "nicho" en el mercado en lugar de tratar de ayudar a todo mundo en todas partes. ¡Era evidente para nosotros que ellos no sabían de qué estaban hablando! ¡Nuestra idea era genial! (Lee esto con sarcasmo y sacudiendo tu cabeza). Entonces, continuamos con el podcast y lanzamos una capacitación y un sitio de membresía en línea llamado Startup Academy.

Allí, compartíamos contenido *increíble* gracias a Tom. Él aportó toda su experiencia —de sus trabajos corporativos, de su trabajo de consultoría empresarial, sus títulos y nuestra experiencia empresarial—, unimos todo este contenido y construimos un arsenal de materiales y videos de capacitación. Teníamos todo un marco elaborado, la gente seguiría "The Startup Roadmap" y les ayudaríamos a tomar su idea desde el principio ¡hasta tener éxito! Inclusive, tuvimos un buen grupo de miembros fundadores que se nos fueron uniendo, más las dos personas que compraron "30 días y estarás listo para abrir tu negocio".

Con el tiempo, el negocio se estancó. No logramos conseguir que más personas se registraran. Los miembros ya registrados nos estaban dejando. Algo estaba mal. Quizá, de cierto modo, los anfitriones de aquella conferencia tuvieron razón al decirnos que necesitábamos enfocarnos y perfeccionar nuestros mensajes. Lo único cierto es que, por el momento, teníamos dos negocios exitosos, así que debíamos saber lo que estábamos haciendo.

Me costó sufrir un mini colapso lograr que Tom y yo nos sentáramos y volviéramos a replantear las cosas. No me gustaba nuestra marca Serial Startups. No me sentía conectada con las 1.300 personas que teníamos en una comunidad libre, construida alrededor de la marca. Recuerdo estar sentada en nuestro cine en casa, llorando en nuestro "cómodo sofá" (un que le compré en $20 dólares a una compañera de cuarto en la universidad, con la tela más espantosa al estilo de los 70). Tom me preguntó a quemarropa: "¿Quieres que detengamos todo esto? ¿Crees que necesitamos hacer algo diferente?".

Para ser honesta, contemplé esa idea durante varios minutos. Recuerdo haber pensado cuánto más fácil sería todo si volviéramos a nuestros trabajos habituales y no tener que lidiar con el estrés que nos causaba dirigir tres empresas. No más inquilinos molestos, no más viajes nocturnos de emergencia para limpiar un sótano inundado en la licorera. No más sentirme fuera de mi zona de confort tratando de ayudar a otras personas en el mundo de los negocios.

Por otra parte, si volvíamos a nuestros trabajos habituales, sacrificaríamos nuestra meta principal: retirarnos a los 35 años. El trabajo era duro, pero nuestra meta era demasiado importante para nosotros como para abandonarla. El hecho es que aquella charla fue el catalizador de todo lo que está sucediendo ahora en nuestro negocio y en nuestra vida. Nuestra idea era sólida, pero no teníamos lo suficientemente claros ni nuestro mensaje, ni el perfil de las personas a las que queríamos ayudar. Este es un problema muy común que afrontan las personas cuando están intentando iniciar un negocio y nosotros no fuimos una excepción a esa regla.

Queríamos ayudar a personas como *nosotros* —que intentaban iniciar y desarrollar un negocio en aras de construir una vida mejor para sus seres queridos. A parejas que querían más libertad financiera, así como la posibilidad de elegir su propio estilo de vida. A padres de familia que querían estar presentes y pasar más tiempo con sus hijos—. Recuerdo estar sentada en el auto con Tom un día, mientras esperábamos reunirnos con nuestro contador. Empezamos a pensar con quiénes queríamos trabajar, qué defendíamos y a qué nos oponíamos. A partir de ahí, elaboramos nuestro manifiesto. Fue ese manifiesto el que nos ayudó a aclarar a quiénes queríamos ayudar y cómo queríamos ayudarles.

Así las cosas, decidimos cambiar la marca de nuestra empresa y de nuestra comunidad gratuita, "Serial Startups", por "The Family Entrepreneur Life Community". La respuesta fue asombrosa. A la gente le encantó el concepto. Era un lugar en el cual nos reuníamos libres de juicio y hablábamos sobre negocios y vida, todo en uno.

Después de un tiempo, comenzamos a ver la necesidad de hablar sobre algunos temas específicos. Entonces, hice una investigación de mercado y recibimos llamadas de más de 50 emprendedores inscritos en nuestra red. ¿Con qué estaban luchando ellos? ¿Qué habían intentado hasta ahora ellos para solucionar ese problema? ¿Por qué no les funcionó esa o aquella solución? ¿Qué podíamos ofrecerles nosotros para ayudarles a resolver sus luchas? ¿Cómo podíamos ayudarlos a construir el negocio adecuado para cumplir sus metas de vida?

Aquello fue como ver una hermosa claridad en medio de las nubes, habiendo pasado una tormenta. Después de hablar con todos estos emprendedores con familias, nos dimos cuenta que ellos estaban construyendo sus negocios por las mismas razones que nosotros: para alcanzar nuestro estilo de vida ideal. Entonces, surgió Lifestyle Builders™, con el lema:

Tu vida. Tu negocio. A tu manera™

Todo encajó en su lugar. *Esto* era lo que estábamos destinados a hacer todo el tiempo. Estas eran las personas a las que más lograríamos impactar ¡y queríamos hacerlo! Los pocos miembros de Startup Academy que nos quedaban hicieron la transición junto con nosotros y comenzamos Lifestyle Builders™ y aquello fue una total explosión que generó 20 nuevos miembros solamente con el lanzamiento.

Capítulo 3.2
Haciendo lluvias de ideas

Todos los negocios nuevos comienzan con una idea. A lo mejor, ya tienes tu propia idea de cuál y cómo te gustaría que fuera tu negocio. También es posible que todavía estés investigando al respecto. De cualquier manera, te recomendamos que utilices las lluvias de ideas. Como te habrás dado cuenta en la historia que te contamos en esta sección, muchas empresas terminan siendo y luciendo muy diferentes cuando tienen éxito a como fueron en sus inicios. Así que tu meta es tener sobre la mesa la mayor cantidad de ideas potenciales posibles. Por lo tanto, si sigues el proceso que te presentamos a continuación, tendrás una gran lista de ideas ganadoras por evaluar y elegir, hecho que te brindará mayores probabilidades de éxito.

Cómo hacer una lluvia de ideas

La lluvia de ideas es un proceso bastante sencillo, pero te daremos algunas pautas que contribuirán a que sea mucho más efectivo.

Nuestra herramienta favorita para hacer lluvias de ideas son las notas autoadheribles Post-It. Son simples, baratas, fáciles de usar y de tirar al cesto de la basura. También sería útil usar un software, pero ninguno superará la facilidad y sencillez de las notas Post-It. Muchas veces, por estar buscando y tratando de encontrar la herramienta "perfecta", registrándonos en alguna aplicación e intentando averiguar cómo funciona, lo único que logramos es retrasar el proceso mismo de hacer la lluvia de ideas. ¿Recuerdas que en la Sección 1 comentamos acerca de la importancia de mantener las cosas simples y enfocarnos en ser efectivos? Es por eso que siempre nos oirás recomendar las notas autoadhesivas, papel o un tablero.

A continuación, te sugeriremos algunas pautas a seguir a medida que avanzas en este proceso:

- Deja fluir las ideas. Resiste la tentación de analizarlas o filtrarlas. Concéntrate en anotar todas las ideas que vengan a tu mente y después sí revísalas.

- Tienes la opción de hacer la lluvia de ideas tú solo, pero es obvio que, si la haces con otra(s) persona(s) o en un grupo pequeño, saldrán al ruedo muchas más ideas. Además, con más frecuencia de la que te imaginas, es viable construir basándonos en ideas de otros.

- Después de anotar todas las ideas que tengas en mente, ahí sí organízalas, priorízalas y elimina las que veas inviables e innecesarias.

- Al final de este proceso, lo que deseas es reducir tu gran lista de ideas en una lista más pequeña de unas 5 a 10 ideas que sean viables en el siguiente paso.

Ahora, saca tus notas Post-It y empecemos a repasar tu lluvia de ideas, pasando por varias actividades. Para cada actividad, hazte las siguientes preguntas y escribe tus respuestas en tus notas adhesivas. El objetivo de estas preguntas y respuestas es generar una gran lista de ideas sobre las cuales elegir.

Actividad #1: Mírate al espejo

La primera fuente de ideas comerciales eres tú mismo. Entonces, en esta actividad, te mirarás a ti mismo al espejo y te harás las siguientes preguntas:

- ¿Qué intereses, pasatiempos y pasiones tengo?

- ¿Sobre qué temas o aspectos acude a mí la gente para pedirme consejo?

- ¿Qué luchas/desafíos estoy enfrentando o he logrado superar?

- ¿Qué fortalezas o debilidades tengo?
- ¿Cuál es mi ventaja?

El enfoque aquí está puesto en tu experiencia.

Actividad #2: Analiza la industria

Examina la industria en la cual tienes experiencia y hazte las siguientes preguntas:

- ¿Qué brechas existen en mi industria?
- ¿De qué se quejan los clientes?
- ¿Qué tendencias están surgiendo y/o sobresaliendo tanto en mi industria como en general?
- ¿Qué habría que maximizar o minimizar para satisfacer una necesidad diferente?
- ¿Qué no ha cambiado en los últimos 10 años?

El enfoque aquí está puesto en una industria específica.

Actividad #3: Observa a los clientes

Identifica cuál es el tipo clientela con la que quieres trabajar y a la cuál te gustaría servirle:

- ¿Con qué tipo de personas disfruto trabajar?
- ¿A quiénes quiero ayudar?
- ¿Qué problemas o desafíos enfrenta este grupo?
- ¿Qué buscan/disfrutan ellos?

El enfoque aquí está puesto en las personas.

Actividad #4: Identifica la innovación que tendría más éxito

Observa lo que ya existe en esta industria e investiga cómo cambiarlo/innovarlo:

- ¿Qué dos productos o servicios sería posible combinar para crear un nuevo producto o servicio?
- ¿Qué habría que eliminar de un producto para mejorarlo?
- Desafía los límites actuales. Pregúntate: "¿Y qué pasaría si…?".

El enfoque aquí está puesto en lograr un producto/servicio innovador.

Actividad #5: Evalúa si hay probabilidades de duplicación

Estudia lo que ya está funcionando en otros lugares y aplícalo a tu entorno.

- ¿Qué negocio existente funcionaría en un mercado o espacio diferente?
- ¿Qué ideas existen en una industria determinada que serían aplicables a otra?

El enfoque aquí está puesto en transferir ideas que ya funcionan.

Después de pasar algún tiempo analizando estas preguntas, es bastante probable que ya tengas una lista valiosa de ideas potenciales que podrían convertirse en negocios.

Selecciona tus ideas

Después de realizar las actividades anteriores, ya deberías tener una lista bastante completa de ideas sobre negocios potenciales que te interesaría emprender. Entonces, el siguiente paso es priorizar estas ideas y decidir cuál de ellas sería la primera que elegirías y en la que te enfocarías para tratar de implementarla.

Durante mucho tiempo, Tom y yo luchamos por hallar la mejor manera de hacer esta parte. Fue así como nos encontramos con un concepto que hizo que este paso del proceso fuera bastante sencillo: el concepto Ikigai.

Pronunciado i-kai-gai, este es un concepto japonés que significa "razón de ser". Ahora bien, esta tiende a parecer una forma extraña de sintetizar tus ideas acerca de posibles negocios que tengas en mente, pero ten paciencia con nosotros: ya sabes que debes construir tu negocio de tal modo que logres alcanzar aquella cifra hacia la libertad financiera que te llevará camino a disfrutar de tu estilo de vida ideal. Dado que Ikigai significa razón de ser, esa es una excelente manera de identificar cuál será el negocio ideal para ti.

Ikigai consta de cuatro partes principales:

- Lo que amas
- En lo que eres bueno
- Lo que el mundo necesita
- Lo que te pagarían por hacer eso

Con este simple desglose, descubrirás cuál es tu razón de ser. Si sabes qué es lo que amas y aquello en lo que eres bueno, esa es tu PASIÓN. Si sabes en lo que eres bueno y en lo que te podrían pagar, esa es tu PROFESIÓN.

Si sabes lo que amas y lo que el mundo necesita, esa es tu MISIÓN. Y si sabes lo que el mundo necesita y lo que te podrían pagar por eso, esa es tu VOCACIÓN.

El concepto de Ikigai
Adaptado de TheStar.com, por Toronto Star, 2016,
obtenido de https://www.thestar.com/life/relationships/2016/09/06/why-north-americans-should-consider-dumping-age-old-retirement-pasricha.html.
Copyright Toronto Star Newspapers Ltd. 1996-2019

Entonces, lo ideal es encontrar una empresa que cumpla con cada una de las cuatro casillas anteriores. Por lo general, cuando los emprendedores están enfrentando dificultades, el negocio que están tratando de construir no cumple con las cuatro casillas.

Por ejemplo, cuando las personas preguntan qué negocio deberían elegir, es muy frecuente que la gente les responde con frases como "haz lo que amas" o "sigue tu pasión". Esas afirmaciones correspondes a solo una de las casillas y, por consiguiente, quienes siguen este consejo suelen terminar afrontando muchos problemas, debido a que no analizaron si el mundo necesita lo que ellos aman hacer (y si lo necesitan tanto como para pagar por ello). Es por eso que la mayoría de los "emprendedores" termina siendo dueña de un costoso pasatiempo que le consume mucho tiempo y que le genera muy poco dinero. Todos ellos están haciendo lo que aman, pero todavía no han descubierto cómo conseguir que la gente les pague por ello. Si te encanta comer pizza, ese podría ser un pasatiempo caro hasta cuando tu negocio responda a los otros tres criterios mencionados.

Por esa razón, cuando se trata de ayudar a priorizar y a decidir qué plan poner a prueba, nosotros utilizamos estos cuatro criterios, pero agregamos un criterio adicional: qué tan bien funciona esta idea de negocio al verificar si se alinea con tu visión y tus metas personales. Como comentamos antes, sea cual sea el negocio que decidas comenzar a construir, además de servirles a tus clientes, también deberá servirte a ti y ayudarte a alcanzar tu estilo de vida ideal y tu felicidad.

Te servirá llenar una tabla simple como esta. Consiste en darle a cada idea que tengas anotada una clasificación. El 1 significa que no te va bien en esa categoría, mientras que el 5 significa que te va muy bien. Por ejemplo:

Idea	Amor	Bueno en...	Necesitas	Pagas por...	Alineamiento	Total
Idea 1	5	5	3	4	5	22
Idea 2	4	3	3	4	2	16
...						

Después de realizar esta actividad, suma las puntuaciones y determina cuáles son tus 5 mejores ideas. Selecciónalas y continúa hacia el paso siguiente.

Capítulo 3.3
Tu plan de negocios en una página

¿Cuál es el primer paso para iniciar un negocio? ¡Por supuesto! Crear un plan de negocios.

A lo largo de los años, hemos escrito bastantes planes de negocios. Si alguien los leyera, pensaría que todas y cada una de esas ideas de negocio eran un jonrón. Sin embargo, ya viste un ejemplo de esto en la introducción a este capítulo, cuando te contamos sobre nuestra tienda de licores. La realidad resultó ser muy diferente a lo que escribimos en el plan.

Pero esta es la realidad de los planes de negocios tradicionales:

- Son aburridos
- Son difíciles de implementar
- A menudo, están equivocados
- A menudo, no te acostumbras a ellos después de implementarlos

Los planes de negocios tradicionales suelen contener muchas páginas repletas de explicaciones vagas y de una sofisticada jerga de negocios. A nadie le gusta mucho escribirlos y, la mayoría de las veces, quienes los escriben, lo hacen solo para mostrárselos a un banco o a inversores privados en aras de solicitarles un préstamo comercial. Llenos de proyecciones y conjeturas sobre los resultados esperados, estos planes, rara vez, llegan a buen término y, por lo tanto, una vez generados, suele ser difícil implementarlos. También suele ser difícil actualizarlos, motivo por el cual la mayoría de ellos termina olvidada sobre un escritorio, recogiendo polvo y aportando muy poco valor constante.

Entonces, ¿significa eso que no debes hacer un plan de negocios? ¡Diablos, no!

Lo que sí significa es que te conviene adoptar uno de los más modernos enfoques para hacer planificación empresarial, que no solo te ayuda a hacerla mucho más rápido, sino que también es una forma mucho más agradable y atractiva de poner en marcha tu negocio y de guiarte a medida que este crezca.

Del plan de negocio tradicional al Modelo Lean Canvas

En 2008, Alexander Osterwalder ideó el Modelo de Negocios Canvas. Este produjo un marcado contraste con respecto a los que ya existían en el mercado, que eran los tradicionales planes de negocios de más de 30 páginas. Osterwalder esbozó en su libro *Business Model Generation* tanto el Modelo de Negocios Canvas, como también el proceso para diseñarlo y utilizarlo, reduciendo así el plan de negocios a una sola hoja.

Pero, ¿qué es un modelo de negocio y en qué se diferencia de un plan de negocio? En su libro, Osterwalder nos ofrece una definición simple, pero efectiva de lo que es el modelo de negocio:

"Un modelo de negocio describe el fundamento de cómo una organización crea, ofrece y capta valor".

Es poderoso. Según nuestras experiencias, la mayoría de las empresas en dificultades o fallidas no contiene los tres aspectos enumerados en la definición. Quizá, no tienen un valioso producto o servicio —y si lo tienen, es posible que no sepan cómo ofrecerles ese valor a las personas adecuadas—. Y si tienen una oferta valiosa *y* están en capacidad de brindársela a las personas adecuadas, no logran captar adecuadamente el valor que han creado y el cual han convertido en un negocio rentable.

Desde la creación del Modelo de Negocio Canvas, han surgido algunas variaciones de él. Una de esas —que es muy eficaz para trabajar ideas comerciales novedosas— es la que se conoce como Lean

Canvas, diseñada por Ash Maurya. Y dado que nosotros buscábamos un modelo mucho más adecuado para startups y nuevos negocios, decidimos probarlo.

> *"Mi principal objetivo con Lean Canvas era lograr que fuera lo más procesable posible, pero sin dejar de centrarse en el emprendedor. La metáfora que tenía en mente era la de un plan o modelo táctico bien fundamentado que guiara al emprendedor a medida que él o ella lo navegara, llevándolo desde la idea inicial hasta la construcción de una empresa startup exitosa...*
> *Mi enfoque para hacer que este modelo fuera procesable fue captar que lo que era más incierto, o más inexacto, **eso era lo que más riesgoso**".*[5]

Como ya habrás escuchado, desde tu mamá en adelante hasta tus compañeros de trabajo e incluso de algunos que ni siquiera son emprendedores, la mayoría de las empresas nuevas fracasa en los primeros 5 años. Si bien algunas fuentes han proporcionado estadísticas a lo largo de los años que respaldan este hecho, los estudios más recientes dan menos respuestas en blanco y negro. El caso es que también es muy probable que le hayas escuchado decir a ese mismo grupo de personas que "tener negocio es arriesgado y que lo más prudente es conservar un empleo seguro". ¡Bueno, adivina qué! Todo tiene su riesgo. Podrías llegar a tu "empleo seguro" mañana y descubrir que los dueños vendieron la empresa y están despidiendo a quienes trabajan en tu departamento. También podría ocurrir que, de camino a casa, seas atropellado por un autobús y vayas a parar a un hospital, lo que limitaría tu capacidad para buscar un nuevo empleo (o que ocurra algo mucho, mucho peor). Decirle a tu cónyuge que deseas que ambos se jubilen a los 35 años también tiene sus riesgos *(pero vale la pena afrontarlos)*. Lo que te quiero decir es que los riesgos están por todas partes. Lo que separa a los emprendedores exitosos de aquellos que aún lo están pensando para abrirse paso en la vida es cómo ellos se *preparan* para enfrentarlos.

La clave no es dejar que los riesgos te impidan seguir adelante, sino saber identificarlos y luego trabajar de manera sistemática para reducirlos al máximo posible. Y aunque la gente suele pensar que los emprendedores son seres humanos arriesgados, en mi experiencia, los emprendedores más exitosos son aquellos que se enfocan en *aminorar* los riesgos —minimizándolos—. Muchos emprendedores que fracasan se enfrentan a esa situación, porque no se tomaron el tiempo para identificar y reducir/eliminar riesgos y, en última instancia, se empeñaron en seguir adelante con un negocio que, desde el principio, quedó construido para fracasar.

Por otro lado, los emprendedores exitosos son aquellos que se enfocaron desde el comienzo en la definición y mitigación de riesgos e hicieron ajustes en función de sus experiencias. Verás, una idea de negocio que se te ocurrió es en realidad una simple suposición (o hipótesis) de algo que tú crees que funcionará. Si no la pones a prueba, lo más probable será que pases por alto suposiciones que te parecen certeras, pero que resultan ser incorrectas. En cambio, una vez que saques tus suposiciones de tu cabeza y las pongas en papel, tu siguiente paso debe ser poner a prueba cada una de tus suposiciones.

De esto es de lo que se trata tanto el Modelo Lean Canvas como el libro de Ash, *Running Lean: Iterate From Plan A to a Plan That Works*. El plan de negocios bajo el Modelo Lean Canvas cabe en una sola página y destaca las nueve áreas clave en las que los emprendedores necesitan trabajar con respecto a cada nueva idea que venga a su mente:

- **Perfil de los clientes:** Los clientes a quienes ellos planean atender

- **Problema:** Los tres principales problemas que tienen sus prospectos de clientes

- **Propuesta de valor único:** Un mensaje único, claro y convincente que indique por qué ellos son diferentes y vale la pena hacer negocios con ellos

- **Solución:** Las tres soluciones principales que resolverán los tres problemas principales

- **Canales (de marketing):** El camino hacia sus clientes

- **Flujos de ingresos:** Información financiera básica sobre cómo ellos obtendrán dinero

- **Estructura de costos:** Información financiera básica de sus gastos comerciales

- **Métricas clave:** Las actividades clave que ellos medirán para mostrar cómo va el negocio

- **Ventaja:** ¿Qué producto/servicio ofrecen que no sea fácil de copiar o duplicar?

Modelo Lean Canvas con casillas numeradas
Adaptado de Lean Stack, por A. Maurya, 2012,
obtenido de https://blog.leanstack.com/why-lean-canvas-vs-business-model-canvas.
Copyright 2012 por LEANSTACK

Al sentarte y completar esta información, tendrás expuestas de forma organizada las ideas iniciales del negocio que quisieras construir. Este ejercicio te permitirá comenzar a probarlas todas, una por una.

Ahora es el momento de elegir la primera idea sobre la cual completarás tu primer plan de negocios basado en el Modelo Lean Canvas.

Capítulo 3.4
Tu proceso de selección de ideas

Volviendo a tu lista de ideas, ya la habrás reducido, utilizando los cinco criterios a los que nos referimos anteriormente:

- Lo que amas
- En lo que eres bueno
- Lo que el mundo necesita
- Lo que te pagarían por hacer eso
- Si se alinea o no con tu visión y tus metas personales

Lo que queremos hacer en este paso es tomar las tres ideas principales y hacer un plan con el Modelo Lean Canvas para cada una de ellas. Programa entre 30 y 60 minutos para completar cada plan. Este deberá ser tiempo suficiente para expresar sobre papel tus ideas y suposiciones básicas, así que no te tomes tanto tiempo que termines posponiendo este ejercicio, ni entres en demasiados detalles.

1	2	3	4	5
Nada buena	No tan buena	Buena	Muy buena	Genial

Por ejemplo:

Una vez que hayas completado tus tres planes, trabajarás en asignarle puntaje a cada idea para saber cuál de todas es la que tiene más posibilidades de convertirse en tu negocio exitoso. Para hacer esto, desarrollaras una actividad consistente en asignar puntajes, similar a la que acabaste de hacer. A cada plan, le asignarás puntaje en una escala de 1 a 5 a las 10 casillas. Si le das a una idea un puntaje de 1, esto significa que no es nada buena; si le asignas un 3, significa que es buena y 5 que es genial. Al final, sumarás los puntajes y sabrás con cuál idea deberás seguir adelante y ponerla a prueba.

Recuadro 1 - Perfil de los clientes

- ¿El perfil de los clientes es lo suficientemente amplio como para construir un negocio? ¿Es un nicho lo suficientemente reducido como para que te permita hablar de manera específica con una persona o con un pequeño grupo?

Recuadro 2 - Problema

- ¿Los problemas identificados son lo suficientemente grandes/importantes? ¿Están los clientes del recuadro 1 dispuestos a pagarte lo que tú consideres con tal que les soluciones el problema?

Recuadro 3 - Propuesta de valor único

- ¿Lo que planeas ofrecer es lo suficientemente diferente a los productos o servicios ya existentes como para que la gente te elija sobre tu competencia?

Recuadro 4 - Solución

- ¿Qué tan viable es tu solución? ¿Podrás implementarla? ¿Lo harás tú mismo o necesitarás ayuda de otros?

Cuadro 5 - Canales

- ¿Qué tan fácil es encontrar estos clientes? ¿Se encuentran en lugares específicos? ¿Ya tienes algunos de ellos en tu red actual y podrías contactarlos?

Recuadro 6 - Flujo de ingresos

- ¿Puedes cobrar por tus productos/servicios? ¿Tiene el perfil de tus posibles clientes suficiente dinero y está dispuesto a pagar lo que cuestan las soluciones que ofreces?

Recuadro 7 - Estructura de costos

- ¿Te va a costar mucho construir esta idea inicial? ¿Tienes el dinero o la capacidad suficiente para obtener el capital necesario para iniciar y ejecutar esta idea hasta convertirla en negocio?

Recuadro 7.5 - Punto de equilibrio

- ¿Necesitarás unas pocas docenas de clientes para cubrir los gastos? ¿Mil? ¿Qué tan fácil o difícil será llegar al punto de equilibrio?

Recuadro 8 – Métricas clave

- ¿Qué tan difícil será identificar y hacerle seguimiento a estas métricas clave? ¿Sería un proceso automatizable o tendrías que hacer el seguimiento manualmente?

Recuadro 9 - Ventaja

- ¿Qué tan sólida es tu ventaja? ¿Te permitirá vencer a cualquier otro competidor que utilice el mismo modelo de negocio que el tuyo?

Cuando hayas revisado todos y cada uno de los recuadros que aparecen en tu plan, y les hayas asignado puntaje, súmalos. Tu puntuación más alta posible es 50 (cada una de las 10 preguntas anteriores tiene una puntuación máxima de 5).

Un emprendedor que guiamos a lo largo de esta actividad obtuvo los siguientes resultados:

Plan #1:

- Problema: 5
- Clientes: 5
- PVU: 3
- Solución: 4
- Canales: 5
- Flujo de ingresos: 1

- Estructura de costos: 2
- Punto de equilibrio: 2
- Métricas clave: 5
- Ventaja: 3

Total: 35

Después de algunos análisis, este primer plan obtuvo una puntuación de 35/50. Parece que hay muchos clientes potenciales en este rango y tienen un problema importante que necesitan resolver (hay un puntaje de 5 en los recuadros de problema y perfil de los clientes).

La propuesta de valor único está bien (3), pero la solución (4) y los canales de marketing son fuertes (5). Eso significa que esta persona cree que puede alcanzar fácilmente a los clientes ideales y que tiene una gran oferta que hacerles.

La gran preocupación con este plan surge cuando llegamos a la parte del dinero. No pareciera viable generar muchos ingresos (aparece un 1 en el recuadro de flujo de ingresos), los costos parecen más altos (tienen un puntaje de 2) y el punto de equilibrio es bajo (hay un 2).

Las métricas clave son fáciles de rastrear (5) y la ventaja está bien (3). Por lo tanto, en general, este plan recibió muy buen puntaje, pero la mayor preocupación/oportunidad para mejorarlo es logrando vender esta solución por un precio/margen más alto y reducir los costos de implementación. Los márgenes bajos significan que habría que llegar a muchas más personas y vender muchos más productos para lograr el objetivo.

Plan #2

- Problema: 4
- Clientes: 3
- PVU: 3
- Solución: 4
- Canales: 2

- Flujo de ingresos: 3
- Estructura de costos: 4
- Punto de equilibrio: 2
- Métricas clave: 1
- Ventaja: 3

Total: 29

Este segundo plan arrojó una puntuación de 29/50. Parece que hay una buena cantidad de clientes (3) y que el problema es bastante fuerte (4). La solución también es bastante buena (4), mientras que la PVU está bien (3). Los canales para llegar a estos clientes no son tan viables (2).

Las fuentes de ingresos están bien (3) y la estructura de costos es bastante buena (4), pero por alguna razón, el punto de equilibrio no es tan bueno (2). Además, las métricas clave recibieron muy mal puntaje (1). En cuanto a la ventaja, es buena (3).

En principio, este parecía un gran plan, con una base sólida de clientes, un buen problema por resolver y una muy buena solución. Sin embargo, llegar a los clientes indicados parece ser un desafío, según lo demuestra la baja puntuación tanto en el recuadro de canales como en el de métricas clave. Por alguna razón, el puntaje de equilibrio también es bajo, aunque tanto las fuentes de ingresos como la estructura de costos son bastante buenas. Así que esta idea tendría buen potencial de éxito si pudiéramos resolver el problema de la falta de acceso a los clientes indicados.

Plan #3
- Problema: 2
- Clientes: 5
- PVU: 2
- Solución: 1
- Canales: 2
- Flujo de ingresos: 4

- Estructura de costos: 2
- Punto de equilibrio: 2
- Métricas clave: 4
- Ventaja: 2

Total: 26

Con este tercer plan, el perfil de los clientes parece fuerte (5), pero tiende a haber gran preocupación con respecto a que el problema no sea lo suficientemente urgente de resolver (2). Tampoco parece que la PVU sea muy fuerte (2), ni que la solución sea excelente (1).

Los canales de marketing para llegar al cliente tampoco son buenos (2). El flujo de ingresos es bastante aceptable (4), pero los costos son más altos (2) y no hay un gran punto de equilibrio (2). Las métricas clave son bastante buenas (4), sin que exista una gran ventaja (2).

En conclusión, todo indica que este plan podría necesitar una investigación adicional con la ayuda de los clientes. Existe una base sólida de clientela, pero el puntaje significa que no se ha identificado el verdadero problema a fondo y esto no permite definir claramente la PVU, ni la solución. Además, teniendo un fuerte flujo de ingresos, si se lograra mejorar la estructura de costos, el plan funcionaría bien.

Al revisar y hacer este sencillo análisis con cada plan obtendrás una perspectiva adecuada de las fortalezas y debilidades de cada idea. Como es apenas obvio, querrás implementar la que tenga la puntuación más alta, que en este caso sería el Plan #1, ya que es probable que tenga más posibilidades de éxito.

Dicho esto, si puedes resolver los problemas de un plan en particular y elevar una puntuación baja convirtiéndola en más alta, entonces, lo más probable será que también quieras intentarlo. Por ejemplo, el Plan #3 funcionaría muy bien si logras identificar mejor el problema, basándote en las opiniones de los clientes.

Ahora, si bien la clave es elegir el plan más sólido, la decisión inmediata no está grabada en piedra. Siempre es posible volver a explorar una de tus otras ideas si la primera no funciona después de la etapa de prueba.

Constructores de estilos de vida

Una vez que hayas seleccionado un plan, pasarás al proceso de poner a prueba cada una de tus suposiciones. De ese modo, lo ajustarás en función de lo que observes. Este es un paso *crucial*. Recuerda que todo lo que anotaste en tu plan es apenas una suposición. Es tu opinión, así que lo más probable es que esté basada en tus conocimientos y en tu experiencia, pero sigue siendo solo una opinión. No estarás seguro, sino hasta cuando te pongas manos a la obra y pruebes una y otra vez, analizando, aprendiendo y actualizándote, todo esto con el fin de saber con certeza si esta idea tiene verdadero potencial para convertirse en un negocio exitoso que te funcione. (Más adelante, nos referiremos a este tema).

Capítulo 3.5
Clientes y problemas

Rara vez, el secreto detrás de la construcción de negocios exitosos se reduce al producto o servicio ofrecido. Eso específico que vende una empresa es importante, pero muchas veces, se hace demasiado énfasis en ello. Es ahí donde muchas empresas fracasadas se equivocan y fue ahí donde nosotros también nos equivocamos. Y varias veces. Cuando a Tom se le ocurrió la idea de comercializar el producto al que llamó "30 días y estarás listo para abrir tu negocio", él se enamoró de ese producto, así que enfocamos toda nuestra energía en sacarlo al mercado. ¡Y el producto fracasó!

¿En qué parte nos perdimos? ¿En qué debes concentrarte si deseas construir un negocio exitoso? La respuesta es simple:

En tus futuros clientes.

Para lograr un éxito duradero, debes cambiar el énfasis que haces por desarrollar un *producto* y concentrarte en desarrollar el perfil de quienes serán los *clientes* de ese producto. Necesitas *obsesionarte* por identificar y conocer al tipo de personas con las que quieres trabajar. Debes enamorarte de la idea de servirles. Quieres andar por sus mentes. Entender sus pensamientos, emociones, desafíos, aspiraciones, miedos y objeciones. Comprender cómo se comportan y en qué gastan su dinero y cómo deciden gastarlo. Tu deseo es saber más sobre ellos que cualquier otro emprendedor que también esté intentando servirles. Tu mayor propósito debe ser comprender mejor sus problemas, incluso más de lo que ellos mismos los comprenden. Cuanto mejor entiendas a tus clientes, más éxito tendrás en tu negocio. ¿Por qué? Porque todo lo que digas les hablará a ellos a un nivel íntimo y harás que ellos se sientan entusiasmados ante el hecho de trabajar contigo. Quienes no sepan de ti se sentirán atraídos por tus mensajes. Y quienes te conozcan, te identificarán desde lejos. Sabrán quién eres y tú sabrás quienes son ellos. Serás capaz de reconocerlos entre la multitud, porque tú sabes cómo piensan y qué necesitan.

El siguiente es un ejemplo que nos envió un cliente nuestro llamado Dan, quien se unió a nuestro programa Lifestyle Builders y en ese momento estaba haciendo uno de nuestros cursos de capacitación. En él, presentamos a nuestro avatar de cliente ideal, llamado Sam, y lo describimos —quién es él, cómo ve el mundo y cómo se siente—. Sam, su esposa y sus 2 hijos son la imagen de una familia emprendedora y exitosa. El hecho es que este cliente nos envió su propia versión editada de la imagen de Sam (trazó una X sobre el nombre de "Sam" y escribió ahí su propio nombre), junto con el siguiente mensaje:

"Estoy viendo el video de introducción de "En busca de tu libertad financiera" y pensé que era apropiado cambia a Sam por Dan... ¡pues ese soy yo exactamente!".

Este es el tipo de resultados que uno desea obtener de sus clientes.

Ahora, existe un orden específico para completar tu plan de negocios según el Modelo Lean Canvas. Hay una razón específica por la cual no pensaste en el dinero, sino hasta en los Pasos 6 y 7 (flujo de ingresos y estructura de costos). También hay una razón por la cual no pensaste en tu producto o servicio sino hasta en el Paso 4 (solución). Además, hay una razón por la cual los Pasos 1 y 2 se centraron en tus clientes y en identificar cuál es su principal problema, junto con el Paso 5, que es dónde encontrar a esos clientes.

Entonces, ahí es donde comenzaremos.

Supongamos que quieres ir a pescar. (No estamos seguros de por qué quieres hacerlo, pero el hecho es que eso nos permite ofrecerte una muy buena analogía empresarial, así que te la ofreceremos). ¿Cuál es tu primer paso? No lo sabrás hasta que respondas algunas preguntas:

1. ¿Qué tipo de pez quieres pescar?
2. ¿Dónde vas a ir a pescar?

3. ¿Está ese tipo de pez que deseas capturar en el lugar donde planeas ir a pescar?

Comienza respondiendo la primera o la segunda pregunta, pero sea cual sea el orden en que las contestes, *debes* responderlas ambas antes de salir a pescar, puesto que necesitas saber si el tipo de pez que deseas pescar se encuentra en el lugar donde tienes intención de ir a pescar.

Dediquémosle algo de tiempo a la primera pregunta: "¿Qué tipo de pez quieres pescar?". Hay muchos tipos diferentes de peces por ahí. Diferentes tipos viven en diferentes cuerpos de agua y comen diferentes cebos. No todos los peces son atraídos de la misma manera, así que debes usar estrategias específicas cuando intentes capturar un tipo particular de pez. Por ejemplo, para pescar una trucha, normalmente, se necesita un sedal más ligero y un cebo de tirón. En cambio, para atrapar una lubina es mejor usar un señuelo de gusano triturado y una técnica de salto de cebo. *(Nota: Estos son solo dos ejemplos al azar que quisimos usar. Entonces, por favor, ¡consulta con un pescador profesional que te dé consejos más exactos y prácticos!).*

Como verás, no puedes decir que quieres pescar todos los tipos de peces, porque esa decisión no te ayudará a delimitar con exactitud dónde deberás ir a pescar, qué tipo de cebo usar y qué estrategia utilizar; y en lugar de pescar todo tipo de peces, terminarás no pescando nada. Si le preguntas a un pescador qué tipo de pez está intentando pescar, te dirá el tipo específico de pez, bien sea una lubina o una trucha. También notarás que él ha escogido el lugar específico al que irá a pescar, según sea el tipo de pez que quiera atrapar. Otra cosa que eligió fue su equipo, incluida su caña de pescar, el tipo y peso del hilo de pescar y el cebo, todo según el tipo de pez que quiera capturar. Lo más probable es que también te dirá que estará pescando a una hora específica, porque es en ese momento cuando los peces están listos para picar.

La segunda pregunta te ayudará a saber hacia dónde mirar. Puedes ir a pescar en casi cualquier cuerpo de agua natural: un arroyo, un río, un estanque, un lago, un mar o un océano. Si hay agua, podrás pescar. Pero si estás pescando en un lugar donde no están los peces que deseas pescar, no tendrás mayor éxito.

Al igual que ocurre al iniciar un negocio, cualquiera puede tomar una caña, ponerle un hilo, colgarla en un charco y decir que está pescando. Sin embargo, solo pescadores preparados conocen cada tipo de pez lo suficientemente bien como para tener éxito y pescar un montón. Si los peces no pican, el pescador comenzará a buscar el problema por el cual no pican, junto con la solución. A lo mejor, no hay peces en ese lugar y necesiten ir a otra parte. Tal vez, estén usando el cebo equivocado y probarán con cebos diferentes. De pronto, su estrategia de previsión y captura de peces no concuerda con la forma en que los peces quieren morder el anzuelo y necesitan cambiar de estrategia.

De igual modo, cualquiera puede llamarse a sí mismo emprendedor, porque se le ocurre una idea, crear un producto, publicarlo en un sitio web y ponerlo a la venta. Pero a menos que este emprendedor conozca a sus clientes por dentro y por fuera, no está siendo nada diferente al pescador que toma un palo y pretende pescar en un charco. No importa qué tanto lo intente, jamás logrará tener éxito, porque varias piezas no están interconectadas como debe ser para que ese éxito se dé.

Entonces, para ser un emprendedor exitoso, necesitas pensar como un pescador:

- ¿Qué tipo de pez quiero pescar (personas a las que quiero servir)?
- ¿Dónde voy a pescar (dónde voy a encontrar a esas personas)?
- ¿Está ese tipo de pez (personas) que quiero pescar en el lugar donde planeo ir a pescar?
- ¿Qué tipo de cebo debo utilizar para pescar este tipo de pez (ofertas)?
- ¿Cuándo pican los peces (las personas)?
- ¿Cómo consigo que piquen más peces (personas)?
- ¿Qué equipo necesito para capturar estos peces (personas)?

¿Qué tipo de pez quieres pescar?

La primera pregunta a responder es: "¿Qué tipo de pez quieres pescar?" O "¿A qué tipo de personas quieres ayudar y tener como clientes?".

Ellas son tus futuros clientes y, cuanto mejor sepa quiénes son, más éxito tendrás como empresario. Con frecuencia, este paso es en el que la mayoría de los emprendedores pasa la menor cantidad de tiempo y es por esto que muchos terminan sufriendo de gran frustración y estrés, cuando nadie parece estar comprándoles su producto o servicio.

Si durante algún tiempo has estado en el mundo de los negocios o cerca de él, lo más probable es que hayas escuchado algunas de estas frases o todas: tipo de cliente, avatar del cliente, cliente ideal, avatar del cliente ideal, etc. Aunque cada una de ellas suele tener sus propios matices en cuanto a su significado, todas se fusionan en torno a la misma idea: tener conocimiento de tu futuro cliente. En aras de la simplicidad, usaremos la expresión Avatar del Cliente Ideal (ICA, según su sigla en inglés) para referirnos a ellas durante el resto del libro.

Entonces, primero que todo, definamos lo que queremos decir cuando decimos Avatar del Cliente Ideal (ICA).

Avatar de cliente ideal (ICA): Es una persona o personaje ficticio que te ayuda a entender quién es esa persona *perfecta* para comprar en tu negocio.

Si tu objetivo es ayudar a personas individuales, entonces este ICA funcionará muy bien. (Si, en cambio, tu objetivo son las empresas, querrás crear un perfil para el tipo de empresa que deseas atender, así como hiciste con el tipo de personas que esperas que sean tus clientes). Esto no significa que este será el único tipo de persona que comprará en tu negocio, pero sí podrás tomar decisiones según sean las necesidades concretas de tu ICA. Por supuesto que otros necesitarán productos o servicios similares, pero conocer a tu ICA te ayudará a mantenerte enfocado.

Definir quién es tu ICA suele ser un desafío, pero los beneficios de invertir algo de tiempo para definir su perfil son monumentales. Cuando tienes claridad sobre la gente con la que quieres (y no quieres) trabajar, estas capacitado para tomar decisiones más fácilmente y te sentirás más seguro al tener que resolver posibles problemas cuando las cosas no funcionen.

Hay dos áreas principales a tener en cuenta al definir a tu ICA. La primera es aquellos datos que muy probablemente ya conoces: su edad, género, estado civil, nivel de ingresos, etc. Todos estos se conocen como datos *demográficos* y se han utilizado durante mucho tiempo en el mundo del marketing. Por lo general, son hechos concretos sobre cada persona. Estos datos son un buen comienzo para conocer a tu ICA, pero a menudo, no profundizan lo suficiente como para ayudarte a comprender a fondo qué es lo que motiva a tus clientes a comprar. Así que también quieres identificar datos con respecto a sus valores, creencias, miedos, etc. Estos se conocen como datos *psicográficos* y te ayudan a tener una comprensión mucho más profunda de cómo piensan y se comportan tus clientes. Cuando los combinas, te ayudan a obtener una imagen completa de tu ICA.

Para simplificar: Los datos demográficos te ayudan a definir quiénes son tus clientes y los datos psicográficos te ayudan a comprender por qué ellos compran.

Las siguientes son preguntas importantes de hacer:

Datos demográficos:

- ¿Qué edad tienen?
- ¿Son hombres o mujeres?
- ¿Dónde viven?
- ¿Cuál es su ocupación?
- ¿Cuánto dinero ganan al año?
- ¿Son solteros(as) o casados(as)?
- ¿Tienen hijos? ¿Cuántos?

Datos psicográficos:

- ¿Qué libros o revistas leen?
- ¿A quién admiran/siguen?
- ¿Cuáles son sus aficiones?

- ¿Qué les gusta comprar?
- ¿Dónde se reúnen?
- ¿Cuáles son sus aspiraciones?
- ¿Cuáles son algunas de sus creencias fundamentales?
- ¿Qué temen?
- ¿Cuáles son sus puntos débiles/necesidades?
- ¿Cuáles son sus deseos/razones de deleite?
- ¿Cómo piensan y se sienten cuando se trata de sus puntos débiles?

La primera vez que haces este ejercicio suele ser un desafío. Es probable que sientas que se necesita demasiado tiempo, pero *no omitas este paso*. Conocer estos datos demográficos y psicográficos es la base de tu negocio y hacer esta parte te ahorrará mucha frustración, tiempo y dinero a largo plazo y, lo más importante, te llevará a alcanzar un gran éxito.

Los siguientes son algunos errores que deberás evitar al crear tu ICA:

- **Tener múltiples avatares:** El objetivo de crear un avatar es que este te ayude a concentrarte y tomar decisiones. Algunas personas no le ven nada de malo a tener múltiples avatares, pero tú quieres evitar hacer eso. Intentar apuntarles a varios tipos de personas al mismo tiempo hará que tus decisiones sean más difíciles de tomar y convertirán tu servicio o producto especializado en uno generalizado, lo cual querrás evitar a toda costa.

- **Ampliar tu avatar:** Otro desafío que afrontan algunos emprendedores al hacer esta actividad es que construyen un avatar genérico, más que todo, porque no se ha dedicado lo suficiente en profundizar y saber cómo piensan y actúan sus clientes, por eso, no cuentan con mucha información amplia y real para construir su avatar. Lo que tú quieres es que tu avatar sea único y específico, así que no temas profundizar. Recuerda, el hecho de que estés definiendo el perfil de tu cliente ideal no implica que este sea el único tipo de persona que comprará tus productos y/o servicios. Más bien, significa que este es el perfil de la persona ideal para comprar tu oferta, aunque muchas otras personas con necesidades similares también estarán interesadas en comprarla.

- **No resolver ningún problema:** Al crear un avatar, otra objeción que surge con mucha frecuencia es que la oferta que vendas no resuelva el problema que tienen las personas a las cuales quieras ayudar. Por ejemplo, ofrecerte a ayudarle a alguien a reservar unas vacaciones de lujo sin saber hacerlo con el nivel de excelencia que el interesado espera. Recuerda, la gente gasta dinero para resolver sus problemas. Alguien que quiera ir de vacaciones de lujo tiene una enorme necesidad o un gran deseo de descansar al máximo posible y existen formas magníficas de ayudarle a obtener lo que desea.

- **Sentir que estás inventando:** A algunas personas se les dificulta tratar de encontrarle verdadero valor a esta actividad, pues sienten que solo están adivinando o inventando las respuestas del cuestionario que acaban de llenar y que el resultado final no corresponderá al de una persona real. ¿Quién sabe? Quizá, nada de esto esté bien de todos modos. A lo mejor, todas están bien. Después de todo, hasta aquí, todo ha estado basado en función de la experiencia y los supuestos de cada lector. Y en últimas, cada uno comenzará a validar e invalidar su propio avatar y a realizar cambios ya basados en personas reales.

¿Dónde deberías ir a pescar?

Ahora que conoces el pez que deseas pescar (las empresas o las personas a las cuales deseas servir), el siguiente paso es averiguar dónde están. Es apenas obvio que, si no lo sabes, no podrás atraparlos.

Cuando llenaste tu plan de negocios con el Modelo Lean Canvas, desde el comienzo definiste este punto en la sección de canales. Luego, lo ampliaste cuando creaste tu ICA y definiste algunos de los datos psicográficos, como dónde se reúnen y qué pasatiempos o intereses tienen tus ICAs.

Las siguientes preguntas que ayudarán a ampliar este punto:

- ¿Se reúnen tus ICAs en algún lugar específico y en algún grupo de personas con intereses similares?

- ¿Qué tipo de contenido (videos, audio, texto escrito) consumen?

- ¿Este grupo se reúne en línea (grupos de FB o foros en línea) o en una ubicación física (cafés, conferencias, encuentros locales)?

Por ejemplo, sabemos que nuestro avatar Sam, el emprendedor, suele busca otras comunidades de emprendedores. Él quiere encontrar a otros que comprendan sus luchas, un lugar donde él pueda hacer preguntas y recibir información. Entonces, en el recuadro de canales incluido en nuestro plan bajo el Modelo Lean Canvas, incluimos grupos de Facebook centrados en emprendedores y en eventos en vivo (conferencias y masterminds). Además, hemos ido descubriendo que a Sam le gusta escuchar podcasts.

¿Cuándo pican los peces?

Teniendo claridad sobre qué tipo de peces que deseas capturar y en dónde están, lo siguiente que tienes que descubrir es cuándo muerden. El abuelo de Tom solía hacer que Tom se levantara muy temprano cuando los dos salían a pescar. Y, cuando Tom le preguntó por qué se levantaban tan temprano, la respuesta de su abuelo fue: "Porque a esta hora es cuando los peces pican".

En otras palabras, para que tus clientes compren tus productos o servicios, deberá ser en el momento adecuado para ellos. Por lo general, esto implica que, para que ese sea el momento adecuado, se den al mismo tiempo varias circunstancias. Tus clientes:

- Deben ser conscientes del problema.

- Deben conocer la solución.

- El dolor que ellos enfrentan ante el problema o el placer que reciban al solucionarlo tendrá que ser mayor que el precio que van a pagar por dicha solución.

Cuando alguien reúne todos los criterios anteriores, estás frente a un magnífico prospecto. Por ejemplo, supongamos que vas conduciendo rumbo a una reunión importante y surge un problema en el motor de tu automóvil que impide que este avance. De repente, estás varado a la orilla de la carretera. Tú eres consciente del problema y necesitas una solución. Así que tomas tu teléfono y buscas una empresa que remolque tu vehículo. Tú sabes que tu solución es una grúa y buscas una empresa que ofrezca ese servicio. Tú mismo sabías cuál era la solución. Si no remolcabas tu vehículo y lo hacías reparar, no habrías llegado a tu reunión. Por lo tanto, valía la pena pagarle a la empresa de remolque para que enviara la grúa, lo levantara y lo llevara hasta el mecánico. Por lo tanto, le pagaste a la compañía de remolque y ellos remolcaron tu auto hasta allá.

Este proceso por el que acabas de pasar es el que se conoce como *el viaje del cliente*. ¿Qué significa esto?

Viaje del cliente: Es el proceso y las experiencias que atraviesa un prospecto de cliente antes de hacer una compra, durante la compra y después de convertirse en cliente.

En el ejemplo anterior de la grúa, el viaje del cliente fue bastante corto. Tú estabas listo para comprar y no necesitaste mucho apoyo, ni que te convencieran por el camino. Tú eras consciente del problema, este era importante y urgente, encontraste una solución y te convertiste en cliente (aunque no necesariamente en uno de los nuestros). Este no es siempre el caso. A veces, los viajes de los clientes son más largos y hay más necesidad de ayudarles a lo largo del proceso. Hay diferentes formas de definir este proceso, pero nos gusta resumirlo en las cinco fases siguientes:

- **Conciencia:** Durante esta fase, la persona se da cuenta del problema que tiene y ve la solución en tu producto o servicio.

- **Análisis:** Durante esta fase, la persona está investigando, estudiando otras opciones y averiguando si realmente necesita una solución y cuál sería la ideal.

- **Conversión:** Durante esta fase, la persona toma una decisión, compra tu solución y se convierte en tu cliente.

- **Retención:** Durante esta fase, la persona tiene una gran experiencia inicial como tu cliente y, a medida que esta avanza, tu cliente ve la posibilidad de realizar compras adicionales (si lo considera necesario) para seguir resolviendo el problema inicial y para resolver nuevos problemas que pudieran surgir.

- **Incidencia:** Durante esta fase, la persona ya tuvo una gran experiencia como tu cliente, vuelve a utilizar tus servicios y además les cuenta a otras personas acerca de tu empresa y da muy buenas referencias sobre ella.

Todo posible cliente pasará por cada una de las tres primeras fases. Algunos tendrán una necesidad más urgente y avanzarán más rápido, como en el ejemplo anterior de la grúa. Otros progresarán a un ritmo más lento y requerirán de más atención y de que les ayuden a convertirse en clientes. Aquí es donde se detiene la mayoría de las empresas. Si haces todo lo que esté a tu alcance para ayudarles y servirles a tus clientes, centrándote en retenerlos y en hacer que ellos se conviertan en tus defensores, no solo generarás lealtad, sino que también lograrás que ellos se conviertan en tus mejores defensores y, de ese modo, te generarán nuevos clientes.

Una vez hayas definido tu ICA, tu próximo paso es trazar el que crees que será su viaje. Si ese ICA eres tú en el pasado, lo cual es común si estás resolviendo un problema que tú mismo experimentaste y superaste, entonces, recuerda cómo fue ese viaje que hiciste. Si no eres tú, ponte en los zapatos de tu ICA y empieza a pensar como él o ella pensarían.

- ¿Cómo te das cuenta del problema y de la necesidad que tienes de resolverlo? ¿Cómo encontrarás la empresa/producto que te ayudará a resolverlo?

- ¿Qué clase de información necesitas tener antes de tomar la decisión de comprar? ¿Dónde encontrarás esta información?

- ¿Qué objeciones tienes que te impiden realizar la compra?

¿Qué debe suceder para que tu problema sea tan grande e importante que necesites resolverlo de inmediato —y por qué le comprarías a tu empresa si la compararas con la de un competidor? ¿Qué deberás recibir a cambio para hacer esta compra lo más pronto posible?

- Después de hacer la compra, ¿qué más sucedió? ¿Te guiaron a lo largo del proceso? ¿Llegó el producto/servicio a tiempo? ¿Llenó tus expectativas? ¿Qué sorpresa adicional te gustaría recibir como cliente? ¿Qué te haría volver a comprar una vez más tu producto o regresar a tu empresa?

- ¿Qué deberá ocurrir para que tengas una experiencia tan extraordinaria como cliente que quieras compartirla con otros? ¿Existe una manera fácil de compartirla y qué beneficio recibirías por hacerlo?

Al responder estas preguntas, comenzarás a trazar el viaje inicial de tus clientes, aquellas experiencias que les ayudarán a comprender el proceso por el cual es muy probable que a ellos les gustaría pasar. Saberlo te permite diseñar tu negocio de tal modo que sepas cómo apoyar a estas personas y ayudarlas a resolver su problema a la vez que se convierten en tus clientes.

En nuestro caso, nosotros aprendimos mucho sobre el viaje de nuestro ICA mediante el uso de nuestro grupo de Facebook, Family Entrepreneur Life. Sabíamos a quién queríamos atraer —a "Sam"— y por eso creamos nuestros mensajes de tal modo que coincidieran con esa psicografía. Usamos el grupo para conocer a nuestros miembros y para tener muy claro quiénes eran esos clientes ideales. Además, el grupo se convirtió en un lugar para analizar qué tipo de contenido solicitaba y consumía "Sam".

Si en algún momento de este proceso no estás seguro de la respuesta a alguna pregunta, es momento de investigar un poco al respecto. Como parte de completar tu plan bajo el Modelo Lean Canvas, ya identificaste dónde crees que se reúnan tus prospectos y cómo hacer para llegar a ellos. También enumeraste las alternativas existentes, que son básicamente otras soluciones que la gente buscaría para solucionar su problema actual. En este caso, te recomiendo que pases tiempo en el lugar donde se encuentran estas otras soluciones con el fin de conocerlas. Aprenderás mucho leyendo lo que "Sam" lee (libros, revistas, blogs), escuchando lo que él escucha (audiolibros, podcasts, música), viendo lo que él ve (programas, películas, videos en línea) y analizando el contenido que publican allí (comentarios del producto, publicaciones de grupos/foros). Además, cuando descubras dónde se reúnen estas personas, hasta podrás hacerles algunas preguntas o solicitarles que llenen algunas de tus encuestas. Todos estos métodos te permitirán comprender mejor a tus clientes, cuál es su problema, cómo piensan y cómo sería su viaje contigo.

Hablando con los peces

A estas alturas, ya deberás tener muy buena idea no solo de cuál es tu cliente ideal, de cómo es su aspecto, dónde puedes encontrarlo, sino también del viaje que crees que este seguirá hasta convertirse en tu cliente y disfrutar de una gran experiencia con tus productos o servicios.

Todo eso suena genial, pero ¿cómo sabemos si todo esto es correcto? Como Steve Blank, autor y profesor adjunto de emprendimiento en Stanford, suele decir: "Sal del edificio". Con demasiada frecuencia, pensamos que tenemos todas las respuestas. Por esa razón, es mucho mejor que las obtengas hablando con los peces. (tus clientes ideales).

Casi siempre, es aquí, al decirles a los emprendedores que necesitan hablar con sus clientes ideales, cuando ellos se ponen nerviosos y sacan excusas de por qué no están listos para hablar con la gente. Entonces, dan respuestas como: "Pero todavía no tengo un producto", "No sé dónde encontrarlos", "No sé cómo lucen", "Tengo miedo de hablar con ellos". (Nota: Si tienes miedo de hablar con la gente, tendrá dificultades para comenzar cualquier negocio, pero llegaremos a ese punto en un momento). Por lo tanto, tomémonos un tiempo para abordar cada una de estas excusas:

- **"Pero todavía no tengo un producto"**: ¡Correcto! Sin embargo, tú no necesitas tener listo ningún producto para hablar con las personas. De hecho, es mejor si no lo tienes todavía. Tu objetivo con estas conversaciones es comprender al máximo posible a tus ICAs. Estas son conversaciones para hacerles preguntas, conocerlos y validar o invalidar tu concepto de quienes inicialmente has identificado como tus ICAs, dónde encontrarlos y cuál es su principal problema. Así que procura dirigir estas conversaciones con frases como esta: "Estoy tratando de ayudarles a las personas con X problema o a hacer mejor X cosa, ¿tienes unos minutos para charlar y que me compartas cómo ha sido tu experiencia con esto?".

- **"No sé dónde encontrarlos":** Tuviste algunas ideas iniciales cuando completaste tu plan de negocios con el Modelo Lean Canvas (Paso 5 – Canales). Además, cuando creaste tu ICA, identificaste algunos lugares donde es posible que estas personas se reúnan, junto con algunos de sus intereses. Por lo tanto, usa toda esa información como punto de partida. También podrías dedicarle algo de tiempo a tratar de conocer las posibles alternativas que identificaste en tu plan. Básicamente, esa viene siendo la lista de tus competidores. El simple hecho de comenzar a tener conversaciones con algunas personas te ayudará a identificar más lugares para encontrar más gente como ellas al preguntarles directamente a quiénes más conocen y con quiénes más deberías hablar.

- **"No sé cómo lucen":** Después haber trabajado recopilando datos sobre tu posible ICA, deberás tener una idea inicial al respecto. No te preocupes, se supone que este proceso no tiene por qué ser 100% perfecto desde el principio. Es a través de conversaciones con otras personas como obtendrás más claridad sobre cuál es el aspecto de tus ICAs, cómo lucen y no lucen. A menudo, los emprendedores no se dan cuenta, pero identificar quiénes no son sus ICAs suele ser tan valioso como identificar quienes sí lo son.

- **"Tengo miedo de hablar con ellos":** ¿Qué te hace sentir miedo de hablar con la gente? Hazte esa pregunta y explórala a fondo. Hablas con gente todos los días, ¿verdad? Pues estas conversaciones suelen ser más fáciles de sostener porque, en esencia, estás haciendo preguntas. No estás tratando de presentarte como un gran experto en el tema, sino tratando como expertas a las personas con las que estás hablando. No les estás vendiendo nada, sino intentando comprenderlas mejor para así ayudarlas a resolver su problema. Además, recuerda que la mayoría de la gente disfruta hablando de sí misma, sobre todo, cuando tú les expresas tu interés en algo que ellas tienen en su mente.

A veces, resulta un poco incómodo salir y hablar con la gente, pero te prometemos que, con el tiempo, se va volviendo más y más fácil hacerlo. Si deseas construir un negocio exitoso, no solo tendrás que hacer cosas un tanto incómodas y desafiantes, sino que tendrás que aceptarlas y sentirte cómodo haciéndolas.

Y habiendo descartado las excusas, ¿cómo harás para encontrar a estas personas con las que te conviene hablar y qué les dirás?

Comencemos con cómo encontrarlas. A continuación, te presentamos algunas opciones excelentes:

- **Personas que conozcas:** Familiares, amigos, conocidos, gente con la que te conectas una vez al año para desearle un feliz cumpleaños en Facebook (tú me entiendes). Empieza por hacer una lista de las personas que conozcas y que te interesaría que fueran tus ICAs o que al menos estén interesadas en tu tema.

- **Personas con el mismo interés que tú:** Mientras realizabas la investigación inicial, es posible que hayas conocido personas que hayan manifestado que sufren el mismo problema que tú estás tratando de resolver. Por ejemplo, pueden ser personas que hayan participado en un foro en línea y estén pidiendo ayuda con ese problema para el cual tú tienes una solución. Haz una lista de ellas y contáctalas. También sería importante contactar a quienes hayan manifestado interés en tus productos o servicios. Por ejemplo, si hiciste una pregunta o generaste una encuesta y la compartiste, quienes te respondieron son gente que tiende a estar dispuesta a mantener una conversación contigo. También es buena idea hacer una búsqueda en línea a través de varios sitios web con el fin de hacer contactos que se ajusten a tus ICAs o que asistan a algunos de esos lugares donde ellos se reúnen. Una vez lo sepas, ve allí y habla con ellos —por ejemplo, una tienda específica o una conferencia de la industria.

Por medio de estos dos métodos anteriores, obtendrás una lista de, como mínimo, 10 personas que estén dispuestas a charlar contigo, pero es obvio que, cuantas más contactes, mucho mejor para ti. Ahora, ha llegado el momento de contactar a esta lista de personas. Elige cualquiera de los métodos por medio de los cuales te hayas comunicado con ellas en el pasado o uno que sea lógico. Podría ser a través de una conversación real con alguien, si es posible, en persona;

también podría ser por medio de un mensaje de texto, de un correo electrónico, de un comentario en alguna de las redes sociales, etc. Por lo general, los mensajes personales y directos son la mejor forma de comunicación.

Y ¿qué decirles cuando te acerques? Algo parecido a lo siguiente tiende a funcionar bastante bien:

"Hola Jim.

Espero que estés bien. Hace rato no nos vemos y me gustaría conversar contigo y con tu familia en el picnic anual que habrá en unas pocas semanas.

Te cuento que estoy pensando en iniciar un nuevo negocio para ayudarles a las personas a manejar el estrés de la vida actual. Como sabes, luché con esto durante mucho tiempo y sé que el estrés tiende a conducirnos a un estado de salud bastante precario. Estoy convencido de que hay mucha gente que afronta este desafío y que le vendría bien un poco de ayuda.

Recuerdo que tú también mencionaste algo sobre este tema la última vez que conversamos. El caso es que, antes de seguir avanzando con esta idea que tengo, me gustaría charlar con algunas personas para asegurarme de que este sea un problema sobre el cual valga la pena trabajar. Todavía no tengo un producto, así que no tengo nada que venderte. Apenas estoy en la etapa de recopilación de información.

¿Estarías dispuesto a que charláramos sobre esto? Si es así, estoy libre el lunes de 12:00 a 1:00 o el martes de 8:00 a 3:00.

Si este no es un buen momento para ti, lo entiendo. ¿Conoces a alguien más con quien yo pueda conversar sobre este tema? Si es así, ¿podrías conectarnos?

Gracias, y espero verte en unas semanas".

Este es solo un ejemplo, pero analicémoslo:

- Nos dirigimos a la persona por su nombre.
- Le personalizamos el mensaje. Esta parte tiene que ver con cómo conocemos a esa persona o con cómo localizarla, por ejemplo, si es alguien que publicó algo en línea.

- La mitad del correo electrónico es un mensaje genérico fácil de reutilizar y explica en qué consiste tu solicitud, por qué es importante tu mensaje y qué estás buscando al enviarlo.

- La otra mitad del correo electrónico deberá enfatizar que no estás pretendiendo vender nada, ya que esa suele ser una razón por la que la gente prefiere no responder.

- Al final, invitas a la persona a tener una conversación y le preguntas si hay alguien más con quién tú deberías hablar al respecto. Asegúrate de mencionar unas cuantas veces que esto a lo que la quieres invitar es gratis o envíale un enlace por medio del cual este contacto pueda programar una cita contigo.

Este es solo uno de muchos ejemplos. Tú puedes crear tu propio mensaje de tal modo que se ajuste a tu estilo y a tu lenguaje —recuerda que el objetivo es entablar una conversación con esta persona—. Ahora, hacer que estos mensajes sean personales, elogiar algo que este contacto haya hecho o darle algo de valor son técnicas poderosas que suelen agregarle interés a este mensaje inicial y aumentar las posibilidades de tener una conversación. Te tomará algo de tiempo escribir cada uno de estos mensajes, pero el porcentaje de respuestas será mucho más alto que si, simplemente, les envías el mismo mensaje a todos tus contactos. Además, desde el principio de tu negocio, deseas centrarte en la calidad de personas con las que vas a tratar y necesitarás profundizar y conocerlas cada vez mejor.

Una vez que tus contactos te hayan confirmado algunas conversaciones, enfócate en planificar cómo desarrollarlas. Los siguientes, deben ser algunos de tus objetivos principales:

- **Claridad del avatar del cliente ideal:** Comprende y perfecciona tu ICA. Determina si esta persona sería un buen cliente o no y actualiza tu perfil ICA a medida que vayas teniendo más claridad acerca de tu negocio.

- **Claridad del problema:** Concéntrate en comprender los principales desafíos de tu ICA, incluyendo las descripciones que este haga de su problema y de cuán importante es para él o ella resolverlo. Recuerda que prestarles atención a las palabras y frases exactas que los clientes potenciales expresan es una estrategia poderosa en el campo del marketing.

- **Claridad de la competencia:** Escucha de qué maneras tu prospecto ya ha intentado resolver este problema. Esto te ayudará a comprender qué más opciones hay en el mercado y te permitirá determinar cómo ser diferente y posicionar tu solución de tal modo que marque la diferencia.

- **Claridad del canal de mercadeo:** Comprueba si es cierto que tú puedes encontrar a tus posibles clientes. Después de todo, deseas venderles, así que lo mejor será asegurarte de saber dónde encontrarlos y de que sean suficientes.

No existe una forma única de gestionar las entrevistas con los clientes. Hay muchos buenos enfoques por ahí, pero lo más importante es tener un script, un proceso básico que te funcione. En su libro *Running Lean*, Ash Maurya recomienda el siguiente enfoque:

El siguiente es un formato básico útil para abordar a tus prospectos:

- **Bienvenida (2 minutos – Prepara el escenario):** Describe brevemente cómo funcionará la entrevista o el proceso.

- **Recopila información demográfica (2 minutos – Analiza el perfil del posible cliente):** Recopila información demográfica básica que te ayude a analizar y a calificar a tu posible cliente según sea el perfil que tengas de tu cliente ideal.

- **Cuenta una historia (2 minutos – Establece el contexto del problema):** Comparte una breve historia que le explique a tu entrevistado por qué estás trabajando para resolver este problema y observa si esta despierta su interés.

- **Clasifica diversos problemas (4 minutos – Problemas de prueba):** Indica los tres mayores problemas que intentas solucionar y haz que sea el entrevistado quien los clasifique en orden de gravedad o importancia para él o ella. Pregúntale si existe algún otro problema importante que él o ella tenga y que tú no hayas mencionado.

- **Analiza la cosmovisión del entrevistado (15 minutos – Problema a prueba):** Escucha cada problema que tu entrevistado manifieste y profundízalo. Pregúntale cómo los está afrontando o solucionando hasta el día de hoy.

Esta información también te permite comprender más su psicografía.

- **Conclusión (2 minutos: el gancho y la pregunta):** Termina con dos preguntas. La primera es si estaría bien si le ofreces una solución. La segunda es si él o ella estaría dispuesto(a) a presentarte a otras personas con intereses similares con las cuales tú deberías conversar.

- **Documenta los resultados (5 minutos):** Tómate unos minutos y documenta los resultados mientras estos aún están frescos en tu mente.

Nosotros usamos este enfoque por un tiempo y luego lo adaptamos basándonos en lo que vemos que nos funciona a nosotros. Lo que descubrimos fue que, cuando comenzamos a tener estas conversaciones, estas se fueron volviendo menos estructuradas y más naturales. Lográbamos recolectar información importante a medida que la conversación avanzaba. En resumen, sea cual sea el enfoque que utilices, la clave es hacer preguntas, pero sin tratar de guiar a los entrevistados. Lo que quieres hacer es poder explorar y comprender las cosas desde sus perspectivas y no desde las tuyas. Ten presente que tu objetivo al hablar con todas estas personas es conocer mejor y validar o invalidar y actualizar tus suposiciones iniciales sobre quién es tu ICA, cuáles son sus principales problemas, cómo encontrar a tus ICAs y quiénes son tus competidores.

Con todo esto en mente, prosigue conversando con la gente hasta que llegues al punto en que las respuestas se te vuelvan predecibles. Esto ocurrirá después de 20 conversaciones, de 50 conversaciones o de más conversaciones. Y, aunque es probable que desees seguir adelante, no apresures esta parte del proceso. Continúa hablando con la gente hasta que llegues al punto deseable de tener bastante coherencia y recibir respuestas ya predecibles para ti. También ten en cuenta que la investigación de los clientes nunca se detiene. Siempre deberás conversar tanto con clientes existentes como con potenciales de serlo. Así, lograrás mantenerte conectado con ellos y comprender sus necesidades.

Consejos adicionales:

- Cuando converses con alguien, piensa: *"¿Qué de todo esto me sirve a mí?"*. Ofréceles algo a tus contactos a cambio del tiempo que ellos se toman para charlar contigo. A veces, estas conversaciones ayudan a las personas con las que hablamos a tener mayor claridad. Habrá otras veces en que podrás ayudarlas a resolver un problema. Otra idea es crear algún beneficio a partir de las llamadas y compartirlo. Por ejemplo, nosotros publicamos en nuestro podcast una serie especial llamada "Parejas y espíritu empresarial" y un buen grupo de parejas de emprendedores participaron en él. El caso es que estuvimos entre 30 y 60 minutos con estas personas y les hicimos unas cuantas preguntas. Esto las benefició al lograr cierta exposición que ellas necesitaban tener frente a nuestra audiencia. Piensa en lo que tú podrías ofrecerle a la gente con la que hablas.

- Trata de no tomar notas mientras realizas estas entrevistas. Más bien, en lo posible, mejor grábalas. Si es en persona, utiliza una grabadora o tu teléfono celular. Si la haces por teléfono o video llamada, utiliza una grabadora de llamadas. Así, podrás concentrarte en la entrevista sin tener que estar pendiente de grabarla en tiempo real.

- Concéntrate en el problema que tu entrevistado está experimentando y en cómo él o ella lo está describiendo y afrontando. Así es como la mayoría de tus posibles clientes lo ven y cómo tú lo describirás cuando les estés ofreciendo tu futura solución. Algunas personas con las que hablarás no serán muy conscientes que digamos de su problema y solo sabrán decir que lo están padeciendo. O puede ocurrir que ellas, no siendo expertas en eso que las incomoda, piensen que tienen un problema determinado cuando en realidad se trata de algo muy distinto en lo cual tú eres experto. A menudo, este tipo de inconvenientes tiende a ser descrito por tus posibles clientes como un problema superficial, pero la realidad es que solo tú conoces la verdadera causa del problema. También puede ocurrir que la situación se convierta en un contraste entre *lo que ellos quieren* versus *lo que tú sabes que ellos necesitan*. En esos casos, no es que ellos estén equivocados, sino que así es como están viendo el problema y cómo quieren explicártelo para que tú puedas ayudarlos. Entonces, te corresponde explicárselo de tal modo que ellos entiendan que hay un problema real y distinto al que ellos piensan y que hay que solucionarlo. Lo cierto es que, al comienzo, necesitas hablar con ellos y escucharlos para conocer cuál es el problema que ellos ven. Hazlo de esa manera, *antes* de intentar sumergirte con ellos en el problema real; de lo contrario, no valorarán tu solución.

- Además, asegúrate de concentrarte en brindarles el mejor beneficio posible. ¿Cómo serán sus vidas una vez que este problema haya quedado resuelto? ¿Cómo se sentirán? ¿Qué podrán hacer entonces que no pueden hacer ahora?

Este proceso de comprender a los clientes y sus problemas nunca debe parar. Es crucial que mantengas tu curiosidad por hablar con ellos. Nunca dejes de aprender lo que ellos tienen para enseñarte. Continúa hablando siempre con tus prospectos y clientes existentes. De ese modo, no solo te mantendrás informado sobre las necesidades cambiantes, sino que esta será una de las mejores estrategias para estar atrayendo constantemente nuevos clientes. Como verás, este enfoque de salir y lanzarte a hablar con la gente dará como resultado que una parte de estas personas con las que hables se convierta en tu grupo inicial de clientes.

Capítulo 3.6
Soluciones y productos viables mínimos (PVM)

R evisemos dónde estamos. A estas alturas, ya deberás tener una idea bastante clara de quién y cómo es tu cliente ideal, cómo y dónde encontrarlo, cuál es su principal problema y cuáles son algunos de tus principales competidores. Y más allá de lo que llenaste al comienzo en tu plan bajo el Modelo Lean Canvas, también has investigado un poco y has hablado con muchos de tus posibles clientes ideales. Como resultado de todo esto que ya sabes, ahora los conoces y los comprendes a un nivel mucho más a profundo. Comprendes el problema que ellos están experimentando y también cómo ellos lo describen y cuáles son sus preocupaciones sobre lo que sucederá si no le encuentran pronta solución. Como resultado, ya deberás haber encontrado un grupo de personas con un problema real que necesita una solución y con el cual quieras trabajar. Si aún no lo has encontrado, no continúes tu marcha todavía. Más bien, sigue explorando tu plan y observa si necesitas cambiar tu avatar o identificar mejor el problema o encontrar mejores canales de mercadeo. Si esta revisión no te funciona, lo más probable es que no hayas desarrollado tu plan lo suficiente como para que te garantice proceder a intentar construir un negocio basándote en él. Si así fuera, este es el momento indicado para volver a una de las otras ideas que salieron a flote en tu lluvia de ideas y repetir este proceso una vez más.

En caso de que hayas pasado por alto lo que te acabamos de sugerir en este párrafo anterior, te lo quisiéramos repetir, ya que es de enorme importancia: si todavía no tienes total claridad sobre estas áreas que conforman el Modelo Lean Canvas (ni tampoco un problema real que un grupo determinado de personas necesite resolver), asegúrate de programar más entrevistas con quienes hasta ahora creas que serían tus posibles clientes y habla con más personas. No prosigas tu marcha sin tener toda la claridad necesaria o terminarás repitiendo lo que hicimos nosotros con "30 días y estarás listo para abrir tu negocio". Gastarás mucho tiempo, dinero y energía tratando de construir un negocio que, simplemente, no funcionará.

En cambio, si ya *tienes* claridad en estas áreas, ya estás listo para pasar a los aspectos más interesantes que intervienen al generar, plantear y poner a prueba tu solución al problema de tus posibles clientes.

Cuando llenaste tu primer plan con el Modelo Lean Canvas, describiste tus ideas iniciales sobre cuál creías tú que era la mejor solución a un problema específico que identificaste. La escribiste basado en quiénes pensabas que serían tus clientes ideales y en el principal problema al que ellos se están enfrentando. Ahora que ya has realizado tus entrevistas con tus posibles clientes, también habrás realizado algunas actualizaciones en esas secciones específicas de tu plan. Revisa que otras secciones también podrían necesitar actualizaciones.

El tercer recuadro es tu propuesta de valor único (PVU). En otras palabras, lo que hace que tu negocio sea diferente y valga la pena prestarle atención. Después de tu investigación, y hablando con muchos clientes potenciales, es probable que tengas una lista mayor de competidores (alternativas existentes), junto con las posibles brechas que ellos tengan en sus productos o servicios que les impiden resolver 100% el problema de tu cliente ideal. Estas brechas se exponen a sí mismas a través de los problemas que todavía tienen aquellos con quienes hablaste, incluso después de probar algunas de esas alternativas. Así que este es el momento de actualizar y perfeccionar tu PVU según te parezca necesario.

El siguiente es el recuadro de solución. Lo ideal es que tengas una solución para cada problema planteado en el recuadro asignado a describirlo. Ten en cuenta que, a lo mejor, los problemas descritos allí hayan cambiado o se hayan solucionado en función de tus conversa-

Constructores de estilos de vida

ciones con tantas personas, así que revisa cuáles fueron tus soluciones iniciales y haz los ajustes del caso. Si descubriste nuevos problemas durante tus entrevistas, esos requerirán nuevas soluciones.

Es probable que ya hayas actualizado tu recuadro de canales (de marketing). Si no, haz los ajustes que necesites hacer allí, eliminando los canales que no funcionaron y agregando los que sí hayan resultado efectivos. Este aprendizaje hará que sea más fácil encontrar y vender tu solución una vez la tengas lista.

Además de las casillas mencionadas anteriormente, también buscaremos actualizar y confirmar la información relacionada con los flujos de ingresos, la estructura de costos y los puntos de equilibrio.

Tu objetivo en esta próxima fase es enfocarte más allá de los clientes y sus problemas y encontrar una solución y un modelo de negocio. Al final de esta fase, deberás tener una solución que entusiasme a tus clientes ideales, junto con la confirmación de las cifras financieras que escribiste en tu plan. Necesitarás pruebas de que tu plan es viable, lo cual significará que tus clientes pagarán el precio que tu consideres que debes cobrar, puesto que tú puedes darles la solución a un costo suficientemente bajo para así generar un buen margen de ingresos que te permita pagarte lo que deseas, obtener una buena ganancia, pagar tus impuestos y cubrir todos tus gastos comerciales.

¿Qué tipo de cebo deberías utilizar?

Volviendo a nuestro ejemplo de la pesca: ya has confirmado el tipo de pez que quieres atrapar y su ubicación. Ahora que lo sabes, necesitarás usar el cebo adecuado para atraerlo. Cuando vas a pescar, la selección del cebo es fundamental. Si seleccionas uno incorrecto, no atraerás el tipo de pez que deseas y lo más probable será que atraigas al que no deseas (o a ninguno). Entonces, la clave para seleccionar el cebo indicado es encontrar uno que atraiga al pez que deseas atrapar y que repela al que no te interesa.

Este es el mismo enfoque que deberás adoptar con tus clientes ideales. Quieres ofrecer algo que les encante y los atraiga, pero que repela a quienes no sean tus clientes ideales. Si seleccionas el cebo incorrecto, lo más probable es que comiences a atraer a las personas equivocadas que no se convertirán en tus clientes. Por ejemplo, si tu cebo es obsequiar una tarjeta de regalo de Amazon, atraerás a mucha gente. Pero si el problema que deseas ayudar a resolver es que las personas pierdan peso, atraerás a un montón de personas que quieren una tarjeta de regalo gratis, pero que no están interesadas en perder peso.

Por lo tanto, al pensar en tu cebo, te recomendamos que tengas en cuenta un principio que ya antes mencionamos: comienza con el final en mente. Así como necesitabas comprender cómo querías que fuera esa empresa que te condujera hacia el éxito, también necesitas comprender qué es aquello que tu cliente ideal quiere lograr para así construir un camino que te permita ayudarlo a llegar allí. ¿Cuál es ese resultado óptimo que tu cliente ideal quiere obtener al resolver su problema? ¿Cómo será su vida después de que haya eliminado ese inconveniente actual? ¿Cómo se sentirá? ¿Qué podrá hacer y experimentar que quisiera hacer ahora, pero que no puede?

Aquí es donde realmente comienzas a beneficiarte del trabajo que has realizado hasta este punto con las entrevistas que has hecho y con las conversaciones que has tenido con tus posibles clientes. A partir de ahora, podrás empezar a sentirte más seguro acerca del perfil de tus ICAs, específicamente, de su psicografía, del problema que están afrontando y de sus enormes deseos de solucionarlo. Tú mismo escuchaste las palabras y frases que ellos usaron para describir sus desafíos y qué resultados quieren obtener, así que toda esa información te dará la esencia de lo que necesitas saber para elegir el cebo perfecto para atraerlos.

Por lo general, el cebo que utilices se centrará en solucionarles su problema. Primero, identificarás su incomodidad, lo que ellos están experimentando actualmente; luego, muéstrales el producto o servicio que les ofreces para resolverlo e invítalos a tomar cartas en el asunto. Imagina que te duele la cabeza. Tú sabes que tu dolor consiste en que te duele la cabeza. Cuando buscas detener ese dolor, te sientes atraído por alguna medicina específica de las que anuncian para las personas que tienen dolor de cabeza, que promete detener el dolor, por ejemplo, un analgésico. Este detendrá el dolor por un rato. En otras palabras, calma el dolor, pero no ataca lo que lo causa. Existen muchas razones subyacentes por las que alguien tenga dolor de cabeza, como un flujo sanguíneo deficiente. En ese caso, la solución definitiva es arreglar el problema de ese flujo sanguíneo deficiente, pero alguien con dolor de cabeza bien puede no saber que esa sea la causa del problema, razón por la cual esta persona no se sentiría atraída por ninguna medicina que dijera que sirve para arreglar el flujo sanguíneo. Más bien, se siente atraída por una medicina que le quite su dolor conocido que, en este caso, es su dolor de cabeza. *Por eso, es tan importante comprender cómo ven y describen tus clientes su dolor, no cómo tú crees que ellos lo sienten.*

Una vez los atraigas al saber describir cuál es su dolor y les ofrezcas una solución, ahí sí ellos se tomarán la medicación y se les quitará el dolor. Sin embargo, lo más probable es que su dolor de cabeza regresará y ellos seguirán tomándose los analgésicos indefinidamente. O, tal vez, comenzarán a darse cuenta que los analgésicos no les están resolviendo su problema y buscarán una verdadera solución. Aquí es donde tú podrás ayudarlos a comprender que, aunque el problema es un dolor de cabeza, ese dolor es en realidad solo un síntoma del verdadero problema, que en este caso es el flujo sanguíneo. Entonces, ahora que tu cliente es consciente de eso, ya puedes presentarle la solución que le ofreces para solucionar su problema de flujo sanguíneo, que es tu programa experimentado de alimentación y ejercicio. En resumen, el cebo con el cual atraerás a tu cliente ideal es describir el problema que él o ella está experimentando y del cual él o ella ya es consciente.

¿Cuándo muerden los peces el anzuelo?

El abuelo de Tom solía hacer que ellos dos se levantaran temprano, porque él sabía que a esa hora era "cuando los peces mordían el anzuelo". Así que, por lo general, dejaban de pescar en la última hora de la mañana, antes de que hiciera demasiado calor, porque los peces no mordían al mediodía, pero empezaban a pescar otra vez al final de la tarde, cuando los peces volvían a morder.

Retomando a tus clientes ideales, es importante no solo saber dónde están, sino también cuando están listos para "morder". Acabamos de dar el ejemplo del cliente ideal con dolor de cabeza. Entonces, tú necesitas encontrarte con ellos donde están, saber que tienen dolor de cabeza y que están buscando una solución. Pero ¿qué haces si ese mismo cliente ideal ya es consciente de que debe tratarse de un problema más profundo o diferente, porque ya ha tomado analgésicos y aún tiene dolores de cabeza? Bueno, eso significa que este cliente está en una parte diferente de su proceso y que el cebo con el cual solías atraerlo y que funcionaba al principio del proceso —la cura para su síntoma, el dolor de cabeza— ya no funcionará ni con esta persona, ni en este momento.

Entonces, ¿cómo la atraes para poder ayudarla? Con un cebo específico para esta persona en esta etapa actual de su viaje. Por ejemplo, ahora podrás enviarle mensajes (en los canales elegidos) sobre el hecho de que está tomando analgésicos, pero todavía tiene dolores de cabeza persistentes, como el dolor que siente ahora mismo. A lo mejor, la persona ya está al tanto del asunto o también podría suceder que tu mensaje la haga consciente de ello. En ese caso, ya podrías informarle que se trata de un problema más serio, que habría que identificarlo haciéndole una prueba que tú tienes para ofrecerle. Con este enfoque, ya te encuentras con este cliente ideal justo en el punto en que él o ella se encuentra y estás utilizando el cebo adecuado (la prueba) para atraerlo(a) y luego venderle la solución que le resolverá su problema.

Afortunadamente, en este momento, ya estás viendo el beneficio y el valor de haber tenido todas esas conversaciones que sostuviste con la gente. Una vez comprendas a tu cliente, identifiques en qué consiste su transformación ideal, el resultado final y en qué parte del proceso se encuentra, ya puedes ofrecerle el cebo adecuado y la mejor solución para ayudarle a resolver su problema actual y bien sea acercarlo a su objetivo o ayudarlo a alcanzarlo.

¿Cómo hacer que el pez muerda?

Cuando comiences a atraer al pez adecuado, algunos morderán ahí mismo y es probable que otros no muerdan de inmediato. Los que muerden rápido es porque tienen hambre, ven el cebo y se prenden de él —y tú los atrapas.

A otros les interesó el cebo y es probable que sigan ahí, nadando y dando vueltas alrededor de él, y que acaben no mordiéndolo. Esto es muy frustrante, sobre todo, cuando ves que están nadando en torno al cebo. Te dan ganas de decirle: "¡Muerde ya!". Algunos hasta lo mordisquean mientras nadan, mostrando que no hay duda de que están interesados, pero no quieren ceder a esa atracción.

El caso es que, aunque solemos frustrarnos, es importante que comprendamos que esos peces necesitan algo de ayuda para pasar de ser atraídos por el cebo a tomar la decisión final de morderlo. Tal vez, ya comieron y, por esa razón, aunque les guste el cebo, no tienen hambre o tanta hambre como tú quisieras que ellos tuvieran. A lo mejor, ya antes han mordido un anzuelo como este y descubrieron que no les gusta sentirse enganchados. O a lo mejor, la mala experiencia de otro pez les enseñó a tener cuidado con este cebo específico. (Los peces hablan entre sí, ¿no?) Puede haber infinidad de razones por las que, aun queriendo, no muerdan el anzuelo.

La pregunta aquí es ¿qué hace un pescador en ese caso? Si eres un pescador experimentado, usarás diferentes maniobras para atraerlos. Si entiendes por qué no muerden el anzuelo, resolverás el asunto y te dispondrás a ayudarlos a avanzar y morderlo o probarás diferentes anzuelos hasta que encuentres el que funcione. Quizás, intentes lanzar el cebo más al fondo del agua e irlo subiendo poco a poco a ver si el pez lo muerde. También podrías dejar que se hunda un poco, luego tirarlo, luego dejarlo hundirse otro poco, volver a tirarlo, etc. Otra maniobra sería lanzarlo y subirlo rápidamente para que los peces lo vean, pero no estén seguros de qué es. También puedes cambiar de ubicación o intercambiar de cebo o cambiarlo. Quizás, el primer cebo solo les interesó, pero el segundo los motive a morder. Muchas veces, después que realizas varias maniobras y un pez comienza a morder, otros peces también comienzan a morder.

Entonces, ¿cómo se relaciona esto con tus clientes? De varias maneras. Por ejemplo, algunos pueden venir a ti, porque vieron el cebo y están listos para comprar ahora. Estos serían *tus clientes "calientes"*. Pusiste el cebo allí, ellos se sintieron atraídos, el nivel de su dolor era alto y por eso decidieron comprar tu solución sin pensarlo dos veces, porque vieron que esta les dará el resultado que ellos buscan.

De hecho, casi como si el universo estuviera tratando de darnos una señal, mientras escribíamos esta parte, nos tomamos un descanso y vimos a alguien publicar en línea lo siguiente:

"Soy un comprador. Me agrada pagar para que me solucionen mis problemas. No hay nada peor para mí que el hecho de que intenten cebarme, que me pregunten cómo pueden ayudarme o que traten de establecer una buena relación conmigo a través de una pequeña charla.
Yo valoro más mi tiempo que el dinero.
Así que, de mi parte, cuanto más desperdicien de lo primero, menos obtendrán de lo último".

Si este es tu cliente potencial, ¿crees que es importante para ti saber esto? Si esta persona se siente atraída por tu cebo, lo más probable es que tenga hambre y esté lista para comprar. Entonces, ¡hazle la oferta y déjala que compre ya! Estos son los clientes a los que todo vendedor desea atraer, ya que están listos para comprar, tomarán la menor cantidad de tu tiempo y, a menudo, te generarán la mayor parte de tus ingresos y de tu éxito.

Pero no siempre tendrás prospectos de clientes así de atractivos. Quizás, algunos han sido atraídos por tu cebo, pero no quieren dar el siguiente paso para comprar y convertirse en tus clientes. Estos son *clientes potenciales "tibios"*. ¿Qué haces tú en este caso? Cuidarlos. Si recuerdas la parte en que hablamos del viaje del cliente, entonces, tendrás presente que la primera etapa es la de *conciencia*, que es cuando el anzuelo entra. La tercera etapa es la de *conversión*, cuando el prospecto se convierte en tu cliente. Pero hay una segunda etapa en el medio llamada *análisis*. En esta etapa, el cliente potencial (hasta el momento) está tratando de determinar si necesita una solución y, de ser así, querrá saber a ciencia cierta cuál de todas las que tiene a su alcance es la que debe elegir. Al igual que los peces que nadan alrededor del cebo, pero no lo muerden, estos posibles clientes dan vueltas y vueltas y observan tu oferta, pero no la compran. Tu trabajo es ayudarles, nutrirlos a lo largo del proceso. Ellos tienen preguntas que necesitan respuestas u objeciones que les impiden comprar. Por ejemplo, es posible que su dolor aún no sea lo suficientemente alto como para que piensen en invertir en una solución. A lo mejor, están atosigados con demasiada información o con demasiadas opciones como para tomar una decisión inmediata. También es factible que aún no confíen en tu empresa o que no estén 100% convencidos de que tu solución sea la que les dará los resultados que ellos esperan obtener. También puede ocurrir que no confíen en sí mismos para utilizar tu producto o servicio, que hayan sido estafados por otros productos similares que no les dieron resultados o tal vez no han oído suficientes comentarios, ni tienen una prueba social con respecto a que tu producto funciona.

Entonces, ¿cómo ayudarlos? Entendiendo cada una de estas razones por la que ellos te están expresando cierto interés, pero aun así no compran (a menudo, se conocen como objeciones) y desarrollando un proceso por medio del cual les aclares cada objeción y ellos queden tranquilos y convencidos. Al igual que cuando los pescadores prueban diferentes estrategias de lanzamiento y recuperación de la carnada, tú también puedes guiarlos a lo largo del proceso, probando diferentes maniobras que les ayuden a decidirse a comprar. Lo último que quieres es a un cliente que merodea y merodea, pero nunca toma una decisión. Tu trabajo es llevarlos a lo largo del proceso y ayudarlos a elegir. Cualquier decisión que ellos tomen siempre es mejor que ninguna decisión. Si esa decisión es convertirse en tus clientes, fantástico. Si esa decisión es que ellos no quieren convertirse en tus clientes, también es fantástico. Tu objetivo no es hacer que todos digan que sí y compren tu producto, sino filtrar a las personas a través del proceso y obtener a quienes sean adecuadas para decir que sí y a quienes estén equivocadas y digan que no. Ahora, cuando alguien está indeciso y no puede tomar una decisión, esta indecisión no le ayuda a esa persona a resolver su problema, ni te ayuda a ti, ni a tu negocio. Imagínate si la gente entrara a una tienda y no pudiera tomar una decisión entre si quiere o no quiere realizar una compra. Llegaría el momento en que obstruirían los pasillos, no permitiéndoles a los interesados hacer sus compras y dificultándole a la tienda ver quién está realmente interesado en sus productos y necesita ayuda. Sería mucho mejor que las personas que no fueran a comprar se salieran de la tienda y no que se queden atrapadas en el limbo en medio de la tienda.

Aquí, aclaremos un par de cosas:

- **El beneficio de que un cliente potencial diga que no.** Tu producto no es para todos, y si intentas que así sea, fracasarás. Las personas que te dicen que no te darán más espacio para concentrarte en quienes digan que sí, ¡y esas son las opiniones que cuentan! También te dan la oportunidad de preguntarles por qué dijeron no, y si notas que esa persona es uno de tus ICAs, este hecho te brinda información valiosa con respecto a posibles cambios que quizá tú estés necesitando hacer en alguna parte del viaje de tu cliente.

- **¿Están *equivocadas* todas las personas que te dicen que no?** No, no siempre. A lo mejor, solo se trata de que ellas no son las personas adecuadas en el momento adecuado. Hemos tenido bastantes personas que han querido trabajar con nosotros, pero no era el momento *adecuado* para ellas y para el momento de la vida en que se encontraban. Al final, nuestro mensaje les sonó tan fuerte que, tan pronto como fue el momento adecuado para ellas, regresaron y compraron ¡de inmediato! Si hubieran comprado sin estar convencidas, o nosotros hubiéramos tratado de obligarlas a comprar, lo más probables es que no habrían tenido éxito con nuestro producto, ni nosotros hubiéramos podido servirlas.

Entonces, ¿cómo hacer para que tanto tu mensaje como la solución que les brindas a tus posibles clientes sean los adecuados? Adivinaste, hablando con la gente. ¿Recuerdas a todas esas personas con las que ya hablaste? ¿Aquellas que tenían esos dolores y problemas que entendiste a la perfección y que te parecieron tus clientes ideales? ¿La gente a la que le preguntaste "si estaría bien volver a contactarla cuando tengas lista una solución"? Esas son las personas que te ayudarán de tal modo que tu plan, tus productos o servicios y tu éxito prosperen.

Antes de que vuelvas a comunicarte con ellas, querrás definir mejor cuál y cómo crees que será tu solución y el camino que tomarás para que todos esos prospectos se conviertan en tus clientes.

Tu solución deberá consistir en:

- Tener el *producto o servicio* que resuelva todos y cada uno de los principales problemas que identificaron tus clientes ideales.
- Conocer las características de la solución.
- Saber exponer los *beneficios* de usar la *solución*.
- Mostrar los *resultados* que tu posible cliente obtendrá al recibir estos beneficios.
- Seleccionar *un nombre* que identifique lo mejor posible tu oferta, el proceso y tu solución.
- Hacer una *propuesta de valor único* mediante la cual tu cliente potencial diferencie de manera significativa tu solución versus las soluciones existentes.
- Definir el *precio* que planeas cobrar.
- Sacar los *costos* del capital que se requerirá para crear y comercializar tu solución.

- Tener *pruebas* de que tu solución ha funcionado y funcionará.

Ahora, analicemos cada uno de estos puntos un poco más en detalle:

- Tener el *producto o servicio* que resuelva todos y cada uno de los principales problemas que identificaron tus clientes ideales: Para el problema #1 (y para algunos de los problemas principales), deseas que tu solución sea la mejor forma de resolverlo(s).

- Conocer las características de la *solución*: Necesitas hacer declaraciones fácticas sobre la solución que ofreces, *en qué consiste, cuánto dura, cuánto cuesta,* etc. Estos son los detalles que deberás incluir al ofrecer tu solución.

- Saber exponer los *beneficios* de usar la solución: Prepárate para explicar lo que obtendrá tu cliente como resultado de las características de tu producto/servicio. Estos deberán responder a la pregunta: *¿Y cómo me beneficio yo de eso?* Este será el valor que tu cliente obtendrá de tu propuesta.

- Mostrar los *resultados* que tu posible cliente obtendrá al recibir estos beneficios: Los resultados están un paso más allá de los beneficios y, en última instancia, son lo que tu cliente está buscando.

- Seleccionar *un nombre* que identifique lo mejor posible tu oferta, el proceso y tu solución: Así es como llamarás a tu solución. La mayoría de la gente hace demasiado énfasis en esto, sobre todo, al principio. Sin embargo, si aún no tienes un nombre, no te preocupes. Sigue avanzando y lo encontrarás a medida que el proceso avance.

- Hacer una *propuesta de valor único* mediante la cual tu cliente potencial diferencie de manera significativa tu solución versus las soluciones existentes: Tu deseo es que tu producto sea diferente a las soluciones existentes, de tal manera que se destaque y resuelva lo que hasta ahora no han logrado resolver las soluciones ya existentes.

- Definir el *precio* que planeas cobrar: ¿Cuánto piensas cobrarle al cliente por tu solución? El precio debe ser lo suficientemente alto como para que te permita obtener el margen de beneficio adecuado y logres encajar de tal modo que tus clientes compren.

- Sacar los *costos* del capital que se requerirá para crear y comercializar tu solución: Necesitas tener muy claro cuánto dinero te costará realizar tu idea. Para esto, debes tener en cuenta el costo de los materiales, de cuánto pagarás por el trabajo de quienes te ayudarán a tener lista la solución, así como el costo de entrega y del apoyo que le ofrecerás a tus clientes después que hayan hecho la compra.

- Tener *pruebas* de que tu solución ha funcionado y funcionará: Así, le ayudarás al cliente a comprender que tu solución funciona. Al comienzo, este punto estará más centrado en quién eres tú y por qué confiar en tu solución, pero lo ideal es tener lo antes posible resultados verificables, casos de estudio sobre cómo y qué tanto funciona tu solución y clientes que así lo afirmen.

A continuación, te mostramos un ejemplo: tu objetivo es dirigirte a personas que hacen ejercicio, interesadas en una solución que les ayude a recuperarse más rápido de sus entrenamientos y que valoren el tiempo y la facilidad con que logren ejercitarse.

- **Producto:** Un batido de recuperación premezclado y fácil de llevar a todas partes (facilidad). Este le ahorrará tiempo al cliente, pues no tendrá que ponerse en la tarea de preparar su batido después del entrenamiento (ahorra tiempo).

- **Características:** 26 gramos de proteína, solo 100 calorías, premezclado.

- **Beneficios:** Brinda una recuperación más rápida y aumenta el crecimiento muscular.

- **Resultados:** El cliente se volverá más fuerte, lucirá mejor y se sentirá más seguro sin el dolor constante que suelen producir los entrenamientos.

- **Nombre:** Mr. G's Max Pump & Recovery.

- **Propuesta de valor único:** ¡No desperdicies tu entrenamiento! Premezclado y repleto de todo lo que necesitas, Mr. G's Pump & Recovery es el batido que te ayuda a recuperarte más rápido y a desarrollar más músculo.

- **Precio:** $3 dólares.

- **Costos:** $1 dólar.

- **Pruebas:** El testimonio de un cliente que afirma: "He probado muchos batidos de entrenamiento. Mr. G's es, por muchas razones, el mejor. Es un batido de muy buen sabor y noto claramente que no estoy tan adolorido al día siguiente, incluso después de un entrenamiento agotador. Este producto me ayuda a tener el cuerpo de playa que deseo sin sentir la fatiga habitual y con un tiempo de recuperación más corto".

¿Ves lo poderosos que son todos estos aspectos referentes a tu solución? Hacen que tu producto/servicio sea fácil de explicar y de entender y es la solución al problema y a los deseos de tu cliente ideal. Además, independientemente de si tu solución es presentada bien sea como un producto o un servicio, debes estar preparado para explicarles todo lo anterior a tus posibles clientes.

Además, una nota importante en este punto: todavía *no* es el momento de invertir tu tiempo, ni tu dinero en la creación de tu oferta. Más bien, enfócate en diseñarla muy bien y comienza a medir el interés que esta despierta en tus clientes potenciales. Demasiados emprendedores invierten su tiempo y su dinero creando su producto antes de validar su verdadera demanda. Es obvio que, si la gente no lo quiere, tenerlo listo antes de tiempo significa haber desperdiciado tus recursos de tiempo y dinero. Por eso, es tan importante validarlo antes de crearlo.

Entonces, en lugar de crear el producto, es crucial que, primero que todo, tengas un *concepto* claro y definido de lo que habrá de ser este producto y que analices cómo responde tu cliente ideal ante la solución que estás dispuesto a brindarle. Después, vas a darlo a conocer, le harás una demostración a tu cliente ideal y seguirás los pasos de un proceso de ventas tal y como lo harías si en realidad estuvieras vendiendo el producto, pero sin tenerlo todavía. Si eres como la mayoría de los emprendedores, aquí es cuando nos preguntas: "¿Cómo se supone que voy a vender esta solución si todavía no la tengo?". La respuesta es: de la misma forma en que lo haría si ya lo tuvieras. Verás, el riesgo que existe en esta etapa del proceso es que tengas la solución incorrecta y que no te la compren. Entonces, hablando con la gente y haciendo estas pruebas y estas ventas que te parecen ficticias, pues tu producto no está listo, aunque tú quieres venderlo, lo que quieres es confirmar que todos los diferentes aspectos de esta solución sean verdaderamente eficaces y cumplan con todos los parámetros que acabamos de enumerar.

En estos casos, es aconsejable crear unas muestras de tu solución. Por ejemplo, si es un producto físico, pídele a un diseñador que te produzca una imagen de cómo este se verá una vez terminado; si se trata de un servicio o programa, haz un gráfico que muestre el proceso ya probado que le dé a tu prospecto una idea clara de lo que le estés ofreciendo; si es un libro, haz una maqueta de él y escribe el primer capítulo.

El hecho es que, habiendo establecido tu concepto de la solución que ofrecerás, es el momento de volver a contactar a las personas con las que ya hablaste sobre el problema que ellas están afrontando y se la presentes. También te beneficiarás contactando a personas con las que todavía no hayas hablado al respecto. Esta experiencia te permitirá probar qué tan buena es tu solución al mismo tiempo que evalúas si supiste identificar a tu cliente ideal y si ya sabes detectarlo. Lo importante es que mantengas la misma curiosidad con la que sostuviste tu primera conversación con la gente a la que contactaste al comienzo y que te concentres en todo el aprendizaje que puedas obtener de cada experiencia con las personas que contactes.

Al igual que en la entrevista con el cliente, no existe una forma única de conducir la entrevista en la que mostrarás tu solución. Así que decidimos continuar con las recomendaciones que hace Maurya en su libro *Running Lean*. Hicimos unas pequeñas modificaciones en cuanto a las dos entrevistas que ella presenta en su libro: la entrevista de solución y la entrevista relacionada con el PVM. Esto, debido a que, a lo largo de nuestra experiencia, y de la de los emprendedores con quienes hemos trabajado, hemos observado que, muchas veces, suele ser más beneficioso hacer estas dos entrevistas en una. La diferencia consiste en que *Running Lean* se centra principalmente en software y tecnología. En cambio, nosotros hemos utilizado este enfoque en toda clase de industrias y en diferentes soluciones.

A continuación, te mostraremos un formato básico y útil para conducir estas conversaciones:

- **Bienvenida (2 minutos – Prepara el escenario):** Describe en unas pocas frases en qué consiste la entrevista y cómo funcionará.

- **Recopila información demográfica (2 minutos – Comprueba el perfil de tu posible cliente):** Si esta es tu primera conversación con esta persona, recopila su información demográfica básica, de tal modo que te ayude a identificar y evaluar a este posible usuario de tus productos o servicios.

- **Cuenta una historia (2 minutos – Establece el contexto del problema):** Comparte una breve historia que ilustre cuál es el principal problema que combate esta solución.

- **Demostración (15 minutos – Prueba de tu solución):** Repasa el problema y muéstrale a tu entrevistado cómo tu solución lo resuelve. Luego, pídele que haga las preguntas que él o ella considere necesarias, que te cuente qué de lo que le contaste le llamó más la atención, qué es aquello sin lo cual él o ella no podría vivir y le hace falta con respecto al tema de conversación.

- **Prueba del precio (3 minutos – Flujo de ingresos):** Infórmale al posible cliente el precio en el cual planeas vender tu producto o servicio y evalúa su reacción.

- **Conclusión (2 minutos – Lanza el gancho y la pregunta):** Termina tu exposición con 2 preguntas. La primera es si tu entrevistado compraría esta solución hoy. Si es así, recopila su información de pago. Si no, pregúntale por qué no y despéjale una a una sus objeciones, procurando hacerle un seguimiento futuro si es que logras despejar sus objeciones. La segunda pregunta es si él o ella podría presentarte a otras personas que tengan el mismo problema que ellos y con quienes sería conveniente conversar.

- **Documenta los resultados (5 minutos):** Tómate unos minutos y documenta los resultados, ya que aún están frescos en tu mente.

La parte más valiosa de esta entrevista es la pregunta: *¿Comprarás esto hoy?* El objetivo, más que todo con tus conversaciones iniciales, no siempre es conseguir un sí, sino averiguar cuáles son las objeciones a la compra de tu producto o servicio. Si tu prospecto te dice que sí, infórmale que la solución aún no está lista, pero que recopilarás su información de pago y lo pondrás en la lista para que sea uno de tus primeros clientes en recibirla cuando ya esté disponible al público. Si te dice que no, que es probable que lo diga, el hecho de preguntarle por qué no sin extenderte, ni insistir demasiado te ayudará a comprender sus objeciones. Tal vez, le haga falta algo a tu solución o el dolor que este problema le causa al entrevistado no es lo suficientemente alto o le falta confianza en sí mismo o en ti o en el producto. Lo cierto es que comprender estas objeciones te permitirá mejorar tu solución, así como aclarar y comprender aún más no solo a tu cliente ideal, sino también cómo es el viaje que está atravesando.

A medida que recibas estos comentarios, querrás seguir perfeccionando tu solución y ajustar tu proceso y tu mensaje. Tendrás que seguir hablando con la gente hasta que empieces a lograr que más personas respondan que sí cuando les preguntes si comprarán tu producto o servicio. Y, cuando esto suceda, tendrás una lista inicial de personas que ya te pagaron o están dispuestas a pagarte.

Consejos adicionales para transitar por esta parte del proceso:

- Incluso si te sientes incómodo, no te saltes la pregunta *"¿Comprarás esto hoy?"*. Es fácil que alguien te diga que la tuya es una buena solución, pero la verdadera prueba llega cuando les pides a tus entrevistados que compren. Muchos negocios han fracasado, porque creían en lo que decían sus clientes potenciales sin nunca haberles pedido que se comprometieran. Después, fueron y construyeron la solución solo para sentirse sorprendidos cuando apenas una pequeña parte de las personas que les dijeron que les comprarían terminó comprando. Es un hecho que, cuando involucras dinero en el asunto, la verdad sale a la luz. De lo contrario, es muy fácil que, en el momento, las personas te manifiesten que se trata de una buena idea, pero solo porque no tienen nada que perder en el juego.

Si hacer esto te resulta incómodo, recuerda que también para la mayoría de la gente es incómodo hacerlo. Construir un negocio requiere de tu parte que empieces a sentirse cómodo sintiéndote incómodo. Recuerda también que tu objetivo, sobre todo, la primera vez que haces esta pregunta, no es que te digan que sí, sino que tus prospectos te revelen sus verdaderas objeciones para así mejorar tu producto.

- Cuando la gente te paga antes que tú tengas lista una solución, esa transacción se llama preventa. Es 100% legal y suele ser una gran estrategia utilizar a tus clientes ideales para financia tu negocio. Casi siempre, los emprendedores piensan que necesitan poner mucho de su dinero para desarrollar sus nuevas ideas u obtener un préstamo de un banco o a un inversor que les ayude a hacer su negocio una realidad. Con este enfoque, estás utilizando a tus futuros clientes para financiar tu trato con ellos. Quizá, no te sorprenda saber que muchas empresas en varias Industrias lo utilizan. Inclusive, hay empresas de financiación colectiva, como KickStarter, que tienen una plataforma para que los emprendedores les hagan preventas de sus ideas a sus clientes.

¿Qué equipo usar?

La pesca, al igual que la mayoría de las actividades, suele comenzar de manera muy simple y volverse cada vez más compleja a medida que profundizas en ella. Aunque las tiendas tienen pasillos y pasillos de herramientas e instrumentos relacionados con la pesca, cualquier persona puede comprar algunos que sean básicos y empezar a pescar el mismo día. Así que, cuando empiezas a practicarla, tú no necesitas tener, ni deberías preocuparte por adquirir una gran cantidad de equipo de pesca. De hecho, comprar el "mejor" equipo no solo te costará mucho más, sino que también complicará demasiado tu proceso y, en este momento, tenerlo no representa ninguna ventaja significativa para ti. Más bien, a medida que vayas haciendo varias expediciones de pesca, irás seleccionando el tipo de peces que deseas capturar e irás determinando cuáles son los mejores lugares para pescarlos, junto con el mejor cebo y la mejor estrategia a seguir. Y, cuando todo esto haya ocurrido, ahora sí estarás listo para comenzar a ampliar y actualizar tu equipo de pesca.

Esta misma lógica aplica a tu negocio. Cuando recién comienzas, lo más recomendable es que mantengas las cosas lo más simples posible. Hazlo de esa manera, primero que todo, pensando en la solución que piensas ofrecerles a tus prospectos. La clave a tener en cuenta aquí es no crear una sola versión de tu solución, sino lanzar tantas versiones diferentes de ella como clientes comiencen a usarla y a darte comentarios. Esto implica decir que la primera versión de tu solución no terminará siendo igual a la versión final.

Así es como las empresas modernas crean nuevas soluciones. En el pasado, estas invertían años desarrollando una solución hasta lanzar una que tuviera infinidad de funciones, esperando grandes ventas. Sin embargo, durante las últimas décadas, las empresas han ido cambiando ese proceso hasta adoptar un enfoque ágil mediante el cual puedan desarrollar sus soluciones de maneras mucho más efectivas. Entonces, en lugar de intentar implementar todas las funciones posibles en la primera versión de su producto o servicio, prefieren lanzar al mercado la versión original con características mínimas que resuelvan el problema de su clientela. Después, se enfocan en escuchar los comentarios de sus usuarios y, basándose en ellos, priorizan cuál y cómo será el siguiente conjunto de funciones que incluirán en sus productos o servicios, de acuerdo a lo que los usuarios quieran. Con frecuencia, algunas de estas características suelen estar ya identificadas, en cambio, otras ni siquiera están en la lista de funciones y solo aparecen hasta que el producto o servicio ya está en el mercado y la gente lo utiliza y las solicita.

Por ejemplo, el primer iPhone tenía menos funciones que la versión actual. Apple hizo su investigación y descubrió qué otras funciones deberían incluirle. Luego, lanzaron al mercado la siguiente versión, recibieron comentarios acerca de ella y la siguieron mejorando. En otras palabras, con cada lanzamiento, mejoraron su producto y le incluyeron más funciones, yendo cada vez más allá, simplemente, vendiéndoles a sus primeros usuarios y expandiéndose poco a poco a una audiencia más amplia.

Por lo tanto, si este enfoque es lo suficientemente bueno para Apple, la primera empresa de billones de dólares del mundo[6], es lógico pensar que también es lo suficientemente bueno para ti.

Creando tu solución PVM

Ahora, estás listo para convertir la idea de tu solución en una realidad. Como acabamos de comentar, en lugar de agregarle a tu producto o servicio todas las funciones potenciales que podrías agregarle en su primera versión, más bien, concéntrate en crear un producto viable mínimo (PVM).

Producto viable mínimo: Es una solución con las características suficientes para resolver el problema principal, satisfacer a los primeros usuarios y obtener comentarios sobre ella.

Hasta este momento, solo hemos hablado de la solución con respecto a tus clientes ideales. Si bien ellos han sido muy útiles, pues te han permitido aprender, también existe un límite con respecto al valor de este enfoque, ya que aprenderás mucho más una vez que mucha gente use tu solución. Entonces, a medida que avanzas en esta fase de creación de tu solución, es aconsejable que te centres en crear un PVM y lo pongas en manos de tus clientes lo antes posible. Lo ideal es que produzcas este PVM en una cantidad mínima, solo en aras de resolver el problema de tus clientes. (Nota: Puede que te parezca un producto incompleto, que te avergüences de él y es posible que hasta ni quieras comercializarlo. Estos son sentimientos completamente naturales, pero no dejes que te detengan).

Entonces, si tu solución inicial implica crear un nuevo tipo de producto, fabrícalo en cantidades pequeñas. No te preocupes por hacer diferentes tipos, ni por escalar su producción todavía. Concéntrate en obtener un puñado de un tipo, en conseguir clientes y en recibir sus comentarios. Si estás ofreciendo un servicio, concéntrate en incluir en él la menor cantidad de características posible y comienza a ofrecerlo. Si es un curso de capacitación, evalúa la posibilidad de impartirlo en vivo y ve incorporando sobre la marcha los comentarios de tus estudiantes reales. Si revisas la historia de cualquier producto o marca de éxito, verás que estos han sido una evolución y que lo que son hoy en día es drásticamente diferente a cómo se veían cuando se lanzaron al mercado por primera vez. Por lo tanto, no compares tu primera versión con la décima versión de tu competencia, ni con tu futura décima versión.

La clave aquí, al igual que con las entrevistas para hablar sobre el producto y de la solución, es seguir aprendiendo. Aún no tendrás la solución perfecta. Tus costos serán más altos ahora, porque tienes que afrontar los costos de la puesta en marcha y aún estás desarrollando tu base inicial.

Los siguientes son los aspectos mínimos que la mayoría de las empresas necesita tener en cuenta cuando lanza su primera versión de una solución:

- Una forma de describirle su solución al cliente, lo cual ya hicimos al definir características, beneficios, etc.
- Una forma de crear la primera versión de su solución.
- Una forma de recaudar dinero de los clientes.
- Una forma de entregarles su solución a sus clientes.
- Una forma de recopilar comentarios a medida que sus clientes usan su producto.
- Una forma de seguir identificando clientes potenciales para luego convertirlos en clientes estables.

Cada uno de estos aspectos variará en función de tu negocio y tu solución. La clave está en no complicarlos demasiado. Así como has hecho con todo en esta etapa, lo único que quieres es implementar solo el mínimo requerido. Por ejemplo, es posible que no necesites un sitio web todavía. Y si lo necesitas, mantenlo simple, incluye allí tu cebo y una forma específica de captar y cebar a tus posibles clientes.

Capítulo 3.7
Lanzamiento y ventas iniciales

Habiendo completado los pasos anteriores, ya te has preparado y ahora sí estás listo para el lanzamiento de tu producto o servicio y para la apertura de tu negocio. Este es un momento emocionante. Estás abriendo oficialmente las puertas de tu empresa, ya sea de manera física o metafórica, y has empezado a servirle a la gente. Hasta este momento, trabajaste bastante y quizá te parezca que este es el final de tu trabajo, pero ¡este es solo el comienzo! Hasta este punto, solo fue el trabajo previo que te permitió llegar hasta aquí. El objetivo ahora es confirmar que todo ese trabajo previo que hiciste esté alineado con las diversas piezas del rompecabezas (tu plan de negocios) y obtener un grupo inicial de clientes y ventas.

Tu primer viaje de pesca

Con todo el trabajo de preparación que realizaste, ¡ya estás listo para ir por fin a pescar! Sientes que estás preparado, pues tienes mucha más claridad sobre los tipos de peces que deseas pescar, dónde se encuentran, qué cebo los atraerá, algunas estrategias para atraparlos y qué equipo usar. ¡Así que llegó la hora de salir y empezar a pescar!

Pero antes, solo una advertencia: aquí es donde el cebo cae en el agua. Has planeado todo y parece que funcionará, pero ten en cuenta que las cosas rara vez salen según lo planeado. Es importante que, desde el principio, sepas esto. Puede que en tu primer viaje de pesca no atrapes ningún pez. Puede que hayas omitido algo en tu trabajo de preparación o que tal vez solo sea un mal día. El hecho es que, sea cual sea la cantidad de peces que atrapes, lo que aquí cuenta es que saliste y comenzaste a pescar. Este es solo el primero de muchos de tus viajes de pesca. Después que lo hagas, podrás reflexionar acerca de él y determinar qué ajustes necesitas hacer la próxima vez para atrapar aún más peces.

La buena noticia es que todo el trabajo de preparación que realizaste hará que tu lanzamiento sea más fácil y más exitoso que si no te hubieras preparado. No estás tratando de atrapar a cualquier pez, sino a los tipos de peces que te interesan. Verás que, con el tiempo, y haciendo ajustes a partir de lo que aprendas, tus ventas aumentarán y continuarán creciendo.

El lanzamiento

Lanzar tu solución al mundo es emocionante, pero también estresante. Un lanzamiento es una oportunidad para generar interés en tu novedoso producto, así que deberás planificar y coordinar en consecuencia. Habiendo dicho esto, y sabiendo que lo que voy a decir a continuación puede sonar contrario a tu intuición, lo ideal es que tu lanzamiento inicial sea bastante pequeño.

Te diré por qué:

- Es menos trabajo. Tu objetivo con un lanzamiento es lograr que un grupo de personas compre para luego brindarles una gran experiencia. Esto es mucho más fácil de hacer en una escala menor.

- Mantienes bajo tu nivel de estrés. Tener menos cosas de las que preocuparte es importante, sobre todo, la primera vez que haces un lanzamiento. Y en los lanzamientos posteriores, es importante construir sobre lo que hiciste en el anterior.

- Te ayuda a brindarles una gran experiencia a tus primeros usuarios. Tú quieres que este primer grupo de clientes ame tu solución y que ellos obtengan magníficos resultados. Así, ellos estarán satisfechos y tú obtendrás estudios de casos y testimonios que, en el futuro, contribuirán al éxito en el mercadeo y las ventas de tus productos y servicios.

- Te permite obtener comentarios y mejorar. Si tienes demasiados clientes, te sentirás abrumado y no podrás escuchar lo suficiente, ni aprender de tus primeros usuarios. Tu empresa aún no está configurada con sistemas y procesos que te permitan manejar un mayor volumen de clientes. Por lo tanto, concéntrate en conseguir esos clientes iniciales, brindándoles una gran experiencia al mismo tiempo que aprendes de ellos.

Por lo general, los lanzamientos se dividen en tres fases:

- Pre lanzamiento
- Lanzamiento
- Después del lanzamiento

Pre lanzamiento

Has estado participando en el pre lanzamiento desde que comenzaste a planearlo, pues esta etapa es acerca de prepararlo. Has estado llenando tu estanque de peces. Ahora, deseas planificar tu lanzamiento y será necesario que te hagas algunas preguntas importantes:

- ¿Cuándo será tu lanzamiento?
- ¿Cuánto durará?
- ¿A quién estará dirigido?
- ¿Qué promociones y bonificaciones especiales ofrecerás?
- ¿De qué podrías escasear?

La mayor parte del éxito de tu lanzamiento se reduce a qué tan bien ejecutes tu pre lanzamiento. Si has realizado todos los pasos anteriores, ya has creado un grupo de clientes ideales, ya tienes claridad acerca de su problema principal, también sabes que ellos están dispuestos a pagar para que se lo resuelvas, creaste una solución y, tal vez, hasta haya algunas personas que ya te pagaron.

Siempre que hagas a un lanzamiento, deberás tener un objetivo claro. Siempre es útil que te preguntes, *¿qué me haría sentir que este lanzamiento fue un éxito?* Este sería tu objetivo (o tu métrica, como mencionamos al hablar sobre tus objetivos personales). Entonces, lo que quieres hacer es pensar en retrospectiva e identificar primero lo que deberá ocurrir para luego planear en función de lograrlo.

Por ejemplo, supongamos que tu objetivo era obtener 10 clientes en total. Tú ya tiene dos de tus conversaciones anteriores. Entonces, tu objetivo sería:

Pasar de dos a diez clientes al final del lanzamiento.

¿Cómo vas a hacer que eso suceda? ¿Qué indicadores o criterios asumirás para guiarte y conseguir ese objetivo?

Supongamos que, con todo lo que estás haciendo con tu lanzamiento, logras convertir al 25% de tus clientes potenciales en clientes estables. Es decir que, si tienes ocho clientes en total, divididos por el 25% de la tasa de conversión de clientes potenciales en clientes activos, esta cifra significa que necesitarás una lista de, por lo menos, 32 prospectos "tibios". Y, si tienes menos que estos, entonces, deberás tener más conversaciones y obtener más clientes potenciales antes del lanzamiento. Como verás, cuantos más clientes potenciales tengas, más probable será que logres hacer la cantidad de ventas que te propones. Si tu tasa de conversión es del 10%, eso significa que necesitarás 80 clientes potenciales. Cuanto más trabajo hagas para obtener estos clientes potenciales antes del lanzamiento, más probable será que este sea exitoso.

También deseas diseñar el proceso de incorporación de tus invitados y de cumplimiento de tu meta, lo cual sucede justo después de que la gente se inscribe al evento, compra y se convierte en tu cliente. Se trata de los pasos que ellos dan no solo para obtener la solución que les brindas, sino para disfrutar de una gran experiencia y luego proporcionarte sus comentarios. Por ejemplo, cuando alguien se registra en nuestro programa de coaching en el área de los negocios, le damos la bienvenida al programa y elogiamos su interés en crear una cuenta en nuestro portal de formación; además, le damos una selección de videos que hará parte de su formación inicial, la cual le servirá para aclimatarse al funcionamiento del programa. Este inicio, les brinda a nuestros clientes una primera experiencia positiva, les explica cómo utilizar el servicio que acaban de comprar y además les genera ciertas expectativas sobre nuestro programa que les ayudarán a aprovechar al máximo su contenido.

Lanzamiento

Cuando inicies, les estás abriendo a tus invitados la posibilidad de hacer compras oficialmente. La clave durante un lanzamiento exitoso es aprovechar la emoción y el entusiasmo de los clientes potenciales "tibios" que asistan. En cuanto a ti, no solo deberás enfocarte en publicitar y comercializar tus productos o servicios, sino que también tendrás que estar pendiente de continuar haciendo conexiones con todas y cada una de las personas con las que ya tuviste una conversación previa, trabajando en función de invitarlas a comprar desde el primer día.

Después del lanzamiento

Una vez se termina el lanzamiento, las cosas apenas comienzan. Querrás asegurarte de que cada persona que compró haya tenido una gran experiencia. También querrás tomarme un tiempo para reflexionar, analizar y ver qué puedes aprender del evento. Y si haces una venta o 100 ventas, el hecho es que ya estás abierto al público. Cuanto mejor hayas definido y unido las piezas de tu modelo de negocio, más probable habrá sido que tu lanzamiento haya resultado todo un éxito. Ahora, si estás decepcionado con los resultados iniciales, no te preocupes demasiado, pues antes del lanzamiento solo tenías cierto nivel de conocimientos. Una vez terminado, es indudable que habrás adquirido más conocimientos. ¿Cuántas ventas hiciste en total? ¿Cuántos nuevos clientes obtuviste? ¿Cuál fue tu tasa de conversión real de clientes potenciales a clientes? ¿Y cómo comparas el resultado final en relación con lo que pensaste que ocurriría cuando apenas estabas organizando el evento?

Reflexionar sobre estas preguntas te ayudará a comprender qué partes del rompecabezas salieron bien, cuáles no salieron bien y qué cambios necesitas hacer para que tu próximo lanzamiento salga mejor y puedas seguir avanzando.

Capítulo 3.8
Aumenta tus ventas

Habiendo realizado tu primer lanzamiento, ¿cuál es tu próximo paso? ¿Dónde necesitarás enfocar la mayor parte de tu tiempo, dinero, concentración y energía para hacer crecer tu negocio?

Reabasteciendo tu estanque

Cuando has estado abasteciendo tu estanque, es indudable que, durante un tiempo, estarás disfrutando de la pesca. Sin embargo, si continúas pescando y sacando los peces de tu estanque sin repoblarlo, llegará el momento en que comenzarás a pescar menos hasta terminar no teniendo peces a los cuales atrapar.

Este mismo concepto aplica a tu negocio. A lo largo de este proceso, pasaste tiempo encontrando clientes ideales, poniéndolos en tu estanque y nutriéndolos. Luego, te diste a la tarea de pescar y atrapaste algunos de estos prospectos, convirtiéndolos en clientes y pasándolos de tu "estanque de clientes potenciales" a tu "estanque de clientes". Lo bueno de esto es que pescaste en ambos estanques, lo que significa que continuarás pescando en tu estanque de prospectos hasta convertirlos en clientes. También seguirás pescando en el estanque de tus clientes, convirtiéndolos en clientes que regresan. Una vez que hayan comprado y disfruten de una gran experiencia con tus productos o servicios, es más probable que vuelvan a comprar.

El problema que enfrentan las empresas después de un lanzamiento es que, si dejan de reabastecer su estanque de prospectos, poco a poco, irán atrapando menos peces. Y si no encuentran nuevos clientes ideales constantemente, ofreciéndoles el cebo y llevándolos a su estanque de prospectos para después pasarlos al de clientes, no existe ni la menor duda de que sus ventas se estancarán.

En este punto es donde querrás seguir centrándote en los recuadros tanto de los canales como de las métricas de tu plan con el Modelo Lean Canvas. Tus canales son aquellos lugares donde están tus clientes ideales y a donde tienes que ir a encontrarlos. Tus métricas te ayudarán a rastrear el proceso de adquisición de estos clientes.

Por ejemplo, supongamos que encontraste un lugar donde se reúnen tus clientes ideales. Entonces, cuelgas allí tu cebo y los atraes. Luego, ellos toman conciencia de su problema y de tu solución, convirtiéndose en tus prospectos. Luego, tú mueves estos prospectos a tu estanque de prospectos y continúas nutriéndolos. Cuando están listos, compran y pasan de ser prospectos a convertirse en tus clientes, momento en cual los trasladas a tu estanque de clientes, les entregas la solución que tienes para ofrecerles y continúas apoyándolos y reteniéndolos. Y en este transcurso, haces tan bien tu trabajo que ellos le cuentan a sus amigos acerca de tu solución, ellos acuden a ti y tú los tratas como tus clientes potenciales hasta que se conviertan en tus clientes. De ese modo, siempre estarás reabasteciendo tus dos estanques.

Este es el ciclo de vida completo del recorrido del cliente. Y cuando lo conduces correctamente, el ciclo mismo te proporcionará los medios para reabastecer tu estanque de prospectos a través de esos clientes existentes que estarán hablándoles a sus contactos sobre ti. Ya sea que utilices marketing orgánico (referencias, marketing en redes sociales, marketing por correo electrónico, optimización de motores de búsqueda, etc.) o marketing pagado (pago por clic, publicidad en redes sociales, publicidad en medios tradicionales, marketing de influencers, etc.), es importante que establezcas, por lo menos (idealmente, múltiples), una estrategia que te permita reabastecer tu estanque de prospectos y clientes.

SECCIÓN 4

CONFIGURA Y ESCALA TUS SISTEMAS

Resumen de la sección

Teniendo ya un modelo de negocio cada vez más validado, habiendo comenzado a hacer tus primeras ventas y continuado con todas y cada una de las ventas que has seguido haciendo, es tiempo de enfocar tu atención en el diseño y organización de tu empresa, ya que tu objetivo debe ser prepararte para seguir creciendo y avanzando cada vez más hacia tus metas. Esta sección te guiará a lo largo y ancho de las diversas áreas de la administración de una empresa y te mostrará cómo estructurarla y organizarla de tal modo que alcance un crecimiento eficaz y eficiente, sin que por eso, se apodere de tu vida.

Capítulo 4.1
Los emprendedores no tienen vacaciones

Perspectiva de Ariana

Si ya has tenido la oportunidad de conocernos o de oír referencias acerca de nosotros, lo más probable es que habrás escuchado que nuestros contactos y clientes suelen referirse a nosotros como la gente de "los sistemas y procesos". Eso es gracias a la experiencia de Tom en las áreas de consultoría y gestión de proyectos, así como en lo que se refiere a ayudarles a los equipos dentro de las empresas a utilizar los conceptos Lean y Agile para aumentar la eficiencia y el flujo de trabajo. (Woah, ¿se nota que llevo andando con Tom desde hace muchos años? ¡A veces, es como si sus palabras fluyeran de mi boca!).

Pero no siempre fue así. No siempre tuvimos sistemas. Y a menudo, no tenerlos nos causaba grandes dolores de cabeza en nuestros negocios y, lo que es más importante, en nuestra vida.

Por ejemplo, tomemos nuestro negocio de bienes raíces: cuando comenzamos, Tom y su padre estaban haciendo ellos mismos todo el trabajo en cada propiedad. No había ningún sistema que nos permitiera saber cómo las encontraban, las seleccionaban, las compraban y las remodelaban. Esto significaba que, por lo general, terminaban gastando más de lo planeado, así que, en realidad, no era que ahorráramos costos al hacer el trabajo ellos mismos.

Sin embargo, lo que esto significaba para Tom era que pasaba casi *todos los fines de semana* conduciendo 45 minutos de camino desde nuestra casa hasta nuestras propiedades, ubicadas en su ciudad natal; además, trabajaba durante largos y duros días, instalando paneles de yeso, tuberías nuevas, líneas de electricidad, derribando techos, pintando (había mucho por pintar) y lijando todos esos paneles de yeso (hoy en día, los odia).

Para mí, todo eso significaba pasar fines de semana sola, teniendo que explicarles una y otra vez y unas cuantas veces más a nuestros amigos, a mi familia y, en ocasiones, hasta a su propia familia, por qué Tom no pudo asistir de nuevo a ese cumpleaños, a ese día festivo, a ese aniversario en particular o a esa fiesta o picnic. No lograban entenderlo e, incluso cuando decían que entendían, yo me daba cuenta que, en realidad, no lo entendían.

Así que, sin sistemas, el negocio inmobiliario se convirtió en una pérdida de tiempo, dinero y energías. Y además de que Tom se iba los fines de semana, siempre parecía que los problemas surgían en los peores momentos, estresándonos al máximo a cada uno de los dos. De repente, un inquilino llamaba, porque el agua de su inodoro no estaba descargando bien; otro llamaba para informarnos que tenía un corto en la luz; nuestro agente de seguros nos avisaba que el seguro expiraría en 48 horas, porque se nos olvidó hacer el pago correspondiente. Era como si tuviéramos que estar disponibles las 24 horas del día, los 7 días de la semana, sin saber qué sería lo próximo que sucedería y que tendríamos que solucionar en el acto.

Por fortuna, aprendimos un poco sobre esto de tener la capacidad para salir con soluciones rápidas cuando abrimos la tienda de licores. Allí, comprendimos la importancia de tener procesos de oficina, junto con un sistema de organización en lo referente al papeleo y al manejo de nuestras finanzas comerciales. A este punto, debo decir que esa nueva etapa con la licorera trajo consigo una bendición, junto con una maldición —los empleados.

Una vez más, diré que nuestra tienda de licores estaba a unos 45 minutos de donde vivíamos (todo parece indicar que no nos gusta abrir nuestras empresas cerca de nuestra casa...), así que decidimos configurar un sistema de seguridad que nos permitiera la opción de iniciar sesión desde casa y usar la impresora o el escáner en conjunto con la nube de almacenamiento para poder hacer desde allí el seguimiento de toda la documentación y de lo que necesitáramos saber del negocio. ¡Sencillo!

Excepto por dos cosas:

1. Abrimos la licorera contratando a una empleada que no pudo comenzar a trabajar, sino hasta una semana después de la apertura. ¡Esto significó que Tom y yo trabajáramos toda la primera semana en la tienda! Hacíamos turnos. Durante el día, yo llevaba al bebé conmigo (de 9 meses, en ese momento) y Tom conducía hasta allá después del trabajo y hacía el turno de noche. Ese era nuestro sistema ¡y apestaba! Al final, tuvimos que contratar más empleados a tiempo parcial, pero Tom tuvo que seguir yendo a la tienda después del trabajo y hacer turnos los fines de semana al azar a lo largo de ese primer año.

2. Ninguno de nuestros empleados recibió capacitación para manejar el inventario.

Por mi parte, continué conduciendo hasta la tienda una vez por semana durante *todo* un año para ingresar los nuevos pedidos en nuestro sistema en el punto de venta. Cada semana, pasaba horas averiguando qué ordenar, basándome únicamente en los informes imperfectos que arrojaba dicho sistema. En otras palabras, perdía una hora y media (86.4 millas de ida y vuelta) de tiempo de viaje cada uno de esos días, con un niño pequeño en el asiento de atrás al que tenía que entretener, solo para regresar a casa a ingresar los números en la computadora y a ocuparme de cualquier otro asunto urgente.

Estos son solo algunos ejemplos de cómo el hecho de no tener un sistema en nuestra tienda resultó tan contraproducente para nosotros. Tengo más, muchos más ejemplos de estos. Ahora, voy a cederle el paso a Tom para que te cuente algunas historias sobre cómo nuestros sistemas evolucionaron y, literalmente, *salvaron* nuestros negocios a la vez que nos hicieron la vida mucho más fácil.

Perspectiva de Tom

Durante los primeros años de nuestro negocio inmobiliario y de nuestra tienda de licores, no teníamos negocios —teníamos trabajos—. No solo trabajos, sino trabajos que demandaban más de nuestra parte, que nos pagaban menos y que nos causaban más estrés que cuando teníamos nuestros trabajos habituales. Había muchos momentos en los que yo (y en determinados momentos, los dos) analizaba y trataba de evaluar si debíamos tirar la toalla y deshacernos de ellos. Por fortuna, al hacer estos análisis y estas evaluaciones, nos dábamos cuenta que la clave para disfrutar del estilo de vida que queríamos tener a futuro eran estos negocios. El verdadero problema era que no los estábamos administrando muy bien que dijéramos. Habíamos creado unos empleos adicionales y teníamos que pasar de tener que hacer todo el trabajo nosotros mismos a ser los artífices de una maquinaria bien estructurada que funcionara sin que nosotros tuviéramos que estar involucrados en ella a cada paso.

Siempre que nos encontramos con empresarios estresados y agotados, todos tienen sentimientos similares a estos. Todos quieren cerrar su negocio o venderlo y esto se debe a que su negocio les exige demasiado de su tiempo, no les genera suficiente dinero, ni pueden ausentarse de él. Existe la opción de que lo cierren, pero esto significa que no les generará ningún dinero adicional y que perderán el tiempo, el dinero y la energía que invirtieron en él. Además, es probable que no puedan venderlo, porque no tienen un negocio. Lo que tienen es un trabajo en el que ellos son el dueño del negocio y también el empleado. Así que vender el negocio sin ellos (el empleado principal) no suele suceder. La gente no quiere pagar para adquirir un dolor de cabeza, a menos que la empresa en venta esté ganando mucho dinero y su nuevo dueño sepa cómo resolver los problemas a los que tendría que enfrentarse.

Por lo tanto, la solución a este problema es diseñar tu negocio de forma intencional, de tal modo que sea vendible. Es decir, configurarlo de manera que no dependa de ti. Lo curioso es que, cuando los dueños de negocios hacen esto, casi siempre, dejan de hablar acerca de cerrar o vender sus negocios. ¿Por qué hacerlo? Ya han creado un sistema de negocios que les funciona, que les proporciona ganancias y un salario, y que además les brinda la flexibilidad necesaria para vivir su vida como la quieran vivir. A fin de cuentas, esto es lo que todos deseamos, ¿no? Sin embargo, suele suceder que los empresarios no diseñan sus negocios de esta manera tan específica. Más bien, tienden a sumergirse en ellos y a apresurarse, intentando que les funcione cuando lo que en realidad necesitan hacer es aprender a trabajar inteligentemente.

En nuestro caso, nos tomó un tiempo, pero aprendimos nuestras lecciones. Como mencionó Ariana, fueron varios los años en los que me perdí reuniones y eventos familiares importantes, porque los negocios demandaban bastante de nuestro tiempo. Por fortuna, comprendí que no quería continuar trabajando así y comenzamos a ser mucho más intencionales en cuanto a utilizar mejores sistemas para administrar nuestros negocios.

Entonces, en nuestro negocio inmobiliario, comencé a implementar sistemas y procesos. Cada vez que nos encontrábamos con un problema, no solo lo solucionaba, sino que también creaba un proceso específico sobre cómo prevenirlo y saber manejarlo en el futuro si ocurría de nuevo. También comencé a hacer una lista de todo lo que hacíamos y a identificar todo aquello que pudiéramos delegar. Cada vez que comprábamos una propiedad, el proceso de compra era más y más claro. Comenzamos a delegar cada vez más los trabajos de renovación y hacerlos fue requiriendo menos de mi tiempo físico, lo que significó no pasar muchos fines de semana lejos de Ariana y nuestros hijos.

Cuando abrimos la licorera, yo no solo estaba trabajando todavía de tiempo completo en mi empleo, sino que también estaba terminando de hacer mi posgrado. Y, dado que la tienda estaría abierta los siete días de la semana, yo no podría estar más días haciendo presencia en ella, ni tampoco quería que Ariana tuviera que hacerlo, así que nos dedicamos a analizar cómo debieron ser los sistemas de la tienda desde un comienzo. Fue así como creamos un sistema sobre cómo debía funcionar la tienda, definimos roles y comenzamos a contratar empleados. Nos volvimos creativos e indagamos sobre cómo hacer todo lo que más se pudiera sin tener que estar en la tienda físicamente. El hecho fue que, entre la contratación de empleados y la implementación de tecnología, logramos esa meta. A medida que pasaba el tiempo, seguíamos contratando y delegando (la programación, la elaboración de la nómina, ordenar el inventario). Como resultado, esta sistematización nos permitió llegar a un punto en el que solo visitábamos nuestra tienda una vez cada 90 días para asistir a la reunión trimestral con nuestros principales empleados. Fuera de eso, solo le dedicábamos unas pocas horas cada mes, más que todo, elaborando planificación estratégica, revisando nuestro panel de control y supervisando o apoyando a nuestros equipos según fuera necesario.

Hoy, las cosas son muy diferentes para nosotros. Rara vez, me pierdo una reunión familiar. De hecho, hemos podido hacer viajes familiares durante varias semanas seguidas y, aun así, las empresas siguen funcionando. En nuestro último viaje, unas vacaciones de dos semanas a lo largo y ancho del país, solo surgió una situación que requirió de nuestra atención. Se rompió un calentador de agua, provocando que uno de los sótanos de nuestra propiedad se inundara. Recibimos el mensaje, organicé un equipo para que resolviera en asunto y, 15 minutos después, retomé nuestras vacaciones. Además, implementé un proceso para no tener que intervenir a la hora de resolver ese mismo problema la próxima vez que ocurriera algo por el estilo.

Ahora, tenemos un tercer negocio y se centra en ayudarles a los emprendedores a construir los negocios que necesitan para llevar el estilo de vida que desean (motivo por el cual, también escribimos este libro). Aunque la mayoría de la gente escucha que tenemos varios negocios y piensa que estamos locos, lo que ellos no ven es que ya no estamos creando puestos de trabajo para nosotros mismos cuando iniciamos un nuevo negocio, ni tampoco estamos interesados en crear una nueva oferta que sacar al mercado, pues estamos concentrados construyendo negocios y sistemas que nos funcionen y que nos permitan vivir el estilo de vida que queremos. Por eso, te invitamos a que hagas lo mismo. Esta sección del libro te mostrará cómo diseñar tu negocio de tal modo que respalde tu estilo de vida ideal y cómo configurar sistemas que te permitan dejar de trabajar permanentemente en función de él. Esta posibilidad no solo contribuirá a tu libertad financiera, sino también a tu libertad en términos de tiempo.

Capítulo 4.2
El motor empresarial

Habrás escuchado que un emprendedor tiene muchas funciones. Esto es cierto. Cuando él o ella inicia un negocio, al menos, por el principio, lo más probable será que esté haciendo de todo en su negocio. Observa lo que tú has estado haciendo hasta ahora:

- Haciendo investigación de mercado y del perfil de tu cliente ideal a medida que lo identificabas y que comenzaste a realizar encuestas y a conversar con ellos.

- Desarrollando productos cuando creaste tu solución.

- Vendiendo cada vez que has convertido a tus a clientes potenciales en clientes.

- Cumpliendo tu meta de entregarle la solución a tus clientes después que ellos la compraron.

- Encargándote de tus finanzas al cobrar tu dinero y comenzar a pagarte a ti mismo, al apartar dinero para el pago de tus impuestos y cumpliendo con los pagos de todas tus cuentas.

Estas son solo algunas de las muchas y diferentes actividades que has estado haciendo hasta ahora. Si aún no te sientes abrumado, lo estarás a medida que sigas haciendo crecer tu negocio, puesto que pasarás más tiempo trabajando en cada una de esas áreas a medida que atraigas más clientes, de modo que llegarás a un punto en el que estarás ocupado en esas labores casi todo el tiempo y no podrás enfocarte en continuar haciendo crecer tu negocio. Al final, la mayoría de los emprendedores llega a este punto —llamado agotamiento (colapso físico y/o mental causado por el exceso de trabajo o el estrés).

Pero espera. No empezaste un negocio para correr e ir a parar en las garras del agotamiento, ¿verdad? No. Lo empezaste para lograr libertad financiera, junto con todas las metas que enumeraste en tu planificador de vida. Entonces, ¿cómo rectificar el rumbo que llevas para que te reubiques y avances, evitando el agotamiento?

La respuesta es: Construyendo el motor de tu negocio.

El motor es el que mantiene un vehículo en funcionamiento y también es el que mantiene funcionando tu negocio. A medida que tu negocio crece, lo que tú quieres es seguir mejorando y actualizando tu motor empresarial.

El motor de un vehículo se compone de varias piezas: el bloque del motor, el volante, el cigüeñal, el carburador, etc. Y, cuando alimentas el motor, poniéndole gasolina al tanque, y el trabajo de estas partes se combina, el motor del vehículo funciona. De igual modo, el motor de tu negocio también se compone de cuatro piezas principales: marketing, ventas, operación y finanzas. Y, cuando estas piezas se combinan y las alimentas con clientes potenciales y prospectos, el motor de tu negocio también funciona.

Profundicemos en estas cuatro partes de tu negocio. Tu combustible son tus prospectos, que son clientes ideales que ni siquiera son conscientes de sus dolores/problemas (o del hecho de que estos existen). Entonces, cuando tú alimentas con este combustible el motor de tu negocio, lo que sucede es lo siguiente:

- Marketing: Conviertes prospectos en clientes potenciales.
- Ventas: Conviertes a los clientes potenciales en clientes.
- Operaciones: Creas y les ofreces soluciones a los clientes y los mantienes satisfechos.
- Finanzas: Recibes dinero y lo desembolsas a donde deba ir.

En este momento, el motor de tu empresa pueden ser varios componentes individuales que aún no se han combinado para convertirse

Constructores de estilos de vida

en un verdadero motor. Hasta aquí, tú eres ese motor que se encarga de poner a funcionar estas piezas juntas. Y aunque has hecho una buena labor para comenzar a mover e impulsar tu negocio, tu motor no funcionará muy bien si te dedicas de tiempo completo a estar pendiente única y exclusivamente de él y de juntar todas sus piezas.

Por lo tanto, tu objetivo aquí es construir un motor inicial que siempre funcione por sí solo y a medida que tú le proporcionas combustible (prospectos). Como es de esperar, tu primer motor no será como el de un Ferrari. No, lo más probable es que parezca el motor de un kart. Así está bien, ya que, en este momento, tu principal objetivo es construir un motor que funcione. A medida que pase el tiempo, irás trabajando para actualizar varias piezas y lograr tener un motor que sea más potente y que respalde el crecimiento de tu negocio.

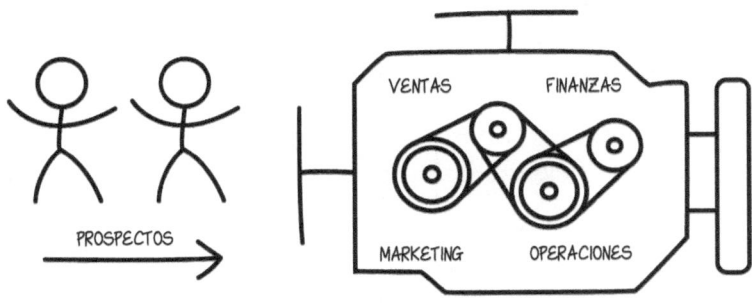

Tu motor empresarial

Componentes y procesos

Para cada componente de tu motor empresarial, deseas tener un proceso definido y de alto nivel, que haga que ese componente funcione al máximo en el papel que este desempeña cuando se trata de hacer trabajar al motor. Una vez que definas ese proceso, querrás utilizarlo —y refinarlo y mejorarlo continuamente—. A continuación, te mostraremos los seis pasos a seguir para crear y mejorar cada componente de tu motor empresarial.

1. **Crear:** Durante este paso de creación, definirás en qué consiste el proceso del componente, comenzando, obviamente, desde el inicio del proceso, siguiendo con los pasos involucrados para completarlo y hasta cuando el proceso haya finalizado.

2. **Analizar:** Habiendo creado el proceso, lo implementarás e identificarás cuáles son sus áreas problemáticas/limitaciones, las partes donde ocurren los problemas o donde el proceso se complica.

3. **Eliminar:** Teniendo resueltos los principales problemas y el proceso funcionando efectivamente (produciendo el resultado correcto), el siguiente paso es eliminar las partes del proceso que veas que sobran y hacer que este sea más eficiente, lo que significa que obtendrás el mismo resultado, pero consumiendo menos recursos (tiempo, dinero y energía).

4. **Consolidar:** Con los pasos adicionales ya eliminados, ahora, buscarás áreas donde puedas consolidar los pasos, por ejemplo, cambiar el tiempo o el orden de cada uno de esos pasos. A este punto, lo que estás buscando es la capacidad de, como dice el viejo refrán, "matar dos pájaros de un solo tiro".

5. **Automatizar:** Consolidados los pasos, ya deberás tener un proceso eficiente. Continúa tomando iniciativas para optimizarlo con herramientas y tecnología.

6. **Delegar:** Por último, una vez que hayas aplicado las herramientas y la tecnología adecuadas al proceso, delega en otras personas cualquier trabajo restante que tengas.

El resultado final de este proceso es que tendrás un componente de tu motor empresarial que estará funcionando de manera efectiva (produciendo el resultado correcto) y eficiente (minimizando desperdicios y maximizando recursos). Además, con el uso de tecnología, tendrás la opción de automatizar algunas piezas. En cuanto a las piezas restantes, estas las estarán haciendo otras personas, de tal modo que puedas centrar tu tiempo en las áreas que te aportan más valor. Así es como seguirás creciendo sin que tengas que aumentar la cantidad de tiempo que le dedicas a tu negocio.

La siguiente imagen es un breve, pero útil bosquejo sobre el cual guiarnos cada vez que comenzamos a crear un nuevo proceso.

PLANTILLA DEL PROCESO

```
DESENCADENANTE        PASOS PRINCIPALES              FIN
                    ┌─────┬─────┬─────┐
                    │  1  │  2  │  3  │
                    └─────┴─────┴─────┘

   PASOS
SUBSIGUIENTES       ☐ ── ☐ ── ☐              POS
                    ☐ ── ☐ ── ☐
                    ☐ ── ☐ ── ☐
```

El objetivo de esta sección es mostrarte cómo crear tus procesos centrales (Paso 1 anterior). Es decir, cada pieza importante de tu motor empresarial (marketing, ventas, operaciones y finanzas) debe tener un proceso de alto nivel. Al comenzar a implementar todos y cada uno de estos procesos en tu negocio, estarás pasando muy a menudo por la tarea de analizar, eliminar, consolidar, automatizar y delegar (Pasos 2 al 6 anteriores).

Para crear cada uno de tus procesos centrales (y para cualquier otro proceso que necesites crear), te recomendamos seguir los siguientes pasos:

- **Establecer la logística del proceso:** Define el nombre del proceso, escribe una breve descripción, anota el departamento (componente del motor) con el que está relacionado, nombra un encargado del proceso (quien será responsable de él), establece el tiempo estimado que se requerirá para llevarlo a cabo y la frecuencia con la que deberá ocurrir.

- **Definir un proceso de alto nivel:** Cada proceso consta de un desencadenante (lo que hace que el proceso comience), de 3 a 5 pasos principales y de un final (lo que indica que el proceso está completo). Para cada proceso, definirás estos componentes básicos al más alto nivel. Para cada paso importante, harás un seguimiento a través de una métrica que te permita observar cómo progresan las personas a lo largo de los componentes de tu motor empresarial y en cada uno de los pasos a seguir.

- **Detallar el proceso:** Cada parte del proceso que definiste arriba se puede dividir en fracciones más pequeñas. En el caso del desencadenante del proceso, definirás qué entradas/información se necesitan. En cuanto a cada paso importante, lo dividirás en pasos más pequeños. Y en el final, definirás un cierre determinado o ciertos pasos específicos posteriores a la acción.

En el resto de esta sección, te explicaremos cada aspecto principal de tu motor empresarial y te guiaremos en la creación del proceso inicial. Entonces, profundicemos en cada una de las cuatro piezas principales de tu motor empresarial.

Marketing

Si piensas en el motor de tu negocio como un flujo secuencial que respalda el viaje de tu cliente, el primer paso en ese flujo es el marketing.

Cuando creaste y posteriormente actualizaste tu plan de negocios bajo el Modelo Lean Canvas, refinaste el perfil de tu cliente ideal, sus dolores/problemas y dónde encontrarlos. A lo largo de tu investigación y tus entrevistas, recopilaste las palabras y opiniones que ellos manifestaron. Ahora, usarás toda esta información para construir las partes que conforman el marketing de tu negocio.

El objetivo de hacer marketing es atraer clientes ideales y nutrirlos a lo largo del proceso hasta que llegue el momento en que ellos estén listos para comprar. Tus esfuerzos de marketing implicarán las dos primeras fases del recorrido del cliente: conciencia y análisis. En este punto, notarás que, cuando identificas los diferentes canales que vas a utilizar para llegar a tus clientes y cuelgas tu cebo frente a ellos, es ahí cuando comienzas a sacarlos de *su* océano, a colocarlos en *tu* estanque y a nutrirlos. Normalmente, sucede así:

Proceso genérico de hacer marketing

- **Detonador:** Es el cebo que cuelgas en cada canal de marketing que consideres relevante.

- **Pasos principales:** El contacto muerde el anzuelo, se convierte en cliente potencial, tú lo nutres y este muestra signos de estar listo para comprar.

- **Fin:** Tu cliente potencial se convence y está listo para comprar.

Cuando el contacto da el primer paso, que en este caso es mordiendo el anzuelo, entonces, se convierte en un prospecto. En esencia, lo que ese determinado contacto está haciendo es levantando la mano y mostrando interés de su parte en lo que le ofreces. Te lo confirmará, dándote una dirección de correo electrónico, un número de teléfono, visitando tu sitio web, tu tienda o cualquier llamado a la acción que tú le sugieras, apoyándote en tu cebo.

Es importante señalar que, a menudo, el marketing y las ventas se combinarán en un solo componente, porque suele ser difícil determinar dónde termina el marketing y comienzan las ventas. De hecho, a lo largo de todo el proceso de marketing, siempre estamos incorporando aspectos relacionados con las ventas. La razón por la que diferenciamos el uno del otro es porque, en algún momento, necesitarás convertir a tus contactos en prospectos y a estos en clientes. Entonces, al separar el proceso de marketing del de ventas, cada vez que hablemos de marketing, será más fácil concentrarnos en cómo nutrir los contactos hasta convertirlos en prospectos. Y cuando hablemos de ventas, nos estaremos refiriendo a cómo convertir a esos prospectos en clientes.

Ventas

Con tus clientes potenciales ya nutridos e interesados a través del proceso de marketing, el siguiente componente de tu motor empresarial son las ventas.

El propósito de las ventas es convertir a tus prospectos en clientes, invitándolos a comprar. Por lo tanto, a medida que vas alimentando a tus contactos, debes comenzar a identificar señales que indiquen que ellos ya están listos para convertirse en tus prospectos. Y cuando esas señales comienzan a hacerse más y más evidentes, tu objetivo primordial será guiarlos de tal modo que se conviertan en clientes. Por lo general, esto ocurre así:

Proceso de ventas genérico

- **Detonador:** Los clientes potenciales llegan a un punto en el que muestran signos de estar listos para comprar.

- **Pasos principales:** Evaluar a los clientes potenciales, demostrar que la solución ofrecida les resuelve el problema, superar las objeciones, apoyarlos para que tomen la decisión de comprar.

- **Fin:** El cliente potencial se ha convertido en cliente al hacer la compra.

Cuando se trata de ventas, algunos emprendedores suelen sentir miedo de pedirles a sus clientes potenciales que hagan la compra, porque temen que les digan que no. El objetivo del proceso de la venta no es lograr que todos digan que sí, sino poder guiarlos a que tomen una decisión. Algunos dirán que sí, otros dirán que no y ambas respuestas son aceptables. La clave es no dejar que tus clientes potenciales se queden en el limbo, sin tomar ninguna decisión, puesto que esa actitud no les ayuda a resolver su problema, así como a ti tampoco te ayuda tener un montón de clientes potenciales que no están seguros de comprar (perdiendo un tiempo valioso que podrías invertir en aquellos que *sí* comprarán).

Si tus prospectos no encajan con respecto a tu oferta, lo que esto significa es que ellos no son tus clientes ideales o que no es el momento adecuado para ellos o puede que exista alguna otra razón por la cual no compran —está bien que digan que no o que tú les ayudes a que te digan que no—. Pero si encajan, entonces, tu objetivo es guiarlos para que se den cuenta de eso y se conviertan en tus clientes. Es importante que tengas en cuenta que debes seguir este proceso básico, bien sea que estés hablando con el cliente para realizar la venta o que estés utilizando un sitio web u otro método. En esencia, tus procesos de marketing y de ventas deben apoyar a tu cliente durante los primeros tres pasos de su viaje.

Operaciones

Si tu cliente potencial supera el proceso de ventas y decide realizar una compra, se convierte en tu cliente. En este punto, tu atención deberá estar centrada en crear y entregarle tu solución al cliente, brindándole una gran experiencia.

Las operaciones se dividen en dos partes principales: creación/innovación y entrega/satisfacción de la solución.

La creación/innovación de la solución es el proceso inicial que sigues para crear tu solución (lo cual, ya has hecho), así como para mejorarla e innovarla, basándote en los comentarios y las necesidades del cliente. Rara vez, las soluciones se mantienen iguales, motivo por el cual es importante que te mantengas conectado con tus clientes y con el mercado. Así, sabrás qué y cómo hacer para que estas evolucionen y, potencialmente, puedas crear otras. La siguiente es una idea rápida de cómo sería este proceso:

Proceso genérico para crear/innovar soluciones

- **Detonador:** Parece haber una demanda/oportunidad insatisfecha que se ajusta a tus objetivos comerciales.

- **Pasos principales:** Llena un plan de negocios con el Modelo Lean Canvas, realiza entrevistas que te ayuden a precisar el problema y para identificar posibles soluciones, crea un PMV o agrega nuevas funciones en la solución que ya tengas.

- **Fin:** Ya lanzaste tu nueva solución o las mejoras del PMV que tienes.

Una vez tus clientes potenciales compran y se convierten en tus clientes, es importante que cumplas con el pedido que te hagan y que les brindes una gran experiencia. En realidad, este proceso de entrega de tu producto o servicio va desde el comienzo del proceso de la venta, es decir, desde el momento en que estás estableciendo cuáles son las expectativas de tu prospecto y a su vez tú lo estás evaluando. Y cuando se convierte en tu cliente, tu labor pasa a ser proporcionarle la solución que le ofreciste, asegurándote de que él o ella tenga una gran experiencia como cliente. De nuevo, veamos cómo sería esto:

Proceso genérico de la entrega de la solución

- **Detonador:** El cliente potencial realiza una compra y se convierte en cliente.

- **Pasos principales:** Incorporar al cliente como parte de tu clientela, entregarle la solución, brindarle el soporte adecuado, solicitarle comentarios/testimonios, ofrecerle la próxima compra lógica, proporcionarle formas fáciles de recomendarte a otros posibles clientes.

- **Fin:** El cliente ha recibido tu solución y está contento con ella.

Las operaciones cubren los dos últimos pasos del recorrido del cliente, que son retención y promoción. Los conservarás como tus clientes al brindarles una excelente solución y una magnífica experiencia para que, no solo te sigan comprando, sino también para que se conviertan en tus clientes habituales. Recuerda que es mucho más fácil venderle a un cliente existente que a uno nuevo. Además, si les brindas una gran experiencia como clientes, podrás animarlos y apoyarlos para que compartan sus experiencias con otros posibles clientes. De esta manera, tus clientes te ayudarán a hacer marketing y a incrementar tus ventas.

Finanzas

Probablemente, hayas escuchado la expresión "el dinero en efectivo es el rey". Tener efectivo es la clave para permanecer en el mundo de los negocios. Por lo tanto, tu departamento financiero es responsable de asegurarse que cobra el efectivo que te deban, administrar y distribuir el dinero a los distintos lugares a los que debe ir, especificar las entradas y salidas de dinero, generar informes financieros que muestren cómo va la salud de la empresa y ayudar a planificar el futuro financiero. A continuación, te daremos un recorrido rápido sobre este aspecto:

Proceso genérico de la entrega de soluciones

- **Detonador:** Se realiza una venta.
- **Pasos principales:** Se recauda el dinero, se distribuye, se actualiza la contabilidad, se elaboran informes financieros, se establecen presupuestos/previsiones.
- **Fin:** Se recauda el dinero y se contabiliza.

Esta suele ser una de las áreas que intimida a quienes buscan iniciar un negocio. Te ayudará mucho tener un magnífico contador. Esa será una de tus mejores inversiones en tu negocio. Además, lo más probable es que sea una de tus primeras contrataciones de personal. No lo contratarás como empleado, pero le pagarás por sus servicios y lo considerarás como un miembro clave de tu equipo de trabajo.

Aquí también es donde te recomendamos que implementes el concepto al cual ya nos referimos: primero, la ganancia. Te lo presentamos en la Sección 2 (Logra tu libertad financiera), junto con el sistema de administración del flujo de caja, con el fin de ayudarte a determinar el tamaño del negocio que necesitas para alcanzar tus metas personales, pues si bien este sistema no cubrirá todas las necesidades financieras de tu negocio, sí te ayudará a recolectar y a distribuir tu dinero, como también a planear tus presupuestos y a hacer previsiones que te sirvan de apoyo.

Capítulo 4.3
Instalando el motor en tu vehículo empresarial

Hasta este momento, has estado trabajando para poner juntas las partes que conforman tu motor empresarial. En un comienzo, definiste cuáles serían esos procesos de alto nivel para cada uno de los componentes principales de tu motor: marketing, ventas, operaciones y finanzas. Y cuando estos diversos componentes trabajan juntos, convierten a los prospectos en clientes.

Sin embargo, un motor no es suficiente para llegar a tu destino. En la Sección 1 (Planifica con un propósito específico), estableciste cuales serían tus metas personales y trazaste una hoja de ruta para lograrlas. En la Sección 2 (Logra tu libertad financiera), comenzaste a modelar el tamaño de la empresa que necesitarías para alcanzar tus metas personales. Ahora, tomarás el motor que construiste y lo instalarás en tu vehículo empresarial con el fin de que este te conduzca hacia tus metas. Y al igual que un automóvil tiene varios sistemas además del motor, tu empresa también necesita que otras piezas adicionales funcionen en conjunto con este.

Además del motor, un vehículo se compone de varios sistemas que incluyen los sistemas de conducción y suspensión, los sistemas eléctricos, de escape, de transmisión, etc. Un vehículo empresarial también tiene varias piezas adicionales que se utilizan en conjunto con el motor de la empresa, incluido el liderazgo, la estrategia empresarial, la gente, el ritmo de prosperamiento y el panel de control. Al combinarse, todos estos sistemas, contribuyen a enfocar y aprovechar el trabajo que ha realizado el motor para llegar a su destino.

Profundicemos en estas cinco partes adicionales de tu negocio. Tu motor es lo que lo dirige. Entonces, cuando le instalamos el motor a tu empresa, esto es lo que sucede:

- El liderazgo: Estableces la visión y la misión, y luego, diriges a tu equipo.

- La gente: Construyes un gran equipo de trabajo para que te ayude a lograr la misión de la empresa.

- La estrategia empresarial: Es el plan y el marco de decisiones que tomarás para lograr la visión y tener el éxito que esperas.

- El panel de control: Es la visibilidad que tienes acerca de la salud de tu empresa.

- El ritmo de prosperamiento: Se trata del proceso de registro que utilizarás para realizar ajustes.

Cuando tu motor empresarial es instalado en un vehículo que también tiene estos componentes, estos podrán trabajar juntos para construir un negocio que les sirva a tus clientes, a tu equipo y que te sirva también a ti. Ese es el escenario de ganar/ganar/ganar que necesitamos generar cuando estamos construyendo negocios.

Para impulsar tanto tus metas comerciales como las de tu vida, deberás reconstruir el resto de tu negocio en torno a ese motor, de tal modo que se convierta en un vehículo en total funcionamiento. Al igual que tu motor, tu vehículo empresarial no comenzará siendo uno súper deportivo de alta gama. Lo más probable es que comience siendo un auto de arranque. Con el tiempo, ya irás actualizando varias piezas a medida que tu negocio crezca.

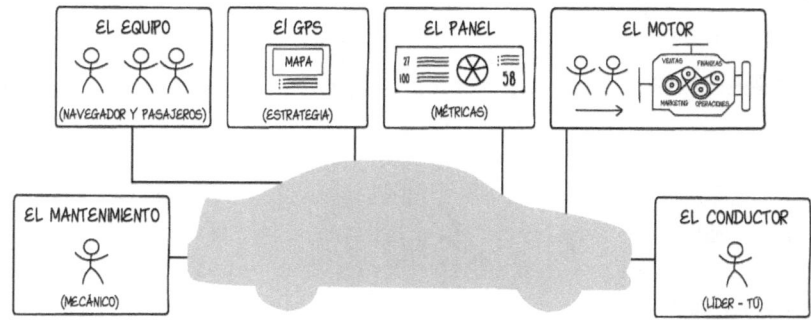

Añadiéndole el resto de las piezas a tu negocio

Cuando tienes sincronizado el motor de tu vehículo, este está habilitado para moverse. Cuando el motor de tu negocio está ajustado, tu negocio se moverá. Pero sin tener un conductor, ni un destino, ni hacerle mantenimiento constante, etc., tu vehículo conducirá sin rumbo fijo hasta que llegará el momento en que se descompondrá. Con un negocio ocurre algo muy parecido.

El liderazgo

Cuando decimos que la *gente es primero*, esta afirmación te incluye a ti como líder de tu negocio. La mayoría de los emprendedores no se da cuenta, ni reconoce que ellos son la persona más importante de su negocio. Después de todo, ellos fueron quienes lo iniciaron y quienes tienen la visión —junto con una propuesta de valor agregado único y con una ventaja que los separa tanto a ellos como a su negocio de sus competidores.

Como líder, tú tienes el control del GPS de tu empresa. Por lo tanto, para asegurarte de que el motor mueva al vehículo en la dirección correcta, tú eres el encargado de configurar el rumbo —y el destino— del negocio, basándote en tu visión/misión. Y no solo eres quien lo configuras, sino que además eres el responsable de diseñar el motor y el vehículo empresarial que te llevarán a la meta. Así que es mucho lo que está en tus manos.

Sin embargo, esto no quiere decir que tú seas el único que estás haciendo esta labor. Como líder, siempre quieres dedicar tu tiempo en función de trabajar *para* el negocio y no *en* el negocio. Esto significa que estás dedicando menos de tu tiempo a hacer el trabajo que el motor debería estar haciendo (en el vehículo) y que estás más enfocado rediseñando y actualizando tu negocio (para mejorar el vehículo). Ahora, al principio, es probable que estés haciendo una gran parte del trabajo que hace el motor, pero a medida que tu empresa crezca, tu meta debe ser intencional en cuanto a continuar dejando de ejercer esa labor.

¿Cómo hacer esto? Construyendo a partir de los procesos centrales de cada área de tu motor que te presentamos en el capítulo anterior. Cada semana, tendrás reuniones de evaluación/planificación en las que analizarás los logros y desafíos de los siete días anteriores para así planificar tu próxima semana. Recuerda que cada vez que se te presentan desafíos, estos son oportunidades para mejorar en un área/proceso específico. Así que, al planear la siguiente semana, identifica cuál es esa parte del proceso que está representando un reto para tu empresa y actualízala de tal modo que logres mejorar cada vez más ese determinado proceso. Te recomendamos utilizar el método que ya vimos y que consiste en seis pasos, a saber: crear, analizar, eliminar, consolidar, automatizar y delegar.

Al hacer esto, primero, reducirás la cantidad de tiempo que pasas haciendo que este motor funcione. Después, podrás remplazarlo por tecnología o delegarás esta labor en alguien más. De esa manera, contarás con más tiempo y energía para concentrarte en construir el vehículo. Establecerás la dirección que quieres que este siga, monitorearás su progreso, determinarás en qué momento el vehículo requerirá de mejores piezas, etc.

Si bien este no es un libro sobre liderazgo, *sí* es un libro sobre habilidades de liderazgo. Es obvio que, al iniciar un negocio, tú estás eligiendo ser líder, decidiendo cómo quieres que sea tu negocio para lograr tu experiencia ideal del día a día. Cuando decides mejorar tu vida y comenzar un negocio, ya sea que te des cuenta o no, estás eligiendo emprender un viaje de desarrollo personal y laboral. Estás eligiendo mirar en tu interior y conocerte a ti mismo más que nunca. Toda esta nueva experiencia te pondrá a prueba y te lanzará varios desafíos. Entonces, para tener éxito en todo, necesitarás trabajar en función de ser cada vez mejor y en mantener al máximo posible esta mentalidad.

A medida que tu negocio crezca, te verás obligado *a subir de nivel* como líder. Tom pasó muchos años trabajando con líderes en una amplia gama de empresas, desde startups unipersonales hasta corporaciones multimillonarias. El tema común en los líderes exitosos y en el mundo de los negocios exitosos es que ellos tienen la inteligencia emocional para darse cuenta que deben subir de nivel continuamente y buscar el apoyo y la orientación que necesitan para afrontar cada nuevo nivel.

Tomemos el ejemplo de los niños. Cuando nacen, ellos no pueden hacer mucho por sí mismos y deben confiar en que alguien más los cuide. Con el tiempo, aprenden a mover su cuerpo y comienzan a girar hasta que logran darse la vuelta por sí mismos. Poco después, empiezan a gatear y esto les funciona mucho mejor que voltearse, así que pasan más tiempo gateando y menos tiempo girándose. Y luego, descubren cómo caminar. Esto es ¡increíble! En este punto, dejan de gatear y comienzan a caminar por todas partes. (¡y la casa queda a prueba de bebé!). Luego, aprenden a correr. La clave es que cada vez que ellos aprendieron una nueva forma de moverse, tuvieron que reducir o incluso dejar de hacer ese movimiento que los llevó al punto en que se encuentran. Este es uno de los mayores desafíos que los líderes enfrentan y el que los mantiene estancados tanto a ellos como a sus negocios. Cuando los líderes son incapaces de dejar ir lo que los trajo hasta el punto en que se encuentran, se están impidiendo a sí mismos salir adelante.

Otro desafío que tiende a surgir y sabotear tu capacidad de liderazgo es tu ego. Sí, tu ego, tu sentimiento de autoestima o importancia en ti mismo, que será necesario en ocasiones, a lo largo de este viaje, para ayudarte a superar algunos de esos desafíos que se te presenten. Sin embargo, tú ego también te detendrá.

Tom se enfrentó a esa experiencia cuando trabajó como consultor empresarial. A menudo, él era mucho más joven que los líderes empresariales con los que trabajaba y, a veces, se sentía intimidado. Temía parecer tonto o ser expulsado de una empresa por dar retroalimentación real sobre dónde estaban los problemas o qué era necesario cambiar en la empresa. Esto hizo que Tom no hiciera todo lo posible para ayudar a sus clientes. Entonces, no hacía preguntas supuestamente "tontas" por miedo a sentirse avergonzado. Tampoco proporcionaba la retroalimentación necesaria por temor a molestar al líder, arriesgándose a perder clientes. Como resultado, al abstenerse de hacer el trabajo para el cual fue contratado, terminó lastimando y perdiendo a algunos de ellos.

Fue entonces cuando un mentor de Tom intervino. *(Nota: Los emprendedores exitosos casi siempre tienen mentores, entrenadores y otras personas a su alrededor que los apoyan. Este no es un signo de debilidad, sino de fortaleza.)* Después de escuchar algunas de las luchas de Tom, le dijo a quemarropa: "No se trata de ti". Tom seguía confundido, así que él continuó diciendo: "Tú clientes te contrataron, porque ellos tienen un problema y creen que tú puedes ayudarles a resolverlo. No se trata de ti, sino de cómo puedes ayudarlos. Y cuando tú aceptaste trabajar con ellos, accediste a hacer todo lo que estuviera a tu alcance para ayudarlos. Por consiguiente, si te estás reprimiendo, porque tienes miedo, ese es tu problema, no el de ellos. Así que deja de pensar que esto se trata de ti y entiende que se trata es de ellos".

Ese consejo cambió todo. Tom comenzó a hacer las preguntas difíciles. Se lanzó a dar retroalimentación por más dura que esta fuera. Ahora, era él mismo y se comportaba de manera poco convencional. Se dio a conocer por su pasión al servirles a sus clientes y todos ellos sabían que él siempre necesitaba una pizarra para poder resolver de manera colaborativa los problemas que se fueran presentando.

Debo decir que no nos dimos cuenta del verdadero poder de esto hasta que Tom tuvo una de sus reuniones semanales con la vicepresidenta de una gran empresa financiera. Al entrar a su oficina, ella le dijo:

"¿Sabes una cosa, Tom? Tú eres muy bueno desnudándote".

Como podrás imaginar, Tom se quedó allí, sentado unos momentos, no muy seguro de qué sería apropiado decir ante esas palabras. Ella dejó que Tom se sentara, que se sintiera incómodo durante un rato antes de añadir: "Acabo de terminar de leer este libro llamado *Getting Naked*. Se enfoca en por qué algunos consultores son increíbles y por qué otros apestan. Los que son asombrosos, son muy buenos desnudándose. Por eso, todos aquí te amamos".

Después de esta interacción, por supuesto, Tom adquirió aquel libro para leerlo en su vuelo de regreso a casa y, al terminarlo, comenzó a comprender por qué sus métodos funcionaban tan bien, a pesar de que eran poco convencionales y bastante diferentes a los que él le veía implementar a la mayoría de los otros consultores. El libro describe el Modelo de servicio al desnudo[7] y cuáles son los tres miedos que sabotean la fidelidad del cliente:

- **Miedo a perder el negocio:** Este temor impulsa al proveedor de servicios a proteger su base de clientes, sus oportunidades comerciales y sus ingresos, censurando los comentarios y evitando que surjan problemas difíciles de resolver.

- **Miedo a sentirse avergonzado:** Impide la capacidad del proveedor de servicios para proporcionar información abierta y honesta, porque él o ella retiene sus ideas, se esconde en sus errores y no actúa como en realidad es, con tal de salvarse y no ponerle la cara a la situación.

- **Miedo a sentirse inferior:** Este sentimiento desafía la suposición del proveedor de servicios con respecto a que debe preservar su posición social con el cliente a toda costa.

Aunque *Getting Naked* se centra en los proveedores de servicios, en realidad es un libro sobre las principales cualidades del liderazgo, sobre ser honesto, vulnerable y servirle a la gente que te rodea. Estas son lecciones difíciles, pero necesarias para avanzar hacia tus metas a medida que creces como líder.

La estrategia empresarial

Estrategia es una de esas palabras que le escuchas decir a la gente con mucha frecuencia, pero si les preguntaras su definición, es posible que algunos tengan dificultades para manifestar en qué consiste esto de la estrategia. También es probable que obtengas unas cuantas definiciones diferentes al respecto. Entonces, para nuestro contexto, usaremos la definición de estrategia[8] según Patrick Lencioni:

Estrategia: Es todo un conjunto de decisiones intencionales que toma una organización para darse la mejor oportunidad de triunfar y diferenciarse de la competencia.

Cuando Tom escuchó por primera vez esta definición, lo tomó un poco por sorpresa por su sencillez. Había luchado mucho para definir lo que quiso decir cuando intentó definir dicho término y resultó que esta definición no solo era simple, sino la más realista de todas las que encontramos. Lencioni logró simplificar y hacer práctica ciertas definiciones rimbombantes con respecto a los que es generar una estrategia comercial general, reduciendo el significado de estrategia a un conjunto de decisiones intencionales que te guiarían en todo lo que se refiera a tu negocio.

Allí, la palabra clave es *intencional*. Sin ella, estás dejando tus decisiones en manos de la situación actual de tu negocio, industria, vida personal o sentimientos. Hacer esto es peligroso, ya que es muy fácil tomar decisiones instintivas que no te llevarán hacia tu meta —y que podrían destruir tu negocio.

Volviendo a nuestro tema sobre tu vehículo empresarial: si estás conduciendo tu auto, pero no estás muy seguro de hacia dónde te diriges o del camino para llegar allí, lo más probable será que haga giros de último momento y termines conduciendo por un montón de diferentes carreteras que no tengan nada que ver con tu destino y que no te llevarán a donde en verdad deseas ir. Es por eso que, cuando ingresas tu destino en el GPS, este mapea una posible ruta para llegar allí. Esta ruta enumera las carreteras y señales específicas que irás encontrando a lo largo del camino. Como resultado, no estarás haciendo giros y desvíos al azar que dejarán confundidos tanto a ti como a tus acompañantes y otros automóviles que vayan por esa misma carretera. Tu GPS estará guiándote, avisándote cuando se acerca un giro para que tú y tu equipo puedan anticiparlo y moverse en la misma dirección como si fueran uno solo.

Este suele ser un desafío para los líderes —sobre todo, para los empresarios—. Como emprendedores, tenemos grandes visiones y nos movemos rápido. A veces, luchamos para articular esas visiones y, a menudo, no nos tomamos el tiempo necesario para documentarlas y compartirlas con otros. Esto hace que quienes nos rodean se sientan más como anclas que nos sostienen y nos impiden retroceder, que como impulsores que nos ayudan a avanzar hacia la meta. Esa suele ser la razón por la cual los emprendedores llegan a un punto en el que se preguntan si deberían involucrar a otras personas en el cumplimiento de sus metas o si sería más fácil hacer todo ellos mismos. Su perspectiva suele ser que se trata de un problema con las personas que los rodean, sin ser conscientes de que el problema real es que ellos no definen, ni le comunican a quienes los rodean cuál es la estrategia a seguir.

Como líder en tu negocio, es tu responsabilidad tener una estrategia general. Es decir, un conjunto de decisiones intencionales que te guiarán a ti y que guiarán a quienes te rodean y te ayudan a avanzar. En la Sección 1, te presentamos un planeador de vida que te ayudaría a definir y a articular hacia dónde querrías que fuera tu vida, junto con algunos principios que te guiarían durante el viaje. Pues bien, usa ese mismo concepto y aplícalo a tu negocio.

En la Sección 3 (El concepto del dinero en efectivo), te presentamos un plan de negocios de una página llamado Modelo Lean Canvas. Ese plan de negocios es excelente para comenzar tu negocio, pero carece de algo de lo que se necesita para proporcionarle verdadera dirección y orientación al negocio a medida que avanzas. Este planificador de negocios es una herramienta que puedes utilizar para llenar este bache.

La primera página cubre la información de alto nivel de la identidad de tu empresa y tu meta principal, así como algunas metas a mediano y largo plazo. Algo de esto provendrá del trabajo que hayas realizado con tu plan de negocios bajo el Modelo Lean Canvas. La identidad de tu empresa se centra en el negocio y les ayuda a otros a comprender la visión y los valores empresariales. Esta ayuda a atraer a las personas adecuadas, ya sean miembros del equipo o clientes. La visión es centrada en a quién ayuda la empresa y cómo. Las metas a cinco y tres años contribuyen a que todos estén alineados con respecto hacia dónde se dirige el negocio y qué tan rápido.

También vemos las metas a un año y un desglose por trimestre. Esto le ayuda a la empresa a perfeccionarse a corto plazo y, al igual que con el planeador de vida, crea una hoja de ruta hacia las metas a largo plazo.

Como vimos en la Sección 1 (Planifica con un propósito específico), estos objetivos deben ser escritos en el formato "Desde 'donde estás' hasta 'donde quieres estar' y 'cuando'". En este ejemplo, el plazo se establece, porque es trimestral (cada 90 días). Entonces, el enfoque es definir en qué metas deseas enfocarte durante cada 90 días con el fin de lograr tus metas del año. Cuanto más puedas delimitar y enfocar tus metas, más fácil te será alcanzarlas. Si intentas dividir tu enfoque en el cumplimiento de muchas metas, cada una avanzará más lentamente. La grandeza de esta hoja es que es un espacio simple y consolidado que te permite ver el estado actual de la empresa y hacia dónde esta va.

Una vez hayas definido tus metas, querrás desglosarlas aún más, de tal modo que puedas planificarlas, ejecutarlas y lograrlas en los 90 días siguientes. Para cada meta, es importante tener en cuenta criterios adicionales a medida que la desglosas, como:

- Propietario
- Saber cuántos ingresos debería generar y qué porcentaje del total de ingresos aporta esta meta
- Implementar el proceso de marketing y ventas, junto con métricas clave para rastrearla
- Realizar las acciones clave (proyectos y tareas) necesarias para lograr la meta, junto con hitos a alcanzar en el camino
- Contratar a las personas que se requerirán para trabajar en la meta y hacerla realidad
- Implementar ciertas disciplinas y modos de pensar
- Contar con facilitadores que te ayudarán a lograr la meta y a resolver los obstáculos que se presentarán por el camino
- Resolver las necesidades educativas y tecnológicas

Al realizar esta actividad, tendrás tus pensamientos con respecto al negocio puestos sobre papel. Esto te obligará a definir dónde estás, hacia dónde quieres ir y cómo planeas llegar allí. También permitirá que quienes te rodean comprendan hacia dónde te diriges, de tal modo que sepan cómo apoyarte a lo largo del viaje.

Los siguientes son algunos consejos adicionales que te ayudarán a tener éxito en esta actividad:

- **Primero, enfócate en las metas relacionadas con los ingresos:** Estés o no motivado por el dinero, el hecho de tener claras tus metas financieras te ayudará a cumplir tanto tus objetivos comerciales como los de tu vida personal. La mayoría de las personas no está motivada directamente por el dinero, sino por lo que el dinero le permitirá hacer. De cualquier manera, tus primeras metas deberían estar directamente relacionadas con los ingresos que deseas generar. Cada meta deberá indicar si genera ingresos o no. Asegúrate de que, cuando termines tu planificación, ya sepas cómo planeas generar cada dólar de tus ingresos. Limita las metas que no estén relacionadas con los ingresos: Aunque está bien tener metas que no contribuyan directamente a generar ingresos, limita la cantidad de estas y asegúrate de centrarte primero en las que sí los generen. Las metas no relacionadas con los ingresos deberán centrarse en respaldar a las metas que sí los generen, como contratar personal adicional, mejorar un proceso y hacer que este sea más eficiente, etc.

- **No confundas proyectos con metas:** Muchas veces, cuando revisamos las metas, lo que encontramos es una lista de proyectos. Una meta es un resultado final que quieres lograr. Por eso, te recomendamos el formato del cual ya hablamos (de x a y en z), pues te ayudará a asegurarte de estar centrándote en los resultados finales. Los proyectos son los pasos que darás para lograr los resultados finales de todas y cada una de tus metas. Para llegar a esos *resultados finales*, toma cada meta que hayas elegido y pregúntate "¿por qué?". *¿Por qué quieres actualizar tu sitio web?* ¿Tal vez, estés buscando mejorar la tasa de conversión en miras de obtener más ventas? El objetivo del resultado final sería mejorar las ventas del sitio web, pasando de x a y, y una de las acciones clave o proyecto a realizar sería actualizar el sitio web para resolver los cuellos de botella que surgen en el momento de hacer la compra.

- **Establece metas "fuera del sitio de trabajo":** Las empresas suelen salirse de la oficina para hacer la planificación cada 90 días (En un momento, nos referiremos a esto). Cuando establezcas y luego actualices tus metas, busca una ubicación en otro lugar que no sea el de tu trabajo habitual. Este cambio no solo contribuye a reducir las distracciones y las tentaciones de sumergirte en tu rutina diaria, sino que también te pone en un estado mental diferente, más apto para lograr una mejor planificación. Si tienes un equipo de trabajo, invita a tus líderes. Si eres solo tú, piensa en la posibilidad de asociarte con otro propietario de negocio que también esté solo y ayúdense mutuamente con la planificación. El simple hecho de hablar y colaborar con otra persona suele aportarnos conocimientos, avances y mayor sentido de rendición de cuentas.

La gente

Hasta ahora, hemos mencionado a *tu equipo* varias veces. Si a este punto, el negocio es solo tuyo, entonces, tú eres el equipo. A medida que tu negocio crezca, comenzarás a remplazarte a ti mismo con otras personas para no sentirte abrumado y poder concentrarte en las actividades que te aportan mayor valor.

Para que tu vehículo empresarial funcione sin problemas a medida que crece, necesitas conformar un equipo de colaboradores. Alguien debe establecer el rumbo y el destino de la empresa. Alguien necesita conducirla. Alguien necesita llenarla de combustible. Alguien necesita limpiarla. Alguien necesita hacerle mantenimiento y solucionar la situación cuando se presente un problema o una avería. Por ahora, tú eres capaz de hacer todas estas tareas por ti mismo, pero es probable que, en el futuro, ese no sea el mejor uso que debas darle a tu tiempo.

Cada uno de nosotros tiene una zona donde es un genio. Ahí es cuando fluyes en lo que haces; disfrutas de lo que estás haciendo, sobresales en eso, nadie más puede hacer mejor lo que tú haces y lo que aportas en esa área específica es muy valioso. Por lo tanto, tu labor es identificar en qué eres un genio y pasar más tiempo haciéndolo. Hacer muchas tareas que no estén dentro de tu zona de genialidad y tratar de realizarlas no beneficiará ni a tu negocio, ni a tu equipo, ni a tus clientes. Además, no solo no disfrutarás realizándolas, sino que es probable que tampoco seas tan bueno en ellas como se requiere que seas. Ten la seguridad de que te pagarán más por hacer el trabajo que está dentro de tu zona de genialidad que por hacer lo que no haces muy bien que digamos. Si realizas algún tipo de tareas que te están alejando de tu zona de genialidad, no es bueno que así sea, ya que ninguna otra persona puede hacer esas tareas correspondientes a tu zona de genialidad, por lo tanto, las realizarán con menor calidad que tú.

Esta es la trampa en la que caen muchos dueños de negocios con dificultades. Que hacen todo el trabajo ellos mismos. Por lo general, esto significa que no solo es probable que no les paguen si no están trabajando, sino que también estarán dividiendo su tiempo, realizando diversas actividades que varían en cuanto a su valor y nivel de experiencia y que hacen parte de sus zonas de genialidad. Quizás, en una hora estén realizando actividades que correspondan al campo de las ventas, que bien podrían significar un pago de $500 dólares/hora.

Constructores de estilos de vida

La siguiente hora, estarán enfocados en el área de atención al cliente, una actividad de $15 dólares/hora. En este ejemplo, está claro que tú necesitas dedicar más de tu tiempo a hacer actividades de ventas y menos a actividades de soporte al cliente, porque es evidente que ganas más dinero haciendo actividades de ventas. Irónicamente, a medida que generas más ventas, la necesidad para manejar la atención al cliente aumentará, lo que alejará tus posibilidades de emplear tu tiempo realizando actividades de alto valor para dedicarte a las de bajo valor. Aquí es donde muchas empresas se estancan en su crecimiento y los empresarios comienzan a agotarse.

La solución a esto no es intentar ser Superman y hacerlo todo tú mismo, sino construir tu propio equipo de superhéroes. Ellos tendrán sus propias fortalezas y su singularidad, y estarán alineados y comprometidos con la misión, los valores fundamentales, la visión y las metas del negocio. Todo esto está conectado con lo que ya vimos acerca de ser un líder. Como líder de tu negocio, tú estás en control de tu destino y del plan a seguir. Así que, a medida que tu negocio crezca, necesitarás evaluar en dónde deben estar puestos tanto el enfoque del negocio como el uso de tu tiempo. Es decir, tu rol estará cambiando con frecuencia. Siempre tendrás el liderazgo en cuanto a la dirección y el diseño del negocio, pero lo ideal será que estés sacando constantemente de tu lista de cosas por hacer todo aquello que no esté dentro de tu zona de genialidad.

En páginas anteriores te presentamos un método de seis pasos para crear y optimizar tus procesos. Estos pasos incluyen crear, analizar, eliminar, consolidar, automatizar y delegar. También te presentamos las piezas de tu motor empresarial (marketing, ventas, operaciones y finanzas), así como un conjunto inicial de procesos de alto nivel para cada una de ellas. Entonces, a medida que construyas el motor de tu negocio, trabajarás en pro de expandir y optimizar estos procesos.

Es posible que hayas escuchado que la gente habla de trabajar *en* su empresa y no *para* ella. Esta diferencia significa hacer el trabajo versus diseñar el trabajo. Al principio, está bien estar haciendo todo el trabajo que sea necesario en lo referente a tu motor —haciendo marketing, ventas, operaciones y finanzas—. Hacer todo esto está bien para empezar, pero ese no es el punto donde quieres quedarte. A medida que avanzas, utilizarás el proceso de optimización de seis pasos para crear e ir perfeccionando aún más cada componente de tu motor. Al hacer esto, no solo harás que este sea más eficaz y eficiente, sino que también llegarás al punto en el que ya puedas comenzar a delegar algunas de estas tareas. Eso significa que pasarás menos tiempo trabajando *en* tu negocio (haciendo el trabajo del motor) y más tiempo trabajando *para* tu negocio (en el diseño y la actualización del motor y el vehículo empresarial). En últimas, lo que deseas es llegar a un punto en el que puedas alejarte durante períodos cada vez más prolongados, logrando que tu negocio continúe funcionando sin ti.

Para lograrlo, necesitas formar un equipo. Dependiendo de tus metas específicas y del tipo de negocio que tengas, este puede ser un equipo pequeño que funcione solo con unos pocos contratistas. Si tienes ambiciones más grandes, sería un equipo más grande que también incluya empleados. De cualquier manera, el proceso es el mismo. Tú defines los procesos centrales de tu motor empresarial, administras el negocio a través de un puñado de métricas clave en tu panel de control (más sobre esto a continuación) y utilizas todo esto para refinar continuamente el proceso y detectar dónde necesitas enfocarte, qué tareas puedes sacar de tu lista y a quién deberás contratar para delegarle lo que haya que hacer.

A medida que contratas tu gente, es fundamental que te asegures de elegir a las personas *adecuadas* —personas que crean en tu misión y compartan tus valores fundamentales (ambos definidos en tu planificados del negocio) —. Sí, sus habilidades y experiencia también son importantes, pero es demasiado frecuente que la gente valore las habilidades mucho más que el hecho mismo de encajar en la empresa, lo que provoca muchos problemas de gestión en el futuro. Tú estás buscando personas con las que puedas trabajar, gente a la que no tengas que motivar, porque ya está motivada por la misión de tu empresa y quiere ser parte de ella. La razón por la que estás contratando gente es porque quieres hacer tu vida más fácil, no más difícil. Entonces, así como identificaste a tu cliente ideal, este es el momento para que dediques algo de tu tiempo para identificar al miembro ideal de tu equipo de colaboradores y uses esas cualidades como los criterios sobre los cuales te basarás al contratar.

El ritmo de prosperamiento

En la sección de la estrategia empresarial hablamos de establecer tus metas. Sin lugar a dudas, eso es importante, pero lo que es aún más importante es que tanto tú como tu equipo se mantengan alineados con ellas a medida que las ejecutan (y que las ajustan cuando sea necesario).

Para hacer esto, debes establecer una cierta rutina o ritmo de prosperamiento para cuando quieras evaluar qué información necesitas y cómo decidir dónde concentrarte. Aquí es donde entra en acción el ritmo de prosperamiento con el que has decidido trabajar.

Lo creas o no, ya lo conoces. En el capítulo 1.4 (Configura y escala tus sistemas), estableciste una serie de puntos de registro para realinear a tu mapa vial. Como repaso, esos puntos de control son anuales (una vez al año), trimestrales (una vez cada 90 días), mensuales, semanales y diarios. De esto mismo es de lo que se trata el ritmo de prosperamiento que usarás para incrementar tu negocio, lo cual es muy conveniente, porque hace que todo lo relacionado con tu vida y tu negocio tenga consistencia.

Anteriormente, hablamos de trabajar *en el negocio* versus trabajar *para el negocio*. Cuando se trata de tu ritmo de prosperamiento, tus reuniones están relacionadas con estos dos grupos. Las reuniones que se centran *en el negocio* son tus reuniones diarias y semanales. En ellas, tú y tu equipo analizan lo que se ha hecho y lo que debe hacerse para mantenerse sincronizados con respecto a lograr las metas propuestas.

Las reuniones relacionadas con trabajar *para el negocio* son las que programas mensual, trimestral y anualmente. Estas no tienen nada que ver con las actividades diarias y se centran en hacer planificación a gran escala. Durante ellas, estarás revisando el progreso de la meta y las métricas, analizando el progreso obtenido y actualizando las metas y la dirección de la empresa.

Muchas empresas luchan, porque no establecen desde el principio unas rutinas, un ritmo de prosperamiento. En una estructura ideal, estarás dedicándole más o menos el 10% de tu tiempo a estas reuniones. La mayoría de las personas las ve como una pérdida de tiempo, debido a sus malas experiencias. La realidad es que la mayoría de la gente no sabe cómo planear y ejecutar reuniones de forma eficaz. Con frecuencia, evitan implementar unas ciertas rutinas, pero luego tienen que afrontar un montón de reuniones ad-hoc, porque no le dedicaron suficiente tiempo a reunirse para hacer planificación y actualización. A continuación, te mostraremos un desglose de lo que es el ritmo de prosperamiento y cuánto tiempo te llevará ejecutarlo a lo largo de un año.

Reunión	Frecuencia	Duración de la reunión	Tiempo total (por año)
Anual	Una vez al año	2 días	16 horas
Trimestral	Una vez cada trimestre	1 día	24 horas
Mensual	Una vez al mes	½ día	44 horas
Semanal	Una vez a la semana	90 minutos	40 horas
Diaria	Una vez al día	15 minutos	65 horas
		Tiempo total en reuniones	189 horas

Cada año consta de 2.080 horas (asumiendo 52 semanas al año* y 40 horas a la semana). Quizá, tú no estás trabajando todas las 52 semanas, pero es probable que tampoco estés trabajando solo 40 horas por semana, así que una cosa compensa la otra.

Entonces, 189 horas de reuniones/2.080 horas de trabajo disponibles = ~ 9%. Si le agregas el 1% más en reuniones de administración/cambio de contexto, el tiempo total de reuniones representa solo el 10% de tu tiempo total, que no es mucho. Este porcentaje te deja el 90% restante de tu tiempo (1.872 horas) disponible para hacer tu trabajo.

Entonces, ¿qué obtienes a cambio de invertir el 10% de tu tiempo en estas reuniones?

- Claridad
- Atención

- Análisis

- Sincronización

Por lo tanto, lo que hacen estas reuniones es ayudarte a definir la visión con respecto a dónde te encuentras en el momento, a establecer una hoja de ruta para llegar allí, a saber a ciencia cierta con qué tiempo cuentas para ajustar y alinear tu plan y a hacer que tanto tú como tu equipo se concentren en las tareas más importantes. Con todo esto funcionando, recuperarás mucho más que el 10% del tiempo que gastas en todas estas reuniones.

Comienza a implementar estas rutinas hoy, incluso si solo eres tú en tu equipo. Saca tu calendario y comienza a programar el tiempo para hacer cada una de estas reuniones. A continuación, te presentamos resúmenes de cada reunión, junto con un punto de partida en cuanto a su duración. Haz los ajustes que creas necesarios, según tus necesidades. Si los haces, asegúrate de que estos ajustes sean para hacer tus reuniones en menos tiempo, no en más. Si no logras completar todo lo que necesitas en el plazo previsto, céntrate en mejorar tus procesos para que puedas cumplir tus metas cada vez más dentro del tiempo que estipules. Sí, la planificación es importante, pero no quieres gastar más tiempo del necesario planificando.

Esto es en lo que deberían consistir *las reuniones de negocios:*

- **Diariamente:** Hazla en 15 minutos o menos; por lo general, por la mañana, a la misma hora, en el mismo sitio. Concéntrate en sincronizar y reportar lo que hayas terminado de hacer ayer. Comunica cuál es tu intención/compromiso para hoy y cómo esto genera progreso en el camino hacia la meta.

- **Semanalmente:** Realízala en 90 minutos, por lo general, al comienzo o al final de la semana, pero hacerla entre semana también funciona muy bien. Además, así evitarás programarla después de días festivos y fines de semana largos. Evalúa la semana anterior, decide qué mejoras realizar, revisa las métricas clave, resuelve problemas tácticos y planifica el enfoque y las tareas de la próxima semana.

- **Mensual:** Invierte 4 horas en ella, cerca del final del mes. Evalúa las metas a 90 días, haz los ajustes necesarios al plan y a las acciones que vas a realizar en función de avanzar hacia la meta, establece el próximo plan de flujo de caja mensual y trabaja para resolver los problemas estratégicos más importantes.

- **Trimestral:** Se realiza en un día completo, cerca del final del trimestre, por lo general, fuera de tu lugar de trabajo habitual. Allí, analizas el trimestre anterior y planificas el próximo trimestre. Esta también es una gran oportunidad para construir relaciones en equipo.

- **Anualmente:** Invierte dos días, cerca de fin de año o a mediados, así evitarás las interrupciones propias del movimiento del negocio a finalizar el año. Esta reunión debería ser fuera del lugar de trabajo habitual. Allí, analiza el año anterior, revisa cómo estuvo la consecución de las metas, actualiza la visión/hoja de ruta y establece el enfoque y las metas del próximo año. Al igual que las reuniones trimestrales, esta también es una gran oportunidad para construir relaciones en equipo.

Si estableces unas rutinas o unos ritmos de prosperamiento como estos, estarás construyendo los hábitos fundamentales para conformar un vehículo empresarial de alto rendimiento.

El panel de control

Hay muchas cosas en las que podríamos centrarnos en determinado momento. Nuestros entornos nos ofrecen tantas posibilidades por segundo que no podemos procesarlas todas, ni siquiera si lo intentamos. Entonces, nuestro cerebro está diseñado para filtrar información y bloquear todo lo que este crea que no es importante. Existe un video maravilloso que muestra a la perfección este proceso. Allí, hay un pequeño grupo de personas, la mitad vistiendo camisas negras y la mitad vistiendo camisas blancas. Te pide que cuentes el número de veces que las personas con camisas blancas se pasan la pelota en el transcurso de un minuto.

Después de que hayas pasado un tiempo haciendo ese ejercicio, el video te revela la respuesta correcta y te pregunta si viste al gorila. En este punto, la mayoría de la gente pregunta: "¿A cuál gorila?". En seguida, el video rebobina y ves a un gorila negro que camina en medio de la gente, pasando las pelotas, agitando las manos hasta que al fin va saliendo fuera del alcance de la cámara. Este no es un truco de cámara, pues el gorila sí estaba en el video desde la primera vez que lo viste, pero tu cerebro lo filtró, porque estabas concentrado en contar los números de pases que se hacían las personas con camisas blancas. Solo que, dado que este gorila no llevaba una camisa blanca, ni le pasaba a nadie una pelota, lo omitiste.

Lo mismo puede suceder fácilmente en otras áreas de tu negocio y de tu vida. A lo que le prestamos atención suele ser a aquello que nos interesa. Es como el ejemplo de cuando compras un auto nuevo y de repente comienzas a ver ese mismo tipo de auto en todas partes. No es que antes no hubiera otras personas conduciéndolos, sino que hasta ahora les prestas atención.

Conducir tu vehículo empresarial hará que experimentes casi lo mismo. Hay tanta información por digerir que, fácilmente, puede resultar abrumadora. Tu cerebro hará todo lo posible para filtrar las cosas, pero si no eres intencional y le ordenas en qué debe concentrarse, bien podrías omitir grandes problemas u oportunidades que estaban allí, delante de tus ojos, porque tu mente estaba concentrada en otra cosa.

La pregunta aquí es: ¿Cómo puedes hacerle seguimiento a todo? La respuesta simple es que no es posible, ni necesario hacerlo. La clave para que tu vehículo empresarial funcione sin problemas es hacer el seguimiento de cierta información específica importante, que esté convenientemente almacenada frente a ti a medida que conduces tu empresa. Se trata de tu *panel de control.*

El panel de control de tu automóvil te brinda información clave sobre tu auto, desde cómo está funcionando en el momento, cuál es la velocidad y la dirección que lleva, te advierte acerca de posibles problemas, como el sobrecalentamiento del motor o la baja presión de una llanta. En efecto, lo que este hace es permitirte sentarte cómodamente en el asiento del conductor al mismo tiempo que te va dando información clave que deberás tener en cuenta mientras conduces. Tu vehículo empresarial no deberá ser diferente. Tu panel de control está frente a ti en todo momento y te informa cómo está funcionando el negocio. Muchos emprendedores luchan, porque no tienen un panel de control en su negocio. Sería como conducir tu automóvil sin tu panel. No sabrías en qué dirección vas, ni qué tan rápido avanzas, ni si tienes poco combustible, ni si hay algún problema en aumento, etc. Cuando no sabes lo que está sucediendo, te sumerges en malas prácticas, como la de pensar que necesitas participar en todos los aspectos de tu negocio, lo cual te genera largas e innecesarias horas de intranquilidad. O tienes dificultades para realizar tareas importantes, porque te parece que todo el tiempo están surgiendo nuevos problemas urgentes por resolver y terminas alejándote de tu zona de genialidad.

En cambio, cuando implementas un panel de control en tu negocio, lo que estás haciendo es construyéndote un lugar al cual acudir para tener el mejor conocimiento posible de cómo están progresando las cosas; además, tendrás un lugar desde donde estarás recibiendo alertas sobre posibles problemas, antes de que estos se vuelvan importantes y urgentes. Esta herramienta te permite concentrarte donde necesitas, al mismo tiempo que mantienes el pulso en el negocio y evitando la temida microgestión de los empleados.

Entonces, ahora que sabes que necesitas tener a tu disposición un panel de control, ¿qué deberías incluir en él? A medida que observas a tu alrededor, notarás que no hay escasez de información y métricas disponibles a tu favor. Fácilmente, podrías tener cientos (o miles) de datos (métricas) en tu panel. Sin embargo, tantos datos no te ayudarían, ya que serían muy abrumadores y solo lograrías omitir información importante, porque está enterrada entre tanta información que no es tan importante (como el gorila). De modo que, en lo que quieres enfocarte es en los que se conocen como *indicadores clave de rendimiento* (KPI, según la sigla en inglés).

Cada negocio es diferente y casi todos los paneles de negocio son diferentes. La clave para desarrollar un panel de control específico para tu negocio es comenzar con algunos KPI comunes, luego, ajústalos a medida que detectes qué información es crucial para liderar tu negocio y evitar problemas. Afortunadamente, tienes un lugar fácil en el cual comenzar, que es tu motor empresarial y los procesos de alto nivel que has creado para cada pieza que lo conforman.

Recuerda, los cuatro componentes de tu motor empresarial son marketing, ventas, operaciones y finanzas. Para cada uno de estos desarrollaste un proceso de alto nivel compuesto de tres a cinco pasos.

Por lo tanto, estás listo para organizar tu panel de control en torno a estos componentes y pasos. Cada componente puede tener de dos a tres piezas de información clave sobre cómo están funcionando todos y cada uno de ellos. A continuación, te mostramos algunos ejemplos:

El marketing

- Número de contactos nuevos: ¿Cuántas personas que conoces dan el primer paso? Puede ser enviándote un mensaje, dándote su número de teléfono o cualquier otra forma de hacer contacto, alguna información o mediante el hecho de que entren a tu tienda.

- Número de nuevos prospectos: ¿Cuántas contactos realizan la siguiente acción en su proceso de compra, manifestándote que están potencialmente interesados en hacer una compra? Puede ser llenando una solicitud de compra, solicitando un presupuesto o preguntando sobre cómo realizar una compra.

Las ventas

- Número de ventas: ¿Cuántos prospectos proceden a hacer sus compras? Esto podría ser a través de una presentación/llamada de ventas, visitando un departamento de ventas de tu sitio web o agregando un artículo a sus carritos de compras.

- Número de nuevos clientes: ¿Cuántos clientes potenciales realizaron compras? Este es el número de nuevos clientes y/o de los ingresos recaudados.

Las operaciones

- **Número de clientes satisfechos:** ¿Cuántos clientes están satisfechos con su experiencia después de la compra? Esto se puede medir mediante una pregunta/encuesta o a través del número de personas que siguen siendo clientes y no se van, ni solicitan un reembolso.

- **Número de compras repetidas:** ¿Cuántos clientes vuelven y compran más? Esto se puede medir a través de la tasa de abandono o de personas que hacen una compra adicional.

Las finanzas

- **Primer desglose de ganancias:** Haces un desglose de cuánto es el dinero en efectivo que tienes en cada cuenta. Puedes hacerlo sacando el porcentaje de los ingresos que estás moviendo en cada cuenta.

- **Efectivo cobrado:** Verifica la cantidad de dinero que recaudas. Puedes medirlo como un porcentaje en comparación con lo que vendiste.

A continuación, incluimos algunos aspectos adicionales que debes tener en cuenta al desarrollar el panel de control de tu negocio:

- **Los paneles destacan los datos, pero rara vez brindan respuestas:** El propósito de tu panel es que te permita mantener el pulso del negocio y te ayude a determinar dónde enfocar tu atención. Así como el indicador que te informa que la presión de tus neumáticos está baja no te dice por qué está baja, también las métricas de tu panel empresarial destacarán los problemas que afronta tu negocio, pero resolverlos requerirá de tu parte que te sumerjas y los analices más a fondo para comprender por qué están ocurriendo y determines qué acción debes tomar para resolverlos.

- **Deben ser precisos:** Lo único peor que no tener un panel es tener uno que tú creas que está dándote la información correcta, pero no es así. Si estás operando con datos incorrectos, tomarás malas decisiones comerciales. Por eso, es mejor que automatices la recopilación de los datos que más puedas obtener en tu panel y que tengas a la mano un proceso o una persona que se encargue de actualizar los ítems restantes.

- **Deben ser valiosos:** Aunque puedes comenzar con algunas métricas comunes o usar paneles que te motiven y estén funcionando bien en otras empresas, debes personalizar tu panel de acuerdo a tu negocio y hacer que sea útil. Revisa con cierta regularidad qué métricas son útiles cuando se trata de actuar y qué otras no lo son. Así, estarás actualizándolo de acuerdo a tus necesidades y a las de tu empresa.

- **Los paneles evolucionan:** Tu panel debe evolucionar a medida que pasa el tiempo, de tal modo que refleje la fase en la que se encuentra el negocio. Cuando recién comiences, lo más probable será que quieras hacerles seguimiento a aspectos relacionados con la validación de tu idea, como el número entrevistas realizadas con contactos y posibles clientes, la cantidad de hipótesis que hayas puesto a prueba y cuántos serían los posibles primeros adoptantes de tu producto/servicio. Más adelante, tu panel evolucionará y contendrá información clave sobre el progreso de tus metas y de cada componente de tu motor empresarial, por ejemplo, el número de ventas y los ingresos totales.

- **Deben ser fácilmente accesibles/visibles:** Lo ideal es que veas tu panel de control lo más frecuente posible. Debería estar frente a ti para que tengas acceso constante a los cambios que se vayan dando, de modo que los tengas en cuenta y te sirvan para guiarte y tomar tus decisiones. Usa un tablero blanco, de pared o uno electrónico que se refleje en la pared. El hecho es que, sea como sea el tipo de tablero que decidas usar, hazlo visible para que lo observes con frecuencia, sobre todo, durante cada una de tus reuniones de rutina. Además, si con frecuencia utilizas gráficas y otras imágenes, tu panel será más fácil de leer/comprender en comparación con tener al frente tuyo solo números y números.

- **No complique demasiado tu panel:** La clave es comenzar. Elige algunas métricas que creas que son importantes para revisar y comenzar a rastrear. Comienza con algo tan simple como llevar la cuenta de cuántos ingresos se generaron la semana anterior. Verás que, una vez comiences a usarlo, encontrarás lagunas en cuanto a la información que en realidad quieres tener frente a ti y harás las modificaciones que creas conveniente para que tu panel funcione conforme a lo que quieras obtener de él. Además, no dejes que el hecho de buscar una herramienta o una forma de automatizar tu panel se interponga en tu camino. Comienza manualmente, con una simple pizarra o con una hoja de cálculo. Nosotros trabajamos con empresas que generan millones y cientos de millones al año y utilizan hojas de cálculo simples. Así que te recomendamos que tengas a tu disposición un panel simple hasta que tenga sentido pasar a uno más grande y sofisticado.

SECCIÓN 5

LISTO PARA ABANDONAR TU CUBÍCULO

Resumen de la sección

Con mucho trabajo duro, resolviendo los inconvenientes que se presenten en el camino y teniendo un poco de suerte, tu negocio crecerá hasta el punto en el que alcances tu cifra hacia la libertad financiera y estés listo para renunciar a tu empleo. Este es un momento increíble en tu vida, pero viene con algunos cambios y con nuevos desafíos a medida que pasas de ser un empleado a un empresario de tiempo completo.

El objetivo de esta sección es ayudarte a que esta transición sea lo más fluida posible y mostrarte cómo navegar en medio de ciertos desafíos que surgirán a medida que avances.

Capítulo 5.1
¿Realmente estamos haciendo esto?

Perspectiva de Tom

Acababa de regresar de una conferencia de negocios. Ariana y yo acostumbramos asistir a un puñado de conferencias cada año. En parte, para seguir aprendiendo; en parte, para hacer nuevas conexiones y conocer más gente; en parte, para hablar con otras personas y ofrecernos a ayudarlas; y en parte, para viajar y conocer otros lugares a la vez que encontramos formas de hacer que nuestros negocios continúen avanzando. Como verás, se trata de una combinación de razones bastante buena.

El caso es que me encontraba en una conferencia telefónica con la empresa de consultoría para la cual yo trabajaba en el momento.

"Tom, necesitamos cambiar nuestro acuerdo laboral contigo y proponerte hacer la transferencia de salario fijo a pago por horas".

Trabajé como consultor para esta empresa durante poco más de un año y hacía unos meses me había encargado de cerrar un contrato con uno de sus clientes. La empresa estaba tratando de hacer crecer este nuevo departamento, convirtiéndolo en una nueva oferta de servicios, pero lograrlo estaba siendo un verdadero reto. Así las cosas, me dediqué más tiempo a trabajar directamente con clientes. A menudo, se trataba de grandes corporaciones que buscaban mejorar la eficiencia y la eficacia de sus departamentos de TI, desarrollando productos de software para la empresa. La verdad es que no me quedaba mucho tiempo para desarrollar más esta nueva línea de producto, sobre todo, teniendo en cuenta que se trataba de iniciar un nuevo negocio dentro de uno ya existente.

Antes de trabajar allí, había realizado consultoría empresarial durante unos 4 años. Gané mucha experiencia en ese entonces. Trabajé con líderes empresariales y ejecutivos de alto nivel, que me contrataron para ayudarlos a desarrollar sus productos y lograr que sus equipos fueran más eficientes. Sin embargo, era frecuente que terminara entrenando a sus líderes y ayudándolos a desarrollar e implementar su estrategia comercial de tal modo que pudieran beneficiarse de la eficacia mejorada del equipo y del proceso del nuevo producto en desarrollo. Estaba teniendo la oportunidad de hacer conferencias, entrenar, representar a la empresa fuera de ella y ayudar no solo a otras empresas, sino también a las personas que trabajaban en ellas. Era una experiencia asombrosa, excepto por el hecho de que requería de gran parte de mi tiempo y tenía que estar lejos de mi familia. Viajaba de cuatro a cinco días a la semana, debido a que los clientes con los que trabajaba estaban ubicados a lo largo y ancho del país. Mi rutina semanal consistía en gastar la mitad de mi día domingo planchando y empacando mi equipaje para la semana que comenzaba. Además, tenía que prepararme mentalmente para estar lejos de mi familia una vez más, lo cual era difícil, pues había regresado a casa hacía solo dos días.

Mi alarma sonaba el lunes a las 4:00 a.m., aunque casi siempre tenía problemas para dormirme la noche antes de viajar, así que permanecía despierto hasta que sonara. Salía para el aeropuerto y volaba a la ciudad que estuviera requiriendo de mis servicios. Aterrizaba, me dirigía a mi hotel (al cual en muchas ocasiones, por error, me referí a él como a mi casa) y luego al trabajo. Pasaba más tiempo con estos clientes y en estas ciudades que el que pasaba con mi familia.

Mi horario de trabajo era de lunes a jueves en la ubicación del cliente, saliendo el jueves por la tarde o por la noche para volar de regreso a casa (suponiendo que no hubiera retrasos, ni que el vuelo no se cancelara). Eso significaba que tenía que trabajar más de 40 horas en el transcurso de 3 ½ a 4 días, en jornadas diarias de 10 a 12 horas con los clientes, sin incluir tiempo de viaje para salir de casa y llegar a ella nuevamente.

Después del trabajo, cenaba, me iba al hotel y trabajaba con nuestro empresario de turno, haciendo la consultoría que su negocio requiriera por la noche, en la habitación del hotel. Rara vez, salía y exploraba las ciudades en las que me encontraba. No hubiera podido disfrutarlas, sabiendo que Ariana y los niños estaban en casa, perdiéndose de todo lo que yo estuviera conociendo.

Cuando llegaba la noche del jueves, me dirigía al aeropuerto y esperaba lograr llegar a casa antes de que mis hijos se fueran a dormir. En las semanas en que sabía que lo lograría, una oleada de emociones me invadía mientras volaba a casa. Estaba tan emocionado de ver mi hija parada en la sala de espera del aeropuerto, volviéndose loca al verme. Luego, mi pequeña registraba mi equipaje en busca de un "amigo" (un Beanie Boo, este pequeño animal de peluche que todas las tiendas de los aeropuertos les vendían a los viajeros como yo). Después de encontrarlo, lo abrazaba con fuerza y me guiaba hasta alguna de las escaleras mecánicas. Subíamos y bajábamos unas cuantas veces, hasta que ella perfeccionara el momento propicio para saltar de la escalera de turno, justo antes de llegar al final del recorrido. Este era nuestro juego ¡y a ella le encantaba!

Nuestra hija tenía 2 años cuando comencé en mi cargo como consultor viajero. Durante ese tiempo, Ariana dio a luz a nuestro hijo. Me encantaba abrazar a mi esposa cuando llegaba a verla cada semana. Me recordaba la suerte que tenía al estar construyendo la vida junto a ella. Pero también me sentía muy triste y lleno de ansiedad, sabiendo que, en unos días, cuando yo regresara a mis vuelos habituales, ella volvería a ser la madre solitaria de dos niños pequeños.

Entonces, cuando mi jefe me dijo: "Tom, tenemos que hacer cambios y pasarte de ganar un salario fijo a trabajar por horas", yo supe que esta era la oportunidad que estaba necesitando para saber que había llegado el momento de renunciar a mi empleo, liberar mi tiempo para dedicárselo más a mi familia, hacer crecer nuestro negocio de coaching y crear un mayor impacto tanto en otros emprendedores como en nosotros mismos. Sin embargo, todavía estaba a casi un año de tener la flexibilidad financiera necesaria para dejar este trabajo y dirigir de tiempo completo nuestras otras tres empresas. El reto aquí era saber tomar una decisión responsable, ya que tenía que tener en cuenta que también se trataba del bienestar de mi esposa y de mis dos hijos.

Perspectiva de Ariana

"Tienes que decirles que hasta aquí llegaste con ellos. Esto es ridículo".

No estoy segura de si esas fueron mis palabras exactas, pero esta frase está bastante cercana a lo que le dije en ese instante a Tom. Yo lo había visto luchar, haciendo su trabajo como consultor durante años. Sabía cuánto le dolía dejarnos todos los lunes y regresar a casa los jueves, después de perderse de estar cuatro de siete días con su familia. No ayudaba en nada que su trabajo fuera tan estresante. Siendo honesta, estaba tan harta de todo —de sus viajes y de ser madre soltera la mitad de año— que cuando le dijeron que "querían ver si él se dedicaba a hacer que el programa funcionara" y redujeron su cargo a un trabajo por horas (mediante el cual perderíamos nuestros beneficios, ¡oh, qué alegría!), decidí hacer algo bastante difícil, que fue decirle a mi esposo que dejara su trabajo de seis cifras.

Estaba cansada —cansada de dirigir la casa por mi cuenta, de administrar yo sola nuestros tres negocios, de criar a una niña de tres años y amamantar a un bebé que se negó a dormir durante los primeros 18 meses de su vida—. Tenía que cortar el césped, pagar las cuentas, hacer el mercado, sacar citas e ir a ellas, encontrar el momento para bañar y arreglar a mis hijos, leerles cuentos, lavar la ropa, los platos, limpiar la casa, hacer las veces de cocinera, conductora, en fin, mi lista de cosas por hacer era interminable. Y lo que era peor, sabía que tenía que ser fuerte y apoyar a Tom cuando viniera a casa los fines de semana, ya que él era el que se perdía de todas las cosas relacionadas con nuestro hogar y nuestros hijos y se sentía miserable por tener que dejarnos solos todas las semanas. Yo estaba siendo y haciendo todo para todos y, debido a eso, casi me pierdo también a mí misma.

¿Estábamos preparados para una nueva forma de vida? Mental, emocional y físicamente, ¡claro que sí! ¿Financieramente? No tanto. Teníamos una pista de aterrizaje, pero no era tan larga como habíamos esperado que fuera.

Antes de que pasaran esos tres años de nuestra vida, me habría apegado a nuestro plan y habría dicho: "¡No! ¡Todavía no estamos listos!". Pero la nueva Ariana —la que sentía que la estaban arrastrando por el barro y la aporreaban, y aun así salía bien de él— estaba lista para otra cosa. Yo quería que mi esposo regresara a casa y estuviera con nosotros siempre. Quería verlo feliz y no estresado todo el tiempo. Quería a mi pareja de vuelta para dejar de hacerlo todo yo sola como si se tratara de una cuestión individual. Sabía que, estando juntos, volveríamos a ser un equipo. Tanto los niños como yo queríamos que su papá volviera, extrañábamos a ese chico divertido al que solo veíamos por un par de días a la semana, antes de que llegara el domingo y él tuviera que volver a preparar su viaje, empacar su maleta y dejarnos solos una vez más.

Se nos presentaba una nueva situación y podíamos aprovecharla como una oportunidad en lugar de verla como un fracaso. Esta fue nuestra oportunidad de comenzar a vivir nuestra vida ideal de ahora.

Capítulo 5.2
Llegó el momento de renunciar

Una de las preguntas más importantes que nos hacen los emprendedores que han estado construyendo su negocio al mismo tiempo que tienen un empleo es: ¿Cuándo llegarán al punto de inflexión en el que ya pueda dejar mi trabajo y hacer todo lo que esté a mi alcance y dedicarme de tiempo completo a construir mi negocio?

No existe una respuesta única a esta pregunta. En la Sección 2 (Logra tu libertad financiera), te proporcionamos las herramientas para averiguar cuál es la cifra que te llevará a comenzar a trabajar por tu libertad financiera y a construir tu pista de aterrizaje. Si lo recuerdas, esa cifra equivale a la cantidad de dinero que tu negocio deberá pagarte todos los meses para cubrir todos tus gastos, incluidos los gastos adicionales que se producirán cuando dejes tu trabajo (como pagar tu propio seguro médico).

En el escenario *ideal*, no renuncias a tu trabajo, sino hasta que tu empresa te paga más que tu cifra hacia la libertad financiera y estás seguro de que esto continuará siendo así. En ese momento, ya puedes cubrir tus gastos mensuales sin necesidad de tu cheque de pago. Además, es probable que hayas acumulado unos ahorros decentes de, por lo menos, tres a seis meses de gastos, ya que has tenido el doble de ingresos de los que recibes en tu cheque de pago de tu trabajo y del cheque de pago que recibes de tu negocio.

Dicho esto, según nuestra experiencia, muy pocas personas esperan hasta tener el escenario ideal, incluyéndonos a nosotros mismos.

La mayoría de las personas deja su trabajo antes de que su negocio esté pagándole la totalidad de su cifra ideal para dirigirse hacia su libertad financiera. El hecho es que, en este escenario, necesitas una pista de aterrizaje larga que te dé el tiempo suficiente para generar ingresos comerciales hasta el punto en que ya puedas pagarte tu cifra ideal mes tras mes. Si ves que necesitas hacer un repaso sobre estos conceptos, vuelve atrás y revisa el Capítulo 2.4 (Identifica la cifra que te permitirá avanzar hacia tu libertad financiera) y el Capítulo 2.6 (Diseñando tu pista de aterrizaje).

A medida que llegues al punto en el que estés analizando la posibilidad de renunciar a tu empleo y trabajar de tiempo completo en tu negocio, las siguientes son algunas preguntas que te ayudarán a decidir cuándo es el momento adecuado de tomar esta decisión tan definitiva:

- **¿Está tu negocio en constante crecimiento?** Antes de renunciar a tu empleo, querrás evidenciar un historial de ventas (como mínimo) consistente y, siendo aún más ideal, tus ventas deberán ir en aumento. Un gran mes de ventas es fantástico, pero si no logras que así sea siempre, tendrás que afrontar muchas luchas. Existe una gran cantidad de emprendedores que hace un gran lanzamiento, bastante promoción y, como consecuencia, ve un buen aumento en sus ventas durante el mes, solo para tener que luchar después, porque ha convertido a todos sus clientes potenciales en clientes, pero no desarrolló sus sistemas de marketing y ventas para identificar a nuevos clientes potenciales y prospectos que se conviertan en clientes firmes y estables.

- **¿Recibirías alguna bonificación o tendrías derecho a alguna compensación adicional?** Estos podrían ser escenarios en los que, si permaneciste en un empleo durante cierta cantidad de tiempo, serías elegible para una compensación adicional que afectaría tu decisión de irte. En otros casos, es posible que hayas firmado un contrato comprometiéndote a permanecer empleado allí durante un tiempo específico o de lo contrario pagarás una parte de tu bonificación; también puede ocurrir que hayas tomado un préstamo de tu cuenta de jubilación. Lo que quiero decirte es que existen algunos escenarios en los que podrías deber dinero o enfrentarte a una sanción por renunciar a tu empleo. Te recomiendo consultar este tipo de casos con el fin de asegurarte de que no te sorprendan con cuentas o tarifas inesperadas en el momento en que presentes tu renuncia.

- **¿Tienes un acuerdo de no competitividad?** Algunas empresas firman acuerdos de no competitividad con sus empleados. Aunque cada acuerdo varía, en general, estos imponen límites al desarrollo de relaciones comerciales entre los clientes y empleados del empleador actual, durante cierto un tiempo específico. Por lo tanto, revisa la totalidad del papeleo que firmaste inicialmente como parte de tu ingreso a bordo de la compañía en que trabajas y asegúrate de saber a qué estás obligado desde el punto de vista legal.

- **¿Cuentas con un seguro médico?** Cuando deja su empleo, mucha gente se sorprende del costo de su seguro médico. Este costo en sí mismo mantiene a muchas personas en sus puestos de trabajo. Así que, antes de renunciar, asegúrate de explorar opciones y solucionar todo lo relacionado con tu seguro médico. COBRA es siempre una opción, pero suele costar mucho más de lo que tú piensas, dado que tu empleador ha estado pagando una parte de los costos de tu seguro médico.

- **¿Has evaluado todas las desventajas que implica esta decisión?** Una de las formas favoritas de Ariana al momento de tomar una decisión es hacer una lista simple de los pros y los contras que esta implica, luego evaluar y decidir. Al evaluar las desventajas, observa si te sientes cómodo con todas y cada una de ellas y busca oportunidades para reducir o mitigar su impacto. Lo ideal es que te prepares al máximo posible y evites sorpresas inesperadas después de que te vayas.

En la mayoría de los casos, es mejor que permanezcas en tu trabajo todo el tiempo que puedas, dado que es incuestionable que la consistencia de un cheque de pago reducirá tu presión y nivel de estrés. Además, este te permitirá aumentar tus ahorros y desarrollar tu negocio de la manera que deseas en lugar de que tener que tomar decisiones basadas en la necesidad de ingresos. Demasiados emprendedores se equivocan al dejar sus trabajos demasiado pronto en lugar de permanecer en ellos todo el tiempo posible. Si realmente no disfrutas de tu trabajo o necesitas más flexibilidad, busca alternativas, como ver si tu empleador te permitiría comenzar a trabajar a tiempo parcial o convertirte en uno de sus contratistas independientes.

Cuando finalmente decides dejar tu trabajo e ir con todo como emprendedor, es emocionante. ¡Felicidades! Has trabajado mucho para llegar a este punto y lograste llegar a un momento crucial (y casi siempre, aterrador). A continuación, mencionaré algunos aspectos a tener en cuenta cuando por fin llegue la hora de tomar la decisión de irte:

- **No quemes los puentes:** Aunque sueñes con no tener que trabajar nunca más para nadie otra vez, tú no tienes facultad para ver el futuro. Jamás es bueno quemar los puentes, sobre todo, cuando es posible que llegues a desear o a necesitar volver a trabajar con tu empleador actual por alguna circunstancia inesperada. Quién quita que las cosas cambien y más adelante vuelvas a necesitar un trabajo. A lo mejor, quieras ofrecerle tus productos o servicios a tu actual empleador. Tal vez, tu negocio esté en un campo de acción similar al de tu trabajo actual y tengas que interactuar con los mismos grupos de personas que hoy son tus jefes, colegas y compañeros de trabajo. El hecho es que, sea cual sea el motivo, no quieres que la gente hable mal de ti. Además, la manera en que te vas de tu empleo dice mucho sobre ti y tu personalidad. Renunciar durante un tiempo en que la empresa tiene mucho trabajo o sin previo aviso podría poner a tu empleador en una situación problemática innecesaria. Y otra cosa: algunas organizaciones exigen una entrevista de salida, casi siempre, con alguien de recursos humanos. Tan tentador como pueda ser para ti descargar tus emociones y decir todo lo que se te ocurra, te recomendamos salir en buenos términos, sin necesidad de culpar a nadie, ni de irte en malos términos.

- **Notifica tu renuncia con el mayor tiempo posible:** El plazo estándar para presentar una notificación de renuncia son dos semanas. Esta es un clausula que siempre debe ser respetada, pero si puedes avisar con más tiempo, mucho mejor. Mientras más pronto sepa al respecto tu empleador, más tiempo tendrá la empresa para trabajar en llenar la vacante que dejas y mejor podrás capacitar a tus colegas para que se hagan cargo de tus responsabilidades laborales en el que hasta ahora ha sido tu lugar de trabajo. También es bueno que tengas en cuenta que tu empleador bien podría optar por dejarte ir antes de lo que tú planeas irte. Si estás trabajando para una gran empresa y eres un gran empleado, esta querrá obtener tanto como sea posible de ti antes de que te vayas. Dicho esto, asegúrate de que estarás bien si tu empleador decide dejarte ir antes de lo presupuestado. Además, debes contemplar la posibilidad de que quizá te traten diferente al saber que te vas y que será difícil revertir las cosas si decides cambiar de opinión y, por una u otra razón, prefieres quedarte.

- **Prepárate para la conversación final:** Tómate un tiempo para prepararte para la conversación con tu jefe. Él o ella debería ser la primera persona con quien hablas acerca de tu decisión de renunciar. Pídele que se reúnan y asegúrate de llevar contigo tu carta de renuncia. Ten claro lo que dirás y ve preparado para tener la mejor conversación posible. Infórmale la razón por la cual te vas y en qué consiste tu nueva oportunidad, pero no es necesario que le des tantos detalles. Simplemente, le manifiestas que se trata de una gran oportunidad que no puedes dejar pasar. Además, asegúrate de estar preparado para las respuestas a las preguntas comunes que los jefes les hacen a los empleados que se van. ¿Qué dirás si tu jefe quiere que te quedes y te ofrece más dinero? ¿Qué pasa si quiere que te quedes más tiempo del que se supone que debes quedarte? ¿Estás preparado en caso de que te dejen ir en el acto y te escolten fuera de tu oficina o de la empresa? Necesitas estar preparado para cada uno de estos posibles escenarios.

- **Busca programas de transición:** Algunos programas gubernamentales y organizaciones educativas cuentan con ayudas y apoyos para emprendedores y propietarios de empresas que están haciendo esta transición. Quizá, tú seas elegible para recibir alguna clase de apoyo (financiero, educativo, recursos, etc.). Sin embargo, estos programas no están disponibles en todas las áreas y es posible que no seas elegible para ellos, pero no está de más que dediques una parte de tu tiempo a investigar sobre estas posibilidades.

- **Procura reducir tus gastos:** Tu deseo es contar con las mejores oportunidades para tener éxito, sobre todo, si estás dejando tu trabajo antes que tu negocio te pague tu cifra ideal hacia la libertad financiera. Por lo tanto, te ayudará mucho buscar opciones para reducir esa cifra. Por ejemplo, nosotros vendimos uno de nuestros autos y optamos por remplazarlo por uno muchísimo más barato.

- Analiza tus necesidades crediticias: Las personas necesitan crédito por varias razones, por ejemplo, comprar una casa o un carro. También es posible que necesiten sacar un préstamo comercial. Es mucho más fácil hacer esto cuando estás empleado y tienes cómo mostrarle al banco tus ingresos W-2. Sin ellos es mucho más difícil obtener un préstamo bancario. Entonces, si estás planeando hacer una compra importante que requerirá pedir dinero prestado, procura hacer esta diligencia antes de irte de tu trabajo o tendrás que postergarla hasta que establezcas un historial de éxito crediticio a través de tu negocio.

- **Haz el cierre de ciertas cosas importantes:** Existen algunas transacciones de cierre para finiquitar tu desvinculación de la empresa. Por ejemplo, si tienes un plan de jubilación con la empresa, lo más probable es que quieras abandonarlo en ese momento, pero a menudo, es mejor que busques adherirte a un plan que sea independiente de la empresa (por lo general, denominado reinversión). Además, recopila la información de los contactos que te interese mantener y cualquier otro dato que creas que necesitarás y al cual ya no tendrás acceso una vez que te vayas.

Ahora, ya estás preparado. Cierra este capítulo de tu vida y comienza el próximo, ya no como un empleado, sino como un empresario de tiempo completo.

Capítulo 5.3
Instalándote como empresario de tiempo completo

"¡LIBEEERRTAAAD!". (Piense en Mel Gibson en *Braveheart*). Muy *probablemente*, así es como vas a sentirte durante tu primer día como empresario de tiempo completo. ¡A lo mejor, ese será uno de los mejores días de tu vida! No más J-E-F-E-S diciéndote qué hacer y cómo hacerlo. Ya no habrá más despertadores para ir al trabajo, ni tendrás que luchar entre el tráfico en las horas pico, ni tampoco lidiar con ese molesto compañero de trabajo. No más política empresarial. Ahora, tienes la oportunidad de sentarte en casa (en ropa cómoda, como hace Ariana) o en tu nueva oficina y trabajar en tu negocio, ¡o en algo que disfrutes hacer! Ya tienes la libertad de moverte en tu propio horario, establecer cuáles serán tus horas de trabajo y ser el *jefe*.

Te haré un par de recomendaciones importantes para que empieces con el pie derecho en tu nuevo estado:

- **¡Encuentre tu lugar de trabajo!** Sí, conocemos que la belleza del "estilo de vida portátil" es que puedes trabajar, literalmente, desde donde quieras. Pero si trabajas en casa todos los días, tu trabajo tiende a volverse monótono y la monotonía suele ser una asesina de la productividad. Sin embargo, también es cierto que, sin un área de trabajo específica, se vuelve un desafío tener todo lo necesario para concentrarte. De modo que, configura tú mismo un espacio en tu casa donde puedas "entrar en tu zona" —una oficina, si tienes el lugar para ella o un escritorio donde sepas que allí podrás concentrarte—.

Si observas que todavía tienes problemas para sentirte productivo en casa, no tengas miedo de trabajar fuera. Visita una biblioteca o tu cafetería preferida o incluso busca un espacio de trabajo conjunto que te ayude a enfocarte y hacer que las cosas sucedan al mismo tiempo que te sales de esa monotonía que te agobia.

- **Establece tu rutina.** Parte de la diversión de ser un emprendedor a tiempo completo es que trabajas cuando quieras y *no tienes* que seguir un horario fijo. Sin embargo, muchas personas han notado que, sin tener una rutina, ni que rendir informes de su trabajo y sin un jefe presente, el péndulo se balancea demasiado hacia el otro lado. Es decir, muchos nuevos empresarios están ocupados todo el tiempo, pero rara vez, hacen lo que en realidad necesitan hacer. Tampoco trazan límites entre el trabajo y los negocios, motivo por el cual se desgastan demasiado y no tienen todo el enfoque que se requiere en cada actividad. Entonces, una de las mejores cosas que puedes hacer para prepararte para el éxito es establecer una rutina. Es tan simple como despertarte, tomar una ducha, tomarte un café al desayuno y luego sentarte a trabajar. O puede ser una rutina más compleja, como la de Tom (se levanta antes que los niños, se hidrata, medita, lee, hace ejercicio, se ducha, toma su café, revisa su calendario, llena su agenda diaria, se reúne con Ariana y luego va a su escritorio y trabaja en compañía de su música). El caso es que encuentres una rutina que te funcione. Te sorprenderás de cuánto logras hacer.

- **Ten un plan a seguir.** Más tiempo disponible no siempre significa que hagas más. Aquí es donde entra en juego todo el mantra de "trabaja de forma más inteligente, no más duro". Ahora que tienes el que parece ser un tiempo infinito para desarrollar tu trabajo y hacer crecer tu negocio, asegúrate de estar trabajando para lograr alguna meta específica. Esto tiene que ver con que diseñes un plan con ciertas metas establecidas (como dijimos en el Capítulo 1). Así, sabes con certeza en qué estás trabajando cada vez que te sientas en tu propio espacio de trabajo. Nada peor que sentirte ocupado todo el tiempo y ver que no avanzas.

Teniendo en cuentas estas cosas, analicemos ahora lo que *realmente* puedes esperar a medida que atraviesas por este gran cambio de empleado a empresario.

La montaña rusa emocional

Algo que las personas no anticipan muy a menudo cuando dejan su trabajo es la montaña rusa emocional que los acompañará. Cuando presentas tu carta de renuncia, lo más probable será que sientas nerviosismo y ansiedad. Cuando sales del edificio de la empresa por última vez, experimentas un nuevo nivel de libertad y emoción. En tu primer día como emprendedor de tiempo completo es casi seguro que te despertarás temprano, prepararás una buena taza de café y te zambullirás en ella (a menos que seas de los que rompen su despertador y se alegran de nunca más tener que volver a configurarlo).

El hecho es que, a medida que hagas esa transición, experimentarás una serie de emociones diferentes. Esto es normal. Y debes saber que no necesitas, ni tienes por qué pasar por esa experiencia solo. Asegúrate de tener alguna clase de apoyo, específicamente, de personas a las que puedas recurrir durante tu transición. En este caso, los mejores soportes suelen ser otros emprendedores en los que confías y que ya han atravesado por esta misma etapa.

Otra circunstancia muy común, pero con la que no cuentas encontrarte, es la soledad. Si estás acostumbrado a trabajar con gente a tu alrededor, será una gran transición pasar a trabajar solo o con un equipo más pequeño. Lo más probable es que pierdas la opción de compartir situaciones que solías dar por sentadas y que incluso detestabas (por ejemplo, asistir a reuniones, tener charlas de pasillo, etc.). Una vez más, es muy útil contar con otros emprendedores que te apoyen durante este proceso, con gente con la cual tengas la opción de reunirte de vez en cuando. También pueden ser personas con las que puedas conectarte en línea, ya sea en grupos, en foros gratuitos para emprendedores o incluso en programas pagados. Algunos optan por trabajar en espacios de trabajo conjunto o coworkings, que no solo les permite trabajar con otros profesionales, sino recibir algún apoyo adicional con respecto a su negocio.

Ser tu propio jefe

Ya sea que lo ames o lo odies, tener un jefe y trabajar para una empresa tiene algunas ventajas. Cuando tienes un jefe, hay alguien a quién rendirle cuentas. Esta persona es la encargada de proporcionarte una descripción del trabajo que debes hacer y la que te comunica cuáles son sus expectativas con respecto a tus resultados. Si fallaste en alcanzarlas, él o ella te lo hace saber y tú tienes que volver a encarrilarte hasta generar los resultados que se esperan de ti.

En cambio, cuando trabajas para ti mismo, tú eres tu propio jefe. Los problemas que hayas tenido que afrontar con tu empleador quedaron en el pasado y ya no existen. No más microgestión. No más política empresarial. No más gente diciéndote qué hacer. Todas esas son grandes cosas. Sin embargo, el hecho de que ya no haya gente que te diga qué hacer también te plantea un nuevo desafío: ahora, tú eres responsable de *todo*. Ahora, eres responsable de todas las áreas del negocio y no solo de desempeñar tu función dentro de él. No hay nadie más a quién culpar. Cuando las cosas vayan mal, tú tendrás que asumir toda la responsabilidad de ello.

El equilibrio adecuado entre tu negocio y tu vida

Cuando tenías un empleo, había un cierto equilibrio entre tu trabajo, tu vida y la empresa. Ahora, el equilibrio es solo entre tu negocio y tu vida, lo que debería ser más fácil, ¿verdad? Sí, puede serlo en algunos casos, pero también tiende a ser más desafiante, sobre todo, si trabajas desde casa.

Nosotros preferimos referirnos a la "integración" o a la "armonía" entre el negocio y la vida. La realidad es que luchar por el equilibrio es a menudo una batalla perdida. A medida que pasa el tiempo, más cosas demandarán más de tu enfoque y tu atención. Si tienes un hijo, él o ella aparecerá en la parte superior de tu lista de prioridades y requerirá de gran parte de tu atención. Sin embargo, cuando inicias tu negocio o estás muy ocupado en él, tu negocio será lo que más ocupe tu tiempo y tu atención. Entonces, en lugar de intentar encontrar un buen equilibrio entre todo lo que hace parte de tu negocio y de tu vida, es mejor que intentes ver qué y cómo hacer para integrar los distintos asuntos que debes atender, de tal modo que estos se apoyen entre sí y haya armonía entre todos ellos. Claro que, en ciertos momentos, algunos asuntos serán más importantes que otros y tendrás que dedicarles más tiempo, pero eso no significa que descuides los demás.

Además, muchos emprendedores trabajan más que cuando eran empleados. Esto se debe a varias razones: disfrutan de lo que hacen, desempeñan muchos roles al interior de su negocio, les toma tiempo construirlo, tienen un tiempo limitado para lograr sus metas, etc. A menudo, cuando las personas tienen un empleo, lo menosprecian y solo hacen acto de presencia, porque necesitan un cheque de pago. Se las ingenian para escabullirse de sus actividades laborales a lo largo de la semana y viven en función de que llegue el fin de semana. Los emprendedores, aunque también necesitan ganar dinero, suelen sentirse motivados por el hecho de ser capaces de construir su empresa propia y lograr cierto impacto no solo en sus clientes, sino más allá de ellos. Esto significa que disfrutan de lo que hacen y que tienden a querer dedicarle más tiempo a hacerlo.

Es fácil que te descuides de ti mismo (y de tu salud)

Relacionado con la frecuente falta de rutinas y de tener que rendirle cuentas a un jefe, así como con las típicas largas horas de trabajo, no es raro que los empresarios no le presten la atención necesaria al cuidado de su salud —desde el simple hecho de no beber suficiente agua hasta no dormir las horas necesarias, comer mal, no hacer ejercicio, ni tampoco dedicarles ciertos espacios de tiempo a los pasatiempos y a las actividades de las que ellos disfrutan—. Como dicen los asistentes de vuelo al inicio del viaje: "Por favor, primero, ponte tu máscara de oxígeno, antes de ayudar a los demás". Cuidarte, tanto física como emocionalmente, debe ser tu máxima prioridad. Si te descuidas, no estarás en la capacidad de ayudarles a las personas más importantes para ti tanto en tu vida como en tu negocio.

Capítulo 5.4
Los amigos y la familia

Algo para lo cual muchos emprendedores no están preparados es para las respuestas que reciben por parte de sus amigos y familiares a medida que ellos realizan ciertos cambios en su estilo de vida. Cualquiera pensaría que deberá ser algo similar a decir: "Oye, tengo un nuevo trabajo" y entonces te felicitarán, te preguntarán al respecto en medio de una pequeña charla y luego todos seguirán adelante en sus cosas.

Incorrecto. Cuando les cuentas a tus amigos y familiares que estás comenzando un negocio, que renunciaste a tu trabajo, etc., con más frecuencia de la que te imaginas, te encontrarás afrontando su confusión, sus preguntas, sus preocupaciones y su negatividad. En su mayor parte, estas reacciones serán debido a una o a varias de las siguientes razones:

- **Están celosos:** Se necesita mucho coraje y desarrollo personal para no solo construir un negocio, sino trabajar hasta llegar a un punto en el que decidas dejar tu trabajo y poner todo lo que esté de tu parte para triunfar. Mucha gente sueña con la posibilidad de iniciar un negocio, de dejar su empleo y construir una vida de libertad. Al mismo tiempo, pocos quieren hacer el trabajo necesario para convertir este anhelo en una realidad y, por lo tanto, se sienten celosos cuando ven a otros ser capaces de enfrentarse a sus propios miedos e ir tras sus sueños y metas, en tanto ellos no se deciden a hacer lo mismo. Así que, a medida que empieces a tener éxito y cierto crecimiento, es posible que algunos de tus familiares y amigos estén atentos a utilizar cada oportunidad que les des para señalarte tus errores y fracasos, utilizándolos como razones por las cuales deberías rendirte en tu deseo de tener tu negocio propio. Sin embargo, por mucho que te duela escuchar todas estas cosas, recuerda que todo lo que ellos te dicen refleja más sobre ellos mismos y sobre sus propios sentimientos acerca de sí mismos que sobre ti.

- **Están preocupados:** Si bien muchas reacciones provendrán de los celos, no todas se derivan de allí. En muchos casos, más que todo con las personas más cercanas a ti, lo que ellas buscan es que hagas lo que ellas creen que será mejor para ti. La mayoría de la gente les teme a los negocios y al espíritu empresarial y muchas veces es debido a que escuchan estadísticas centradas en la cantidad de empresas que fracasan. Al ser empleados y al no haber dado el salto hacia el mundo empresarial, y quizá nunca lo darán, solo están tratando de velar por tu bienestar, pues piensan que el espíritu empresarial es inestable y riesgoso, aunque los trabajos tradicionales de 9.00 a 5.00 también lo sean.

- **No entienden tu elección:** Muchos de los que opinan sobre tu decisión no son emprendedores, ni nunca lo serán. Es gente que está contenta con el camino tradicional y a lo mejor no tiene la motivación, ni el empuje que se requieren para ir más allá de la vida que tienen. No hay nada de malo en eso. Lo que sucede es que los empresarios piensan, sienten y ven la vida de manera diferente. Muchos de tus amigos, y es posible que también algunos de tus familiares, no comprenden el porqué de tu decisión de trabajar más horas para construir tu negocio o de vender tu vivienda y reducirte a una más pequeña o de cambiar tu automóvil por uno menos costoso en aras de hacer mejores elecciones con respecto a tus ingresos.

- **Pensarán que estás disponible a todas horas:** Como no tienes un horario tradicional, es posible que haya a tu alrededor quienes piensen que estás disponible para ayudarlos en cualquier momento que ellos lo requieran. Más que todo, si trabajas desde casa, la gente tiende a asumir que estás libre. O que, porque tú eres quien organizas tu propio horario, también estás a disposición de los demás cuando ellos quieran. Entonces, ¿qué te parece si nos encontramos para tomar un café todos los viernes por la mañana? ¿O qué tal si el martes por la tarde vamos a cine? No te sorprendas cuando tengas que explicar (más de una vez) por qué no puedes hacer ese tipo de planes. Te ayudará programar un horario consistente y compartirlo con ellos.

- **Se resienten frente a tus elecciones sobre dónde y cómo usas tu tiempo:** Cuándo has decidido hacer todo lo posible para construir un negocio, este requerirá de *mucho* de tu tiempo. Ya sea que lo estés construyendo mientras aún tienes un empleo o que des el salto al mundo empresarial después de disfrutar de una cierta etapa como padre que se queda en casa, tendrás menos horas disponibles a lo largo del día que antes. Por esta razón, lo más aconsejable es que te tomes ese tiempo un poco alejado. Probablemente, tus amigos y tu familia empezarán a notar que rechazas sus invitaciones a eventos sociales o que no contestas sus llamadas. También es probable que tu cónyuge tenga dificultades para "compartirte" con tu negocio. Si tu cónyuge está a bordo y te apoya, ¡excelente! Pero, aun así, querrá compartir tiempo contigo. Si tu cónyuge no está de acuerdo con el negocio, el tiempo que pases en él versus el tiempo que pases con tu cónyuge, definitivamente, se convertirá en el detonante de muchos desacuerdos. Recuerda repasar las dos primeras secciones de este libro con tu cónyuge. Esta actividad contribuirá a que ambos estén en sintonía con respecto a la razón por la cual están iniciando el negocio y de acuerdo en su plan financiero.

Ahora, ser consciente de estos puntos no significa que desaparecerán. Por lo tanto, querrás tener a tu disposición algunas formas de combatir estos problemas o de manejarlos. Observa y aplica estas cuatro opciones:

1. **Prepárate para explicar *por qué*** todos estos cambios que estás haciendo en tu vida son tan importantes para ti tantas veces como sean necesarias. Háblales a tus familiares y amigos acerca de tus sueños y dales ejemplos de otras empresas que están haciendo lo mismo que tú intentas hacer.

2. **Pídeles su apoyo.** Di: "No necesito que entiendas a la perfección lo que estoy haciendo o cómo funcionará, pero como tú eres alguien tan cercano a mí, me encantaría contar con tu apoyo y confianza".

3. **Asegúrales que tomarás en serio sus preocupaciones.** A veces, nuestro cónyuge y nuestros amigos cercanos pueden ayudarnos a encontrar fallas en nuestros planes y señalarnos aquellas brechas cruciales que nosotros no vimos. Es por eso que Ariana tenía el apodo de "verificadora de la realidad", ya que ella me hacía preguntas y me señalaba detalles que yo estaba omitiendo.

4. **Prepárate para alejarte.** A veces, habrá personas en tu vida que, por una u otra razón, no quieren que tengas éxito. Duele muchísimo cuando eso pasa, más que todo, cuando se trata de un miembro de la familia inmediata o de un amigo de hace mucho tiempo. Pero si has seguido los primeros tres pasos una y otra vez, y no lo entienden o siguen intentando derribarte y trayendo a tu vida toda clase de negatividad, quizá sea hora de alejarte. Además, debes saber que, una vez hayas alcanzado el éxito, estas mismas personas intentarán encontrar la manera de volver a ser parte de tu vida.

Capítulo 5.5
Asegúrate de no tener que volver

Una de las muchas situaciones desafortunadas que hemos visto a lo largo de nuestra etapa de emprendedores es tener que ver gente que deja su trabajo para dedicarse a su negocio, solo para terminar en que las cosas no funcionaron y ellos tuvieron que volver a su estado habitual de empleados. Muchos declaran su libertad, pero la consiguen por muy poco tiempo y no de manera permanente. Cuando esto sucede, tal situación tiende a aplastar al emprendedor. No solo su ego sufre un golpe, sino que es probable que él o ella haya invertido mucho tiempo, dinero y energía en su negocio. Volver a emplearse le quitará tiempo a seguir intentando construir su negocio y podría aplastar cualquier impulso que él o ella tenga.

A continuación, encontrarás varias cosas que puedes hacer para asegurarte de no tener que volver a emplearte.

Administra tu pista de aterrizaje y tu flujo de caja

En la Sección 2 (Logra tu libertad financiera), una de las actividades que realizaste fue trazar tu pista de aterrizaje. Esta sería necesaria solo si tu empresa no te estuviera pagando la cifra que te conduce hacia tu libertad financiera cuando hayas dejado tu trabajo. En ese caso, tendrías que complementar con tus ahorros el dinero que te haga falta y continuar aumentando lo que te pagues a ti mismo hasta que hayas superado la mala racha.

Todos los meses, hasta que logres pagarte a ti mismo tu cifra ideal hacia tu libertad financiera, deberás volver a revisar y actualizar tu pista de aterrizaje. Este ejercicio te mantendrá consciente de cuánto tiempo de cobertura tienes y te ayudará a dirigir las acciones que debas tomar o no en tu negocio. Por ejemplo, si te estás quedando corto de pista, eso indica que necesitas cambiar tu enfoque e invertir más tiempo vendiendo. Mantenerte al tanto de los números te permitirá hacer ajustes, así como evitar sorpresas cuando de repente ya no puedas pagar tus cuentas.

Mantén bajos los gastos

Cuanto más tiempo logres mantener bajos tus gastos, mejor. No solo tus gastos personales, sino también tus gastos empresariales. Tu objetivo es que sean alrededor del 30% de tus ingresos o menos (como comentamos antes). Esto te permitirá pagarte a ti mismo el porcentaje correcto y contar con el dinero que necesitas para reinvertir en el negocio y hacerlo crecer.

Construye un fondo amortiguador/un fondo para los días lluviosos

Aunque tu enfoque inicial es aumentar las ventas e incrementar continuamente la cantidad de dinero que te pagas a ti mismo, también es importante apartar cierta parte de este dinero y ahorrarlo. Nunca se sabe cuándo sucederá lo inesperado, así que es importante tomar una parte de tu dinero y comenzar a acumular una reserva de efectivo (tanto personal como para tu negocio). Este no solo es un buen hábito que es importante desarrollar, sino que te será muy útil para superar algunos de los momentos difíciles que surgirán. De ese modo, extenderás tu pista aumentando tus ahorros en lugar de agotarlos. Una vez que sepas a ciencia cierta cuál es esa cifra que te llevará hacia las puertas de tu libertad financiera, estarás más preparado para continuar aumentando tu riqueza.

Apégate a tu ritmo de prosperamiento

Tener un ritmo especifico de planificación, ejecución y prosperamiento es clave. Al hacer una revisión constante de tus números y evaluar lo que te ha salido bien y lo que ha sido un desafío, serás más consciente de cómo lo estás haciendo y harás ajustes a lo largo del camino. Como ya hemos mencionado algunas veces, asegúrate de programar en tu calendario tus reuniones de evaluación y concéntrate en implementar los ajustes que resulten de ellas.

Implementando lo anterior y manteniendo el pulso en el flujo de efectivo de tu negocio (y haciendo los ajustes necesarios), contribuirás a garantizar que tu negocio continúe creciendo y evitarás tener que volver a trabajar para otros.

Capítulo 5.6
Vive tu vida

No hay absolutamente *ninguna* razón por la que no puedas empezar a vivir partes de tu vida ideal desde ahora mismo. ¿Por qué tantos esperamos al momento indicado para disfrutar de todo lo que la vida tenga para ofrecernos? ¿Por qué tenemos estos pensamientos de que "algún día, cuando tengamos más [tiempo, dinero, libertad], sería bueno... [pasar tiempo con amigos, llevar a los niños de vacaciones, encontrar un pasatiempo divertido]?".

La verdad, es que es fácil dejar de disfrutar todos estos momentos que añoramos y ante los cuales decimos "sería bueno" y sacarlos de nuestra lista de prioridades. Sacamos excusas de por qué no podemos realizarlos ahora —no hay suficiente dinero, no hay suficiente tiempo, bla-bla-bla-bla.

BASURA. Más bien, queremos que empieces a preguntarte *cómo*. *¿Cómo* puedes incorporar a tu vida y disfrutar desde *ahora* algunos de los ideales que escribiste en tu hoja de ruta? Quizá, no en su totalidad, pero por pasos o de modo incremental. Tomemos, por ejemplo, uno de nuestros sueños: llevar a los niños a un viaje a Disney (sí, cliché, lo sabemos). Según nuestra hoja de ruta, esta meta está a un par de años del camino. Por lo tanto, en lugar de esperar años para hacer un solo viaje maravilloso y divertido con nuestros hijos, ¡decidimos empezar ahora!

Te presentamos: *¡Excursiones divertidas en familia los viernes!* (Si no te habías dado cuenta, nos encantan las similitudes).

Durante todo un verano, sacamos los viernes de nuestro horario de trabajo y cada semana elegíamos un lugar diferente y divertido al cual ir con los niños. Visitamos el zoológico, el museo, la playa, un parque acuático local, nuestra feria estatal y las cascadas que hay en nuestro galardonado ¡parque estatal! Para nosotros, era muy importante tener estas experiencias con nuestros hijos y queríamos empezar a vivirlas de la forma en que pudiéramos, incluso si comenzar solo significaba hacer viajes cortos de un día por nuestra localidad.

Entonces, ¿de qué manera puedes tú comenzar a agregar esta misma clase de marcadores de millas en tu hoja de ruta?

Tu hoja de ruta

Ah, la hoja de ruta. ¿Recuerdas en la Sección 1, cuando tomaste todas las metas que escribiste en tu tablero de visión y las ubicaste en la línea del tiempo? Esta no es una de esas cosas que escribes una vez en la vida y nunca más la tocas, ni te acuerdas de ella. Tu hoja de ruta es apenas un punto de partida para comenzar a hacer tu viaje. Cambiará y crecerá tanto como tú y tus seres amados lo hagan. No debe estar escrita en piedra, puesto que irás ajustándola a medida que avanzas. Es una herramienta que te ayudará a construir tu estilo de vida ideal.

Esto significa que tendrás que consultarla con frecuencia. Cuando logres metas, querrás asegurarte de detenerte y celebrarlas. Cuando tus metas cambian, también es bueno que te asegures de actualizar y ajustar tu hoja de ruta.

Vuelve y échale un vistazo y observa dónde podrías avanzar y dar pequeños pasos ahora mismo. Quizás, una de tus metas sea comprar algún día una casa más grande. Obviamente, esta es una meta importante y podría tardar un año (o unos pocos), según tu mapa vial. ¿Cuáles son las razones por las que quieres una casa más grande? ¿Necesitas más espacio? ¿Deseas tener algunas comodidades más agradables que hagan parte de la nueva vida que estás construyendo?

Agregaremos un ejemplo más aquí, ya que una casa más grande está en nuestro tablero de visión (por las dos razones anteriores). El verano pasado decidimos que nuestro sueño de tener una casa más grande no se haría realidad, sino hasta dentro de un par de años, entonces, ¿cómo podríamos resolver el problema de tener cosas por *toda* nuestra casa? Necesitábamos más espacio, pero no queríamos construir una nueva habitación.

Solución #1: Nuestros niños, de cinco y dos años en ese momento, empezarían a compartir una habitación. La antigua habitación de nuestro hijo se convertiría en su sala de juegos, ¡y así recuperaríamos nuestra sala de estar! Los padres de Ariana le habían comprado a nuestra hija una nueva cama alta, así que la cama de nuestro pequeño hijo encajaría muy bien debajo de la de ella. Usaríamos tres estantes, varios contenedores plegables que teníamos para guardar juguetes, agregaríamos algunos cajones para aumentar la capacidad de guardar más ropa en el closet y ¡listo! Así, tendríamos más espacio.

Solución # 2: ¡Gastar poquito para construir mucho! También podíamos instalar una escalera desplegable que condujera a nuestro ático y agregar unos pisos de madera. De ese modo, tendríamos alrededor de 1.000 pies cuadrados más de espacio de almacenamiento sobre nuestras cabezas.

Ninguna de estas soluciones era exactamente lo que queríamos (una casa nueva), pero fueron pequeños pasos que dimos para encontrar formas de vivir la vida que queremos vivir ahora y sin tener que esperar a más. Si te gustó, tu también podrías tomar esta idea y aplicarla fácilmente a todas las secciones de tu tablero de visiones.

De la cifra hacia tu libertad financiera a la cifra de tus sueños

Alcanzar la cifra que te permitirá avanzar hacia tu libertad financiera es una sensación increíble. Significa que tu negocio ¡finalmente ha llegado al punto en que puede satisfacer las necesidades de tu familia al 100%! Esto es un gran logro y debes sentirte orgulloso de ti mismo.

Pero tu trabajo aún no ha terminado. ¿Recuerdas que en la Sección 2 definimos cuál sería la cifra hacia tu libertad financiera? También te presentamos la cifra de tus sueños. *Esta* es la cifra que te permite alcanzar todos esos sueños que anotaste en tu tablero de visiones —la cantidad de dinero que te brindará todo lo que tú y tu familia desean en la vida.

Es muy fácil sentirte cómodo recibiendo esa cifra hacia la libertad financiera. Significa que estás ganando lo suficiente para cuidar a tu familia. Has logrado llevar tu negocio a un buen punto y las cosas se han vuelto simples y fáciles. ¡Sigue adelante! Empezaste tu negocio por una razón, así que recuérdala, tenla presente y sigue forzándote a salir de tu zona de confort en aras de seguir construyendo y haciendo florecer tu negocio y tu vida. A medida que sigas aumentando tus ingresos, usa tu hoja de ruta para lograr las diferentes metas que anotaste en tu tablero de visiones, como la casa más grande, el viaje a Disney, tener relaciones más profundas y causar el impacto que quieres lograr en el mundo. Recuerda, cuanto más dinero ganes (después de gastos), más libertad tienes y más puedes ayudarles a los demás.

SECCIÓN 6

DETÉN EL AUTOSABOTAJE

Resumen de la sección

Este libro te ha proporcionado un plan paso a paso sobre cómo construir tu estilo de vida ideal, desde averiguar en qué consiste hasta los pasos necesarios para construir un negocio que te ayude a cumplir todas tus metas profesionales, financieras y personales. Si confías en el proceso, te unirás al pequeño, pero creciente grupo de emprendedores que no solo tienen grandes sueños, sino que van tras ellos y los convierten en realidad. Sin embargo, aún con un proceso eficaz a seguir, encontrarás varios obstáculos y barreras a lo largo del camino.

El objetivo de esta sección es ayudarte a identificarlos y a navegar más allá de ellos de tal modo que te mantengas en acción.

Capítulo 6.1
Aplicando lo que dice este libro

Vivimos tiempos asombrosos. Los avances tecnológicos que han ocurrido en las últimas décadas, e incluso en los últimos 10 años, han sido increíbles. Hoy en día, la persona promedio tiene mucho más acceso informático en el teléfono inteligente que guarda en su bolsillo del que teníamos cuando enviamos por primera vez un transbordador espacial a la Luna. Estos son tiempos, verdaderamente, extraordinarios.

Con este avance en la tecnología, ahora tenemos más acceso a la información que nunca antes en la Historia. Lo único que necesitamos hacer es digitar una pregunta en nuestros teléfonos y tenemos la respuesta en segundos. Entonces, cualquiera pensaría que, con toda esta información a nuestro alcance, más personas deberían sentirse más felices y viviendo el estilo de vida que desean. Sin embargo, no es así. Con más frecuencia de la que quisiéramos, vemos por todas partes ejemplos de infelicidad, depresión, nivel de deuda sin precedentes y una alta tasa de divorcios (según la Asociación Americana de Sicología). Si tenemos toda la información que necesitamos para tener éxito y ser felices, entonces, ¿por qué no son más las personas que viven vidas más felices y exitosas?

La respuesta está en nuestros espejos: ***por nuestra causa.***

Verás, tener toda la información del mundo sobre cómo ser feliz o cómo alcanzar el éxito no funcionará si no la implementas. Es un hecho que pasar de *aprender algo a tomar medidas al respecto tiende a dar miedo*, pues ser dueños de nueva información nos obliga a esforzarnos, lo que significa que podría requerir trabajo de nuestra parte, que lograrlo será difícil y que de pronto las cosas no nos funcionarán la primera vez que lo intentemos. Saber más implica que necesitamos cambiar, estar abiertos a explorar quiénes somos y a reevaluar las historias que tenemos en nuestra mente con respecto a nosotros y a cómo funciona el mundo. Además, tener a nuestro alcance nuevos conocimientos también nos brinda nuevas perspectivas con respecto al fracaso y nos expone a las opiniones y críticas de los demás.

Muchas veces, la gente tendrá el deseo de cambiar y dará el primer paso para obtener los cambios que desea implementar. Habrá quienes busquen información y lean libros como este. Tendrán el conocimiento que les interesa e incluso hasta elaborarán un plan, pero pasado un tiempo, se detienen en su búsqueda. En otras palabras, experimentaron todo lo descrito anteriormente, pero luego, se detuvieron y nunca llegaron a vivir la vida que realmente deseaban construir.

Tuvimos un gran ejemplo de esto mientras escribíamos este libro. Estábamos justo en medio de una fecha límite inminente, pero decidimos que necesitábamos tomar un descanso, así que invitamos a algunos amigos a pasar un buen rato en nuestra casa. (Vamos a llamarlos Sam y Alex.) A continuación, Tom te explicará lo que sucedió esa noche.

Después que Sam y Alex pasaron un rato jugando con nuestros hijos, llegó la hora de acostarlos y, una vez se durmieron, nos dedicamos a disfrutar de la compañía de nuestros amigos. Ariana y Alex se fueron a pasar el rato en un bar local y a ponerse al día en sus cosas. Mientras tanto, Sam y yo nos quedamos en casa y comenzamos a contarnos los últimos acontecimientos de nuestras vidas y de nuestros negocios al tiempo que disfrutábamos de unas cervezas artesanales (como suele suceder en estos casos). Lo que ocurrió fue interesante y es un ejemplo perfecto para ilustrar el punto acerca de saber hacer cambios en nuestra vida. Antes de que Ariana y Alex se fueran, saqué la computadora portátil y le mostré a Sam cómo nos estaba quedando el libro y le conté los planes que teníamos con respecto a él una vez estuviera listo. Lo que siguió fue una profunda discusión en torno al libro —al formato, al contenido, a cómo iba la escritura, al plan de mercadeo, etc.—. Durante 45 minutos, le mostré y le expliqué el libro a Sam, pero él, simplemente, no lo entendía.

Constructores de estilos de vida

"Lo que la gente quiere es algo que implementar de inmediato y que les dé una victoria rápida", decía Sam. "Nadie va a leer todo esto, sobre todo, si los lectores no obtendrán una ganancia rápida de esta lectura. Entonces, ¿para *quién* es este libro?".

Le respondí: "Este libro es para personas que buscan más libertad en su vida. Muchos de nosotros sabemos que somos capaces de lograr más, pero nos quedamos atrapados en el camino tradicional y no estamos seguros de cómo salir de él. Este libro les muestra a los lectores cómo obtener la claridad necesaria sobre lo que quieren de la vida y les brinda un proceso fácil de implementar para construir su negocio y hacerlo realidad. En términos generales, se centra en el emprendedor, pero lo interesante es que todas estas actividades están diseñadas para ayudarles a las familias emprendedoras a alinearse en torno a una meta y a construir el negocio adecuado que todas y cada una de ellas necesitan y que, una vez construido, les permitirá disfrutar del estilo de vida que anhelan".

Luego, le mostré cómo planeábamos seguir ayudándoles a las personas después de que terminaran de leer el libro. También le mostré el contenido adicional, las actividades y la capacitación que la gente obtendría después de comprar el libro en nuestro sitio web. Además, le expliqué en qué consiste el proceso por el que han pasado cientos de emprendedores a medida que trabajaban con nosotros y que les ha permitido reflexionar y tener una visión clara sobre lo que ellos quieren de la vida. Le hablé sobre la hoja de ruta para alcanzar la cifra hacia la libertad financiera, junto con las piezas financieras que se requerirían, cómo centrar las ideas y ganar dinero con ellas, montando un negocio para poder crecer sin que este se apodere de sus vidas. También le hablé sobre el plan a seguir para renunciar al empleo y vivir el estilo de vida ideal para cada persona. De hecho, ese mismo proceso es la base de este libro, el cual surgió como resultado de que nosotros mismos lo implementamos en nuestras vidas y en nuestro negocio y con nuestros clientes, haciendo pruebas, obteniendo comentarios de nuestros prospectos y refinando una y otra vez nuestras ideas. Así que, sabemos a ciencia cierta que funciona.

El caso es que, ni siquiera con todas esas explicaciones, Sam estaba entendiendo el propósito centran de mi conversación. "Eso es genial Tom, pero la gente necesita poder implementar lo que aprende".

Entonces, le expliqué más en detalle lo que le ayudaría a la gente a implementar lo que aprendería en el libro. "Sí, pero la gente no necesita tanta información. Lo que necesita es algo así como espacios para intercambiar ideas de negocios".

Llegué a un punto en nuestra conversación en que comencé a sentir que estábamos forcejeando. Sin lugar a dudas, yo estaba abierto a la retroalimentación y me sentía dispuesto a escuchar sus puntos de vista en cuanto a los conceptos expresados en el libro para que pudiéramos ponernos de acuerdo y, si fuera necesarios, hacer los ajustes del caso antes de enviarlo al editor, pero sus opiniones, simplemente, no me convencían. Casi todos los clientes con los que trabajamos en el pasado nos manifestaron que habían acudido a nosotros, debido a nuestra capacidad para tomar mucha información de diferentes fuentes, combinarla y simplificarla para después crear procesos y modelos simples que contribuyeran a implementarla. También les encantaba que les ayudáramos a construir el negocio de acuerdo a lo que ellos necesitaban para construir su estilo de vida ideal, que es algo de lo que rara vez se habla en los libros de negocios. Entonces, ¿por qué Sam no estaba viendo nada eso y parecía ir en contra de todo lo que Ariana y yo pensábamos que estábamos haciendo bien con el libro?

"Oh, déjame mostrarte la tercera sección del libro. Se llama 'El concepto del dinero en efectivo' y la primera actividad que allí planteamos es hacer que las personas hagan lluvias de ideas sobre diferentes tipos de negocios que potencialmente podrían iniciar y las escriban en notas autoadhesivas".

"¡Eso es!", exclamó Sam. "Necesitas poner esa sección primero. De lo contrario, nadie va a leer las dos primeras secciones aburridas que ni siquiera tratan sobre negocios. Mejor, comienza en ese punto". Tal vez, fue el efecto de las cervezas que nos estábamos tomando, pero yo ya estaba comenzando a aceptar ese punto de vista de Sam. Si los lectores no veían ningún valor en las dos primeras secciones, lo más probable es que no llegarían a la Sección 3 y nunca sabrían cómo construir ese estilo de vida que desean. Necesitábamos asegurarnos de resolver este problema.

Así las cosas, seguí meditando en esa posibilidad durante el resto de la noche. Después, las chicas regresaron y nuestros amigos se fueron.

Ariana y yo nos fuimos a descansar. Aunque ambos necesitábamos dormir, comenzamos a hablar sobre lo acontecido durante la noche, como siempre hacemos. Cada uno hablamos de las conversaciones que habíamos tenido durante la noche. Le conté mi conversación con Sam y Ariana me puso al tanto de la suya con Alex. Me comentó que ellos estaban luchando por que las cosas les salieran bien. Sam tiene muchas ideas de diferentes negocios, pero ninguna le está dando suficientes ganancias. Y, aun así, él sigue gastando dinero en nuevas ideas y salta de la una a la otra. Alex está tratando de seguir apoyándolo, pero siente que ella es la única que está pensando en su futuro. Les tomó mucho tiempo casarse y gran parte de sus vidas parece girar en torno al negocio. Ella quiere ser solidaria, pero es como si el resto de sus vidas tuvieran que estar en espere hasta que una de estas ideas empresariales tenga finalmente éxito. Y esto todavía sigue pasando, ya que Sam no logra concentrarse en una sola idea el tiempo suficiente para que le funcione. Ella está preocupada y siente que esta dinámica retrasará e incluso evitará que algún día lleguen a disfrutar de la vida que quieren —como tener hijos, viajar, etc.

Mientras la escuchaba, reconocí demasiado bien el camino que Ariana estaba describiendo. Esa fue la misma trampa en la que yo caí al comienzo —y en la que vemos caer a tantos emprendedores—. Cuando Sam y yo estábamos hablando, él no veía el valor del libro hasta que le mostré la tercera sección, que trata de negocios. Él solo quería saltar las dos primeras secciones sobre la vida y el dinero y, literalmente, ir directo a los negocios. Pensaba que podría volver a concentrarse en ellos dos después de que el negocio tuviera éxito.

Y eso fue todo.

"¡Sam no se da cuenta de que ÉL es el primero que necesita leer este libro!", exclamó Ariana.

Este libro es, exactamente, lo que Sam necesita escuchar. Necesita ver que no todo es sobre el negocio y que, además de servirles a sus clientes, el negocio necesita servirles, primero, a ellos, *a sus vidas*. Pero Sam estaba tan absorto en intentar crear un negocio exitoso, que estaba descuidando su vida y la de Alex e iba por una pendiente resbaladiza. Cuanto más de su parte ponía él en hacer que sus negocios funcionaran, más se alejaban el uno del otro. Quizá, no se notaba a simple vista, pero cada noche de cita perdida, cada vez que el negocio le quitaba tiempo o dinero a Sam, en la vida personal de Alex ocurría un retiro en el banco de la relación entre ellos dos. Este concepto básico de relación/banco consiste en que cada relación que tienes es como una cuenta bancaria. Su saldo comienza en $0 y cada interacción positiva que tienes aumenta su saldo, mientras que cada interacción negativa es equivalente a un retiro de dinero de ella.

Sin suficientes depósitos (interacciones positivas), dicha cuenta bancaria descenderá hasta $0 e incluso puede llegar a un saldo negativo. Cuando esto sucede, ocurren cosas malas. Las relaciones se ponen tensas, los cónyuges no se comunican tan bien como solían hacerlo, dejan de apoyarse el uno al otro, comienzan a alejarse, no se comprenden y todo esto hace que se alejen aún más. A veces, esas transacciones continúan durante años y, aunque las parejas se vean felices por fuera, en realidad, no lo son. Por causas como estas, algunas relaciones terminan en divorcio y, en ocasiones, hasta en suicidio. Como quiera que sea, todo este tipo de situaciones toman un rumbo que se aleja de una vida feliz y plena.

Hemos visto numerosas empresas triunfar al mismo tiempo que los matrimonios y las vidas de sus dueños caen en la desgracia. Entonces, cuando los emprendedores nos dicen que quieren construir primero su negocio y que se enfocarán en su vida y en su familia una vez que el negocio tenga éxito, nos preocupamos, pues en muchos casos, termina no habiendo un matrimonio al cual regresar. Y si la relación sobrevive, suele ocurrir que está muy afectada y requiere de mucho trabajo. En otros casos, la empresa no funciona *y* el matrimonio se queda en apuros de toda índole.

No queremos que esto suceda y es nuestra misión —no solo con este libro, sino también con todo el trabajo que hacemos con los emprendedores —ayudarles a las parejas que inician negocios juntas a aprender cómo integrar el negocio en sus vidas de tal modo que sean verdaderamente felices.

Por lo tanto, si estás leyendo este libro como emprendedor, tómate un momento y responde esta pregunta con sinceridad: *¿Sientes que eres como Sam? ¿Estás haciendo tantos intentos por desempeñar tu trabajo empresarial que estás dejando que otras áreas importantes de tu vida se* *desmoronen sin que ni siquiera te estés dando cuenta?* Y no te conformes con solo hacerte esta pregunta. Te desafiamos a que vayas y le preguntes a tu cónyuge qué tan feliz se siente en una escala de 1 a 10. ¿Cómo se siente él o ella con respecto al negocio? ¿A su relación contigo? ¿A su felicidad en pareja? Y pregúntale también cómo cree él o ella que tú podrías contribuir a mejorar y a apoyar la relación.

Si tú eres Alex, el cónyuge no emprendedor, qué tal si te haces las siguientes preguntas: *¿Están tú y Sam de acuerdo en lo realmente importante para los dos? ¿Cómo te sientes con el negocio y lo sabe Sam? ¿Están tú y Sam en un mismo sentir en cuanto a lo que tú quieres para el futuro y te estás asegurando de incorporar elementos de esos sueños desde ya en tu vida, inclusive al trabajar para hacer que el negocio funcione?*

El proceso que hemos presentado a lo largo de este libro es *simple*, pero no es *fácil*. Estas dos palabras suelen usarse de manera indistinta y, como resultado, muchos tienden a tener dificultades cuando las mezclan.

Simple: No complicado, ni implica complejidad.

Fácil: Se consigue sin grandes esfuerzos, ni dificultades.

Por lo general, un proceso se presenta de forma simple. Por ejemplo, en este libro organizamos de la manera más simple posible el proceso para mostrarte cómo construir tu estilo de vida ideal y el negocio que la respalde. Los aspectos principales están organizados en varias secciones (y hay ciertos pasos dentro de cada sección). Simple. Por lo tanto, confía en el proceso. No lo compliques demasiado, ni intentes cambiarlo, ni busque atajos.

Sin embargo, para ti, tomar este proceso e implementarlo no es fácil. Necesitarás una cantidad significativa de esfuerzo y crecimiento para tomar lo que te hemos dado en este libro y aplicarlo a tu situación y construir el estilo de vida que deseas. Tu vida es diferente a la de todos los que te rodean. Tú tienes un trasfondo diferente y te enfrentarás a diferentes desafíos. Tienes diferentes fortalezas y debilidades. Tienes una historia de vida diferente, con relatos que te cuentas a ti mismo y quizás hasta con creencias limitantes sobre lo que es posible alcanzar en la vida. A lo mejor, seas consciente de algunas de ellas, pero es probable que haya muchas otras de las cuales todavía no te has dado cuenta. E incluso puede también ocurrir que te hayas desconectado a propósito de algunas de estas creencias de las cuales eres consciente, pero prefieres ignorarlas, porque sabes que no será fácil abordarlas, ni superarlas.

Capítulo 6.2
Cuáles son esos errores que hay que evitar

Si todavía estás aquí, ¡hay esperanza! Has decidido que quieres hacer que esto funcione. A continuación, te contaremos sobre algunas trampas más que podrían hacerte tropezar a lo largo de este viaje.

Buscar atajos

Vivimos en una época de gratificación instantánea. Queremos cosas y las queremos ¡ahora! Esto es similar a un experimento que se llevó a cabo hace varios años. Se realizó un estudio sobre cómo evaluar la capacidad de los niños para retrasar la gratificación. En el estudio, le daban un malvavisco a un niño. Le proponían que, si no se lo comía, le darían un segundo malvavisco. Algunos niños se comieron el primer malvavisco y terminaron obteniendo solo ese, mientras que otros esperaron y obtuvieron dos. A medida que estos niños crecían, estuvieron en observación y los experimentadores descubrieron que era más frecuente que aquellos que aprendieron a retrasar la gratificación fueran más exitosos en la vida.

Gran parte de la razón por la que la gente se mete en problemas es por no saber retrasar la gratificación. Esto es lo que ocurre cuando las personas se endeudan masivamente para comprar algo que no podrían pagar si tuvieran que pagarlo en efectivo, pero pueden "permitírselo" endeudándose y difiriendo los pagos a lo largo de unos cuantos años. A estas personas suele no irles tan bien desde el punto de vista económico, porque pagan más y caen presas de las esposas de oro (más sobre esto en breve). No es que queramos que retrases toda gratificación, ya que queremos que disfrutes de la vida hoy, pero es importante no vivir pensando demasiado en el hoy, a tal punto que afectes negativamente tu estilo de vida futuro.

Esta misma mentalidad surge cuando algunos buscan iniciar un negocio. Quieren que todo suceda ahora y, con frecuencia, se desaniman cuando no ven de inmediato el éxito que esperan obtener. Conocemos muchos emprendedores que se desaniman, porque no están viendo reflejado en su negocio el éxito que ellos desean, sin darse cuenta que solo han estado trabajando en él desde hace unos pocos meses. No quiere decir que ellos no puedan alcanzar el éxito a gran velocidad, pero no ocurre así la mayoría de las veces. Entonces, cuando no tienen éxito tan rápido como desean, comienzan a buscar atajos.

Eso fue lo que le ocurrió a Tom cuando terminó endeudándose con tal de hacer de inmediato la capacitación sobre finca raíz. Él pensó que, si gastaba todo ese dinero, las cosas le funcionarían ahí mismo. Mucha gente termina buscando atajos para lograr el éxito más rápido y, como resultado, termina gastando mucho tiempo y dinero en programas y personas que les prometen lo que ellos desean, pero no les cumplen. Recuerda que gran parte del valor está en el viaje y que no importa cuánto un programa o una persona te prometa ayudarte a acelerarlo, pues al final, simplemente, hay pasos que deberás seguir, lo quieras o no. Así que ten cuidado con los atajos. A veces, quizá te llevarán más rápido, pero otras no. Si un atajo fuera realmente eficaz, entonces, se llamaría *camino*.

Pensar que puedes hacerlo todo tú solo

Dicho esto, este viaje puede ser muy desafiante como para hacerlo tú solo y no te recomiendo que lo hagas de ese modo. Tú puedes beneficiarte de recibir apoyo en cada etapa de tu viaje. Determina qué tipo de apoyo y orientación necesitas y busca a las personas que estén dispuestas a brindártelos. Cada etapa presentará nuevos desafíos y cada uno requerirá de más y de diferente tipo de ayuda. Pedirla no significa que seas débil o menos capaz. Por el contrario, muestra que eres fuerte y que estás dispuesto a ser vulnerable con tal de tener éxito.

Cuando buscas apoyo, es importante encontrar a las personas adecuadas. Busca personas que se alineen con tus valores fundamentales. Muchas veces, estas son personas que están haciendo o que han hecho lo que tú quieres hacer. Es gente que ha estado allí, por lo tanto, sabe cómo te sientes y podrá guiarte en los momentos difíciles.

Así como te dijimos con respecto a buscar atajos, también te decimos que tengas cuidado de no caer en el error de tomar decisiones a la ligera, ni emocionales o sobre la marcha. Si no pensabas que necesitabas comprar algo al comienzo del día y, de repente, algo atractivo te convenció de comprarlo, no actúes de inmediato. Tómate tu tiempo para pensar en el siguiente paso en tu camino. Asegúrate de que esta inversión sea la correcta. Si no es así, procura retrasarla por ahora hasta que sea el momento adecuado. Una vez que decidas que ese es el tipo de inversión *correcta*, asegúrate de comparar eso que te interesa comprar con otras opciones disponibles y evalúa si esa inversión específica es la *mejor* para ti. Cuando te enfrentes a una decisión de inversión que vaya en beneficio propio, tómate unos días para analizarla. Y si sigues pensando que ese es el movimiento a seguir, ve por ello. No todas las inversiones funcionarán como lo planeaste, pero todas te brindarán lecciones por aprender.

No validar tu modelo de negocio

Como vimos en la Sección 3 (El concepto del dinero en efectivo), las cosas rara vez salen exactamente de acuerdo al plan que trazamos. Cuando comienzas un negocio, tanto la investigación como la validación iniciales son fundamentales para tu éxito. ¿Recuerdas cuando lanzamos nuestro producto "30 días y estarás listo para abrir tu negocio" y, por supuesto, este fracasó estrepitosamente? Fracasó, porque no validamos la idea. Todos los días, conocemos emprendedores que luchan por hacer que su negocio funcione. En casi todos los casos, la gente se ha saltado los pasos necesarios para construir las bases de su negocio (incluido asegurarse de que su modelo de negocio sea sólido) para concentrarse en aspectos "divertidos" como diseñar su logotipo, crear su sitio web y su producto u oferta.

El problema es que tu modelo de negocio es como un rompecabezas. Piensa en el Modelo Lean Canvas del cual tanto hemos hablado. Todas y cada una de esas nueve partes que lo componen son piezas del rompecabezas que tú necesitas ensamblar a la perfección. Si a tu modelo de negocio le faltan piezas, como la sección de soluciones, entonces, tu negocio tendrá dificultades. No tendrás una solución que resuelva un problema o por la cual pagará tu cliente ideal. O tal vez, estés utilizando piezas de otro rompecabezas y es apenas obvio que estas no encajen. Quizá, tu canal de marketing sea a través de LinkedIn, pero no es allí donde están tus clientes.

No omitas la validación de tu modelo de negocio. Además, cuando encuentres desafíos, vuelva a tu modelo de negocio y enfócate 100% en averiguar cuál es la causa, la raíz del problema que enfrentas. Te aseguro que esta dinámica te ayudará a abrirte paso.

No tener claro lo que es importante para ti (y no lo que otros piensen)

La razón por la que este libro comenzó hablando acerca de ti, de tu familia y de tu vida es porque necesitas tener claro lo que *tú* quieres para tu vida y no lo que otros quieren que esta sea, ni lo que tú creas que deberías hacer para hacer felices a otras personas. Si tomas decisiones basadas en lo que otros quieren que hagas, o en lo que piensas que deberías hacer en base a sus opiniones, no serás feliz. Por eso, es muy importante tener claro lo que tú y tu familia quieren y trabajar en aras de hacerlo realidad.

Capítulo 6.3
Las (falsas) esposas de oro

Perspectiva de Tom

Después de haber fijado la meta de que Ariana y yo nos jubiláramos a los 35 años —pero antes de gastar más de $7.500 dólares en el curso de capacitación "avanzada" en bienes raíces—, aprendí una de las lecciones más valiosas para alcanzar la libertad financiera. Esta lección vino de un lugar inesperado.

Fue durante el segundo de los tres días que pasé en aquella capacitación. Estábamos sentados a la mesa, listos para empezar a jugar *Cashflow 101*, el juego creado por Robert Kiyosaki, autor de *Rich Dad, Poor Dad*. (Si le preguntas a un grupo de emprendedores sobre un libro que los haya influenciado, lo más probable es que este aparezca en la lista). En mi caso, esa fue una de mis primeras lecturas al principio de mi carrera como emprendedor. En esencia, es sobre los "dos papás" de Robert; su padre biológico (un padre pobre), el padre de su amigo (un padre rico) y la manera en que ambos moldearon sus opiniones sobre el dinero y la riqueza.

Algunas de estas lecciones son...

- Los pobres y la clase media trabajan por dinero, mientras que los ricos tienen dinero que trabaja para ellos.

- No se trata de cuánto dinero ganas, sino de cuánto dinero mantienes.

- La gente rica adquiere activos. La clase media y pobre adquiere pasivos que ellos piensan que son activos.

Este último concepto fue revolucionario para mí. En mi búsqueda de cómo jubilarme a los 35 años, había leído numerosos libros acerca de las finanzas personales con el fin de educarme en el área del dinero, así que, a lo largo de esta lectura, interioricé la definición básica de activos y pasivos:

- *Los activos* son todo aquello que tiene valor y puede intercambiarse por dinero. Esto significa que el efectivo es un activo, pero también son bienes que uno posee como la casa y el auto.

- *Los pasivos* son todo aquello por lo que debes dinero. Entonces, las deudas de las tarjetas de crédito y las deudas por préstamos estudiantiles son pasivos.

Así es también como los bancos definen estos términos.

Uno de los conceptos básicos a los cuales se refiere la mayoría de los libros de finanzas personales está relacionado con la compra de vivienda. Muchos afirman que ese será el mayor activo de la mayoría de las personas en toda su vida. Esto tiene sentido. Siempre he escuchado historias de los abuelos de alguien, que compraron su casa en $20.000 dólares y ahora, muchos años después, esta misma casa vale $200.000. Sin embargo, en *Rich Dad, Poor Dad*, Robert Kiyosaki ofrece una forma diferente de abordar y entender los activos versus los pasivos:

- *Los activos* son cualquier cosa que ponga dinero en tu bolsillo.

- *Los pasivos* son todo aquello que saque dinero de tu bolsillo.

Este es un cambio simple, pero *muy poderoso*. Entonces, volviendo al juego *Chasflow 101*, consta de dos partes y, por lo tanto, hay dos niveles de competencia. La Parte I se llama "La carrera de la rata". Aquí, el tablero de juego es un círculo no muy diferente de una rueda de hámster. Para ganar esta parte del juego, necesitas salir de "La carrera de la rata" y entrar en "La vía rápida". Para hacer esto, necesitas recibir un flujo de efectivo de todo lo que tengas (sin contar con tu cheque de pago), de tal modo que esa cantidad de dinero exceda tus gastos mensuales. En ese momento, ya puedes dejar tu empleo, porque el flujo de efectivo de tus negocios y de las inversiones que has hecho te permite cubrir tus gastos mensuales.

Constructores de estilos de vida

La Parte II se llamó "La vía rápida". Durante esta parte del juego, dejas de jugar en la rueda de hámster más pequeña y pasas a jugar en una pista exterior más grande. Para ganar esta parte del juego, debes comprar tu sueño o generar $50.000/mes en flujo de caja. Para hacer esto, necesitas aterrizar en la casilla correspondiente a tu sueño o continuar invirtiendo en negocios hasta generar el flujo de caja requerido. Para comenzar el juego, cada jugador toma al azar una carta de una profesión. Esta tarjeta te asigna la que será tu profesión durante el juego, bien puede ser de enfermera, abogado, secretaria, etc. Cada carta de profesión también incluye un estado financiero personal con ingresos, activos, gastos y pasivos.

Mientras seleccionábamos estas tarjetas, yo esperaba tener una de las profesiones mejor remuneradas (claramente, la lección de Kiyosaki con respecto a que la cantidad de dinero que mantienes sigue siendo más importante que la cantidad de dinero que ganas aún no había salido a flote). Por suerte, me correspondió la tarjeta de doctor. ¡Me sentí fascinado! Así, el juego sería muy fácil.

A medida que otros jugadores sacaban sus cartas, salieron la de mecánico, ingeniero, conserje y oficial de policía. Después, cada uno de nosotros llenó sus estados financieros personales, basándonos en nuestras tarjetas de profesión, revisamos las reglas y comenzamos.

No llevábamos 20 minutos de juego cuando escuché a uno de los otros jugadores gritar: "¡Sí! ¡Estoy fuera de la carrera de la rata!". Quedé impactado. Miré el tablero y yo no estaba ni siquiera cerca de salir de ella. Necesitaba generar $13.200 dólares en ingresos pasivos para dejar la carrera de la rata y solo contaba con unos pocos miles a mi favor.

"¿Cómo diablos saliste ya de la carrera de la rata? ¡Yo ni siquiera estoy cerca!". Y continué diciendo: "¿Tú qué profesión tienes?".

"Conserje", me respondió.

"¿Cómo diablos le va ganando el conserje al doctor? ¿Cuánto flujo de caja tienes?".

"$1.825 dólares", me respondió.

"¿Qué? ¿Cómo necesitas solo $1.825 dólares para lograr tu libertad financiera? ¡Yo necesito $13.200!".

"Bueno, en realidad, solo necesito $1.600, pero los $225 dólares adicionales no están mal".

Ahí, me senté estupefacto.

"Pero todavía no lo entiendo. ¿Cómo es posible que solo necesites $1.600 dólares de flujo de efectivo para lograr la libertad financiera?".

"Bueno, es que yo no tengo muchos gastos. Mis impuestos son $280, pago un alquiler de $200, el pago del auto es de $60, el pago de mi tarjeta de crédito es de $60, el pago en gastos menores es de $50 y mis otros gastos suman $300".

"¿Por qué es tan bajo tu alquiler? ¿Dónde se puede alquilar un apartamento por solo $200 dólares?".

"Bueno, porque estoy compartiendo la vivienda con algunos compañeros de cuarto. Hice eso en la universidad y eso era lo que pagaba cada mes".

"Bueno, solo el pago de mi hipoteca es mayor que todo tu ingreso pasivo: $1.900 dólares". Lo dije casi como si estuviera orgulloso de eso. Mientras me escuchaba a mí mismo decir eso, me sentí asombrado de lo que estaba haciendo. Estaba "presumiendo" de lo alto que era el pago de mi hipoteca frente a alguien que acababa de alcanzar su libertad financiera.

Y a medida que me escuchaba a mí mismo hablar, se me encendió la bombilla. Cada uno puede decidir cuándo alcanzar la libertad financiera, pero la mayoría de nosotros dejaremos que los deseos a corto plazo nos impidan alcanzar nuestra libertad financiera. Claramente, este médico no necesitaba pagar una hipoteca de $1.900/mes, pero al elegirla, él decidió que una casa más grande era más importante para él que su libertad. Lo mismo le ocurría con el pago de su automóvil de $380 y con el de su tarjeta de crédito de $270.

Aunque esto es un juego, da miedo comprender lo similar que es esta forma de pensar a la vida real. Mucha gente gastará su dinero para adquirir la versión de Kiyosaki de pasivos, es decir, cosas que les sacan dinero de sus bolsillos todos los meses. Esto puede comenzar tratándose de algo simple, comprando un par de cosas que desees. Entonces, obtienes un aumento de sueldo y, de repente, te dices a ti mismo que has trabajado duro para conseguir ese aumento y que te mereces recompensarte, así que decides comprar más cosas. Y, a medida que pasa el tiempo, terminas construyéndote una prisión a tu alrededor, excepto que no parece una prisión. Parece una casa bonita, un coche bonito, ropa bonita, vacaciones, etc. ¡Y también parece que tú mismo la construiste!

El único problema es que tu vida se parece a la del médico del juego. Tienes muchas cosas buenas, pero en el proceso, has aumentado tanto la cifra que necesitas para alcanzar tu libertad financiera, que ahora necesitas ganar mucho dinero para cubrir tus gastos mensuales. Por lo tanto, necesitas trabajar más duro y durante más tiempo para mantenerte al día con el estilo de vida que tienes y para cubrir todos tus gastos. En otras palabras, en lugar de que tu arduo trabajo te libere, has construido una prisión. Quieres libertad, pero ahora todo eso —y los costos mensuales asociados a ese estilo de vida— te mantiene alejado de aquella libertad que deseas disfrutar.

Esto es lo que se conoce comúnmente como "las esposas de oro": cuando recibes una "buena cantidad de dinero" y la necesitas para cubrir tus gastos, pero ahora quieres dejar/hacer algo diferente y no puedes, porque tus gastos son demasiado altos. Ahora, *necesitas* el dinero, así que te sientes atrapado. La gente se queda atrapada todo el tiempo en esto. Desde lo exterior, no reciben ninguna clase de comprensión con respecto a su situación y, de hecho, a menudo, son elogiados por ese increíble estilo de vida que ellos parecen tener, a pesar de que son miserables por dentro.

Si ese eres tú, sigue leyendo. Esta prisión no es real; es autoimpuesta. Tú mismo te hiciste esto. Tú compraste esas cosas. Tú creaste este estilo de vida. Y en ese proceso, aumentaste tus gastos. Y por difícil que sea escuchar todo esto, también hay un asombroso resquicio de esperanza; debido a que tú mismo creaste esta prisión y que estas son tus esposas de oro, esto también significa que tú tienes la clave para desbloquearte y salir de allí. La clave es reducir la cifra que te llevará hacia tu libertad financiera.

Tony Robbins, autor, emprendedor, filántropo y entrenador de vida, tiene una gran fórmula para disfrutar de la felicidad:

"Siempre que estés feliz con algo en tu vida es porque, en ese momento, las condiciones de tu vida coinciden con tu plan o con lo que tú crees que debería ser tu vida en esa área en particular".

Entonces, si eres feliz, eso significa que tus condiciones de vida actuales son iguales a cómo tú crees que debe ser tu vida. Si no estás contento, solo es cuestión de cambiar la forma en que crees que debería ser tu vida o tus condiciones de vida actuales.

Volviendo a la primera sección de este libro y al planificador de vida que llenaste, allí, tú identificaste lo que querías de la vida y un camino para llegar allí. Si eso sigue siendo preciso y te sientes lejos de esa meta, entonces, lo que necesitas hacer es cambiar tus condiciones actuales y enfocarte en lo que debes hacer para llegar allí. Tómate un tiempo para evaluar todo lo referente a tu vida. Échale un vistazo a lo que te está costando cada cosa en términos de tiempo, dinero y energía y evalúa qué tanto es lo que esto te está beneficiando. En cuanto a aquello que te cuesta más de lo que en realidad te beneficia, comienza haciendo una lluvia de ideas sobre los cambios que podrías hacer para cambiarlo. Por ejemplo, si el pago de tu hipoteca te cuesta más de lo que te beneficias de tu casa, porque trabajas todo el tiempo y no puedes disfrutar de ella, entonces, trata de venderla y compra una casa más pequeña. A lo mejor, te encanta tu automóvil, pero los pagos mensuales tan altos, *más* la cuota del seguro, también costoso, *más* el mantenimiento del carro, quizá te cuesten más de lo que te beneficias con tu carro en el garaje.

Cuando analizas todos los aspectos de tu vida y comienzas a eliminar y a reducir costos, también comienza a haber menos complejidad y tensión en tu vida. Tú también comienzas aumentar tu nivel de conciencia y a tener mayor claridad sobre qué es aquello que te impulsa a trabajar en el cumplimiento de tus objetivos y a identificar qué te está deteniendo. Teniendo mayor claridad y conciencia de las cosas, muchas personas descubren que la razón por la que se desviaron del rumbo y no se sienten contentas es porque están viviendo como *pensaban* que la sociedad y otras personas querían que ellas vivieran y no como *ellas* quieren. Por eso, es tan importante que te tomes el tiempo para revisar y contestar las preguntas del planeador de vida. Tal claridad te permitirá comenzar a tomar cartas en el asunto y hacer los cambios necesarios para construir la vida que en verdad deseas tener. Quítate esas esposas de oro, deja la prisión atrás y comienza a vivir la vida que realmente quieres y en tus propios términos.

Capítulo 6.4
Tus siguientes pasos

¡Lo lograste! Atravesaste un gran tramo, lo sabemos. Vertimos más de una década de educación y experiencia en ti. Nuestro objetivo era brindarte una hoja de ruta simple y elementos procesables que te permitirán avanzar hasta obtener tu libertad financiera y vivir tu estilo de vida ideal. Ojalá hayamos cumplido nuestra misión.

Recuerda que no importa en qué parte del camino te encuentres, nunca es demasiado tarde para hacer cambios e ir tras sus sueños. Los sistemas y los procesos que hemos descrito aquí funcionan. Nosotros mismos los hemos puesto en práctica y por eso podemos asegurártelo: ¡funcionan! Y otros que los han implementado también te lo aseguran. Ahora, es tu momento de volverlos una herramienta real en tu vida.

¡Conviértete en constructor de estilos de vida!

Crea tu negocio,

Deja tu trabajo,

¡Y vive tu estilo de vida ideal!

AGRADECIMIENTOS

Escribir este libro juntos fue una de las cosas más difíciles que hemos intentado hasta la fecha. Si no fuera por el inmenso apoyo y los vítores de todos ustedes, ¡quién sabe qué hubiera pasado! Ninguna cantidad de agradecimientos podrá transmitir la gratitud que sentimos, pero lo intentaremos.

A nuestros padres, gracias por creer siempre en nosotros y acompañarnos en la realización de nuestras ideas locas. Por estar pendientes de nuestros altibajos y cuidarnos cuando necesitábamos ayuda. Y a la "abuela mosquetera", muchas gracias por cuidar a nuestros niños en cada viaje para dictar conferencias, por planear nuestras fiestas de cumpleaños y visitarnos semana a semana.

Al resto de nuestra familia y a todos nuestros amigos, gracias por entender por qué no podíamos asistir a todas las reuniones a las que nos invitaban y por amarnos de todos modos. Y por apoyarnos a lo largo de todas las evoluciones comerciales y propias de la vida durante los últimos 10 años. ¡Un especial agradecimiento a Brianna, a Steph y a Lizzie, por mantenerme (Ariana) cuerda! Gracias para todas las noches de "chicas".

Gracias a nuestros hermosos hijos, Elena y Ty. Puede que no lo entiendan ahora, pero algún día esperamos que recuerden esta etapa y sepan apreciar el sudor de sangre y las lágrimas que ponemos para darles una vida maravillosa y plena junto a nosotros.

Nuestros agradecimientos para el hombre que hizo posible todo esto, que nos inspiró a compartir este mensaje por todas partes, Dan Miller. Joanne y tú son como nosotros queremos ser cuando "crezcamos"! Gracias también por presentarnos a la familia Morgan James. Gracias a Chris y Jim, por creer en nuestro libro, y a nuestro equipo de Morgan James Publishing, ¡por ayudarnos para hacerlo cobrar vida!

Le agradecemos a nuestro asombroso editor, Brian Klems, por permanecer con nosotros y con este proyecto durante todo el tiempo. Por hacernos comentarios espectaculares y sugerencias que hicieron que este libro fuera aún mejor, especialmente, las que nos hicieron reír. ¡Y gracias a Brandi Johnson por hacer la conexión! A nuestra diseñadora con imagen de estrella de rock, Sarah Guilliot, por capturar las imágenes y hacerlas cobrar vida. A Blossom Fox y a Heather Clark, por ayudarnos a mantener todo junto desde detrás del escenario, durante el caos de la vida, del libro y de los negocios.

A todos nuestros constructores de estilos de vida, gracias por apoyarnos mientras construimos este marco de trabajo y por esforzarse incluso cuando era difícil. Ustedes son nuestra gran inspiración y sus victorias diarias son las que nos mantienen en marcha.

Les agradecemos a nuestros amigos emprendedores (a muchos de ustedes, que se han vuelto más como nuestra familia). Gracias, Jaclyn y Chris Mellone, Jason y Audrey Brown, Rachel y Poul Pedersen, Christine McAlister, Christi Bender, Heather Grey, Jessica Lorimer, Dorothea Bolzicolona Volpe, Nadja Williamson, Kay Fabella, April Dryden Beach, Amanda Bond, Dale Hensel, Arne Giske, Dustin Heiner, Armando y Christian Cruz, Mike y Katie Young, Nicole Vosburgh… y a todas las comunidades que nos han hecho parte suya: los #Scroupies, la familia FinCon, el equipo de Amy's B-School, Power Couples Community y, por supuesto, ¡gracias a la comunidad local de Rochester, Boss Moms!

A todos los que han ayudado a despertar nuestra visión a lo largo de los años: Shane y Jocelyn Sams, Jill y Josh Stanton, Alex y Cadey Charfen, Mike Michalowitz, John Lee Dumas y Kate Erickson, Pat Flynn, Amy Porterfield, Chris Hogan, Dave Ramsey y al resto del equipo Ramsey, David Bach, Alexi Panos y Preston Smiles, Chris Winfield.

¡A Despina, gracias por mantenernos estables! Tu guía nos ha ayudado a construir un matrimonio más fuerte y a fortalecernos también como individuos. Nuestra vida es mucho más feliz y saludable gracias a ti.

¡Y a todos ustedes, los lectores, gracias por ser nuestra inspiración para escribir este libro! Gracias a todos, por venir en este viaje con nosotros y por no pedir disculpas por su decisión de ir tras una mejor vida.

NOTAS FINALES

1. Office Tally. 2006. Declaración de misión de Dunder Mifflin. [https://www.officetally.com/dunder-mifflin-mission-statement] Consultado en enero de 2019.

2. Locke, Tim. 2015. ¿Beber agua antes de las comidas para bajar de peso? [https://www.webmd.com/diet/obesity/news/20150828/water-weight-meals-obesity] Consultado en septiembre de 2018.

3. Wolan, Christian. 2011. La verdadera historia de Twitter. [https://www.forbes.com/sites/christianwolan/2011/04/14/the-real-story-of-twitter/#3f-5ca38366af] Consultado en octubre de 2018.

4. 3M. 2018. From Humble Beginnings to Fortune 500. [https://www.3m.com/3M/en_US/company-us/about-3m/history/] Consultado en noviembre 2018.

5. Maurya, Ash. 2012. ¿Por qué Lean Canvas vs Business Model Canvas? [https://blog.leanstack.com/why-lean-canvas-vs-business-model-canvas-af-62c0f250f0] Consultado en mayo de 2018.

6. Kailath, Ryan y Selyuhk, Alina. 2018. Apple se convierte en la primera empresa del mundo en el sector privado con un valor de $1 billón [https://www.npr.org/2018/08/02/632697978/apple-becomes-worlds-1st-private-sector-company-worth-1-trillion] Consultado en enero de 2019.

7. Lencioni, Patrick. 2010. Desnudarse: una fábula empresarial sobre cómo combatir los tres miedos que sabotean la lealtad del cliente. Jossey-Bass, California.240pp.

8. The Table Group. 2013. Glosario de términos clave. [https://www.tablegroup.com/imo/media/doc/The%20 Glossary%20of% 20Key%20Terms.pdf] Consultado en septiembre de 2018.

www.ingramcontent.com/pod-product-compliance
Lightning Source LLC
Chambersburg PA
CBHW030510080526
44586CB00011B/134